國家圖書館出版品預行編目資料

五家《補晉書藝文志》比較研究（中）／許慧淳 著—初版
—新北市：花木蘭文化出版社，2011〔民100〕
目 8+178 面：19×26 公分
（古典文獻研究輯刊 十二編；第 7 冊）
ISBN：978-986-254-400-6（精裝）
1. 藝文志 2. 晉代 3. 研究考訂
011.08　　　　　　　　　　　　　　100000210

ISBN-978-986-254-400-6

9 789862 544006

古典文獻研究輯刊
十二編 第 七 冊　　　　　　　ISBN：978-986-254-400-6

五家《補晉書藝文志》比較研究（中）

作　　　者　許慧淳
主　　　編　潘美月　杜潔祥
總 編 輯　杜潔祥
企劃出版　北京大學文化資源研究中心
出　　　版　花木蘭文化出版社
發 行 所　花木蘭文化出版社
發 行 人　高小娟
聯絡地址　新北市永和區中正路五九五號七樓之三
　　　　　　電話：02-2923-1455／傳眞：02-2923-1452
網　　　址　http://www.huamulan.tw 信箱 sut81518@ms59.hinet.net
印　　　刷　普羅文化出版廣告事業
初　　　版　2011 年 3 月
定　　　價　十二編 20 冊（精裝）新台幣 31,000 元　　版權所有·請勿翻印

古典文獻研究輯刊

十二編

潘美月・杜潔祥 主編

第7冊

五家《補晉書藝文志》比較研究（中）

許慧淳 著

五家《補晉書藝文志》比較研究（中）

許慧淳　著

目

次

下　冊

第五章 五家《補晉書藝文志》著錄書目比較研究

　　自《七略》、《漢志》以來，中國目錄已歷經數千年之歷史，各家學者在編纂書目時，隨著時代差異而有推陳出新的方式。後代學者研究之當下，將前人著錄不明的書目進行評論與修改，使清朝大量補史志的著錄體例能較爲成熟完備。五家《補晉志》在此時代環境之下，自然能有較爲卓越性的突破與成就。

　　觀此丁國鈞、吳士鑑、文廷式、黃逢元、秦榮光等五位學者編纂晉朝文獻的書目，對當代典籍分類有部分差異，且對書目的入類有界定上的不同，在在顯示其所取法的前人史志對其造成莫大的影響。除此之外，五家《補晉志》在著錄書目的體例，有自成一格的方式。由於各家體例皆不相同，故本論文將針對其相異之處進行統整與論述，以期系統性歸納諸家《補晉志》著錄書目的特色，如遇「撰者」、「資料來源」之細部比較部分，則待本論文第六、七章分別深入論述。此外，各補志著錄書目有「避諱」、「書寫習慣」、「缺（增）字」、「改字」、「互倒」而造成書名混淆之謬誤，由於五家《補晉志》收錄書籍來源多取自《隋志》、《兩唐志》，故今參考楊果霖教授《新舊唐書藝文志研究》對於此三部史志著錄書目之差異成果，並輔以本論文檢索而得《補晉志》間差異之體例，進而衍申析評其間書名之分別。

　　至於本論文爲求明晰《補晉志》著錄書目的數量與存佚情形，將五位學者之著作會製成表格於附錄中，將《補晉志》依《隋志》之分類順序次第編排之，以期系統性反映晉代書目之種類、多寡與存佚概況。

第一節　著錄書目之體例

一、前人著錄書目方式之類別

（一）以人類書

歷代史志起初使用「以人類書」之方式著錄書目，亦即「將撰者著錄在書名、篇卷之下」，班固《漢書・藝文志》即爲此類方著錄書目方式之創始者，如其於「兵書略」中著錄：

《鬼谷區》三篇。圖一卷。黃帝臣，依託。

《地典》六篇。

《孟子》一篇。

《東父》三十一篇。

《師曠》八篇。晉平公臣。

《萇弘》十五篇。周史。〔註1〕

可先知該書性質，以知學術流變之概況。除此之外，《舊唐書・經籍志》、《直齋書錄解題》、《通志・藝文略》、《文獻通考・經籍考》、《四庫全書總目》、《清史稿・藝文志》等書亦依循《漢志》之著錄方式。

（二）以書類人

至於另一種著錄書目的方式，尙有「以書類人」，亦即「將書名、篇卷著錄在撰者之下」，其創始者爲《隋書・經籍志》。《隋志》「經部」、「史部」、「子部」與「集部」之「楚辭類」、「總集類」爲「以人類書」，僅「別集類」使用「以書類人」的圖書著錄方式。如：

晉征南將軍《杜預集》十八卷

晉輔國將軍《王濬集》一卷（殘缺。梁二卷，錄一卷）。

晉征士《皇甫謐集》二卷（錄一卷）。〔註2〕

則先見撰者之職銜，後見書名、卷數，與《漢志》等目錄書有別。此外，後世取法者尙有《新唐書・藝文志》、《宋史・藝文志》、《經義考》等等。

〔註1〕〔漢〕班固等撰：《漢書・藝文志》卷30「陰陽」（北京：中華書局，2006年3月），頁1760。

〔註2〕〔唐〕魏徵等撰：《隋書・經籍志》卷35「別集類」（北京：中華書局，2006年3月），頁1061。

（三）小結：鄭樵《通志》對於著錄書目體例的評論

此二種著錄書目方式互有消長，而使用「以人類書」方式者爲多。鄭樵《通志・校讎略・不類書而類人論三篇》指出：

> 按，《隋志》於書，則以所作之人或所解之人，注其姓名於書之下，文集則大書其名於上曰「某人文集」，不著注焉（三篇之一）。……
> ……若文集置人於上則無相妨，曰「某人文集」可也，即無某人作某人文集之理，所志惟「文集」置人於上，可以去「作」字，可以不著注而於義無妨也（三篇之二）。……〔註3〕

則鄭樵對「以書類人」之著錄方式持反對觀點，以爲此法不足以顯示書目之類別，且易將撰者誤以爲是書目名稱，並舉例傳記類的「管辰作《管輅傳》三卷，唐省文例去『作』字，則當曰《管辰管輅傳》」，〔註4〕則除了混淆撰者性名之外，亦無法知曉該書目確切名稱，是以歷來書目甚少以此法編纂書籍。

五家《補晉志》著錄書目的方式有別，且前人對其影響更有不同，反映在《補晉志》的編纂上面，顯示晚清補史志的體例之差異性。除了「以人類書」與「以書類人」此二種圖書著錄方式有相異之處外，丁國鈞等五位學者對於晉朝文獻的細部著錄，其餘如「撰者」、「卷數」、「資料來源」等相關比較則於第六章後進行探討。

二、五家《補晉志》著錄書目之體例

（一）丁氏《補晉志》著錄書目之體例

丁氏《補晉志》著錄晉朝文獻之體例，大抵爲「以人類書」的方式，其中包含：「經部」、「史部」、「子部」、「集部」之「楚辭類」與「總集類」、釋道二家之書目等等。如其《丙部子錄・醫方類》記載：

> 《療婦人藥方》十一卷，范汪。謹按見《七錄》。
> 《療小兒藥方》一卷，范汪。謹按見《七錄》。
> 《議論備豫方》一卷，于法開。謹按見《隋志》，法開舊《晉書》有傳，見《世說術解偏注》。

〔註3〕　〔宋〕鄭樵撰：《通志二十略・校讎略》（北京：中華書局，1995 年 11 月），頁 1820。

〔註4〕　〔宋〕鄭樵撰：《通志二十略・校讎略》（北京：中華書局，1995 年 11 月），頁 1820。

《申蘇方》五卷，支法存。謹按見《七錄》。

《青精健飯方》，魏夫人。謹按見《南嶽夫人傳》（《太平廣記》五十八引）。

《新書病總要略》一卷，王叔和。謹按見《崇文總目》。錢氏佃曰：「《通志》、《宋志》並作《新集病總略》，「書」字疑誤。」〔註5〕

則依循《漢志》等方式著錄書目，且雖有該書目之定名，仍於小注提出相異的書目名稱，故有助於晉代文獻之考證。

其中有特例爲「以書類人」者，則爲《丁部集錄・別集類》。推測其體例一依《隋志》，故僅有集部一小類非「以人類書」者。如：

《廷尉卿阮放集》十卷，《錄》一卷。謹按見《七錄》、《兩唐志》五卷（本書有傳）。

《散騎常侍王覽集》九卷，謹按見《隋志》、《七錄》五卷（本書附見〈王祥傳〉）。

《宗正卿張悛集》二卷，《錄》一卷。謹按見《七錄》、《兩唐志》著錄（悛字士然，吳國人，見孫盛《晉陽秋》、隋唐《志》舊作「俊」誤）。

《汝南太守應碩集》二卷。謹按見《七錄》、《新唐志》著錄。

《金紫光祿大夫張闓集》二卷，《錄》一卷。謹按見《七錄》、《兩唐志》「三卷」（本書有傳）。〔註6〕

則與《隋志・集部・別集類》、《新唐志》等著錄方式相同，故將官職名稱與書目混淆，與其他部類之「以人類書」方式有別。

至於《隋志》雖未見確切道經、佛經二部書目名稱，然丁氏《補晉志》仍依循其他部類方式，將附錄中「釋家」、「佛家」二部皆採「以人類書」進行晉代圖書著錄，如：

《許眞君石函記》，許遜。謹按見《靈佑宮道藏目錄》。

《黃庭內景經注》，南嶽夫人。謹按見《太平廣記》（五十八）。

《太乙眞君固命歌》一卷，葛洪譯。謹按見《宋史・藝文志》。

〔註5〕丁國鈞撰：《補晉書藝文志》卷3，收入二十五史刊行委員會編：《二十五史補編》第3冊（北京：中華書局，1998年2月），頁3681。

〔註6〕丁國鈞撰：《補晉書藝文志》卷3，收入二十五史刊行委員會編：《二十五史補編》第3冊（北京：中華書局，1998年2月），頁3686。

《神仙金汋經》三卷，葛洪。謹按見《道藏目錄》。

《大丹問答》一篇，葛洪。謹按見《道藏目錄》，原注云「石壁古文」。

〔註7〕

可見丁氏《補晉志》在取法《隋志》四部著錄書目方式之餘，雖未見道佛二經，然能力求變通，使晉朝宗教文獻能有較適宜的圖書著錄途徑。

　　然丁國鈞在「補遺」、「附錄（含『存疑類』、『黜偽類』二種）」、「刊誤」等三部份，著錄書目之體例則有別於《補晉志》之正文。就「補遺」部分而言，有經、史、子、集、釋等五部，大抵書目採「以人類書」方式著錄，然有少數「以書類人」的特例，如：「子部」著錄「劉涓子《鬼遺方》十卷、劉涓子《神仙遺論》十卷」，〔註8〕則有別於丁氏《補晉志》卷三「子部」的「以人類書」方式。則丁國鈞雖在《補晉志》正文之後附有補遺，並對書目進行存疑、考辨與刊誤之工作，然著錄書目之體例不一，略有謬誤。

（二）吳氏《補晉志》著錄書目之體例

　　吳氏《補晉志》著錄晉朝文獻之體例，皆採「以書類人」的方式，不似丁氏《補晉志》有體例不一的缺失。如其《甲部經錄・樂類》著錄：

　　阮籍《樂論》○《漢書・五行志》注《御覽引書綱目》。

　　裴秀《樂論》○《魏志・裴潛傳》注引《文章序錄》。

　　孔衍《琴操》三卷○《隋志》、《舊唐志》同《唐志》作「一卷」。

　　阮咸《譜》一卷○《通志略》云「蔡逸撰」。

　　阮咸《調弄》二卷，阮咸《金羽調》一卷，阮咸《譜》二十卷○並

　　《通志略》。〔註9〕

然雖為經部書目，卻完全依循《隋志・集部・別集類》「以書類人」方式。吳士鑑於其《集部・別集類》亦取法於此，如：

　　《司徒左長史劉哀集》三卷○《隋志》云「梁有，亡」。

　　《大司馬桓溫集》四十三卷○《隋志》「十一卷」，注云「梁四十三

　　卷」。《兩唐志》作「二十卷」。

〔註7〕　丁國鈞撰：《補晉書藝文志》卷4，收入二十五史刊行委員會編：《二十五史補編》第3冊（北京：中華書局，1998年2月），頁3694。

〔註8〕　丁國鈞撰：《補晉書藝文志》卷4，收入二十五史刊行委員會編：《二十五史補編》第3冊（北京：中華書局，1998年2月），頁3695。

〔註9〕　吳士鑑撰：《補晉書經籍志》卷1，收入二十五史刊行委員會編：《二十五史補編》第3冊（北京：中華書局，1998年2月），頁3855。

又《桓溫要集》二十卷,《錄》一卷○見《隋志》。《太平御覽》作「《桓溫集略》」。

《中書郎郗超集》十卷○《隋志》「九卷」,注云「梁十卷」。《兩唐志》作「十五卷」。〔註10〕

可知吳氏《補晉志》著錄書目體例一致。然其「以書類人」之著錄方式則易將撰者與書目名稱混淆,此爲其缺失。

(三)文氏《補晉志》著錄書目之體例

文氏《補晉志》著錄晉朝文獻之體例,「經部」、「史部」、「子部」、「集部」、四部大抵採「以書類人」的方式,如其於《史部‧刑法類》著錄之書目有:「杜預《律本》二十一卷」、「杜預《雜律》七卷」、「張斐《漢晉律序注》一卷」、「張斐《雜律解》二十一卷」、「《晉令》四十卷」、「賈充等《晉故事》三十卷」等等,〔註11〕皆依循《隋志‧集部‧別集類》、《新唐志》等書目之著錄書目方式。

然文廷式於《子部‧釋家類》則有相異的著錄體例,茲見其先著錄佛經,佛經之後著錄翻譯時間,在於多部文獻之後著錄該書爲何人所撰。如:

《大般泥洹經》六卷(義熙十三年道場寺譯)。

《方等泥洹經》二卷。

《摩訶僧祇律》四十卷。

《僧祇比邱戒本》一卷。

《雜阿毗曇新論》十二卷。

《雜藏經》一卷。

《佛游天竺記》一卷(《初學記》二十九引作《釋法顯佛游本記》)。

《出三藏集》記右六部(當作七部)凡六十三卷。晉安帝時沙門釋法顯以隆安三年遊西域,於中天竺師子國得梵本,歸京都,住道場寺,就天竺禪師佛馱跋陀羅共譯出。〔註12〕

可知其著錄佛經之方式,較接近「以人類書」。推測晉朝單一僧侶翻譯佛經的

〔註10〕吳士鑑撰:《補晉書經籍志》卷4,收入二十五史刊行委員會編:《二十五史補編》第3冊(北京:中華書局,1998年2月),頁3890。

〔註11〕〔清〕文廷式撰:《補晉書藝文志》卷2,收入二十五史刊行委員會編:《二十五史補編》第3冊(北京:中華書局,1998年2月),頁3727~3728。

〔註12〕〔清〕文廷式撰:《補晉書藝文志》卷5,收入二十五史刊行委員會編:《二十五史補編》第3冊(北京:中華書局,1998年2月),頁3768。

數量眾多，且同一部佛經有多位僧侶進行整理，故譯出之版本與內容也有所差異。如：竺法護所譯出的佛經即有「一百五十四部，合三百九卷」，〔註13〕如不採「以人類書」之方式著錄佛教文獻，則容易產生撰者重複著錄的情況。由是可知，文氏《補晉志》在著錄各部類書目時，確實能依據情況之不同而進行調整，實為其優點。

（四）黃氏《補晉志》著錄書目之體例

黃氏《補晉志》著錄晉朝文獻之體例，綜合兩種方式而成。其「經部」、「史部」、「子部」、「集部」之「楚辭類」與「總集類」，皆依循《漢志》、《舊唐志》、《四庫全書總目》「以人類書」圖書著錄法。如：「小說家」收錄之書籍有「《郭子》三卷，中郎太原郭澄之仲靜撰」、「《列異傳》三卷，張華撰」、「《集異傳》十卷，葛洪撰」、「《搜神記》三十卷，干寶撰」、「《志怪》二卷，侍中光祿大夫范陽祖台之元辰撰」、「《語林》十卷，處士河東裴啟榮期撰」、「《羣英論》一卷，郭頒撰」、「《魯史欹器圖》一卷，儀同劉徽撰」、「《甄異傳》三卷，戴祚撰」、「《雜語》五卷」、「《異林》，陸氏撰」、「《志怪》，曹毗撰」、「《神異記》，王浮撰」等十三部書籍，〔註14〕皆為黃逢元「以人類書」之例。

至於其《集部‧別集類》圖書著錄方式，則與《隋志‧集部‧別集類》、《新唐志》等史志同為「以書類人」。如：

> 《武昌太守徐彥則集》十卷。見《七錄》。《通典》九十九有「徐彥與征西桓温牋」，當卽「彥則」脫一「則」字。
>
> 《散騎常侍王愆期集》十卷，《錄》一卷。本《七錄》。《隋志》存七卷，《唐新舊志》復作「十卷」，今存嚴輯本。
>
> 《司空左長史王濛集》五卷。見《七錄》。今存嚴輯本。濛外戚有傳，字仲祖，太原晉陽人。〔註15〕

則與丁氏《補晉志》著錄書目之體例相同。然亦有四部書目體例不一之情形，概一味遵循《隋志》，故有所失。

〔註13〕經筆者仔細推算，文廷式所收錄竺法護所翻譯之佛經有160部，而非154部。參見〔清〕文廷式撰：《補晉書藝文志》卷5，收入二十五史刊行委員會編：《二十五史補編》第3冊（北京：中華書局，1998年2月），頁3765。

〔註14〕黃逢元撰：《補晉書藝文志》卷3，收入二十五史刊行委員會編：《二十五史補編》第3冊（北京：中華書局，1998年2月），頁3939。

〔註15〕黃逢元撰：《補晉書藝文志》卷4，收入二十五史刊行委員會編：《二十五史補編》第3冊（北京：中華書局，1998年2月），頁3953。

（五）秦氏《補晉志》著錄書目之體例

秦氏《補晉志》著錄書目之方式，依循《隋志》方式，將「經部」、「史部」、「子部」、「集部」之「楚辭類」與「總集類」採「以人類書」的體例。如：「《成侯命婦傳》，鍾會爲其母撰」、「《焦先傳》，耿黼撰」、「《焦先傳》、《馬鈞序》，上二種並傅玄撰」，即爲其例。〔註16〕

至於「別集類」亦依循《隋志》，採「以書類人」的體例。此外，秦氏《補晉志》收錄「石刻類」，異於餘四家《補晉志》，且石刻相關文獻亦未見於《隋志》。然秦榮光於著錄金石碑刻相關文獻時，「以人類書」與「以書類人」之方式並行，如：

> 《樂毅論》永和四年。
>
> 《蘭亭脩禊序》永和九年。上二種王羲之書。〔註17〕

此爲「以人類書」之例。至於「以書類人」之例較多，如：「《征南大將軍宋均碑》」、「《南鄉太守司馬整德政碑頌》」、「《南鄉太守郭休碑》」、「《夜郎太守毋稚碑》」、「《征南將軍胡罷碑》」等等。〔註18〕然則秦氏能知所變通，使晉代石刻文獻能較爲系統性地著錄進而廣爲流傳。

三、五家《補晉志》著錄書目體例比較表與其優劣得失

依據前文分析的五家《補晉志》著錄書目體例，進行表格統整。除此之外，並對其得失作個檢討，以比較其中優劣。

（一）五家《補晉志》著錄書目體例比較表

史志體例	丁氏《補晉志》	吳氏《補晉志》	文氏《補晉志》	黃氏《補晉志》	秦氏《補晉志》
以人類書	甲部經錄、乙部史錄、丙部子錄、丁部集錄（楚辭類、總集類）		子部（釋家類）	甲部經錄、乙部史錄、丙部子錄、丁部集錄（楚辭類、總集類）	經部、史部、子部、集部（楚辭類、總集類）、附錄石刻類

〔註16〕〔清〕秦榮光撰：《補晉書藝文志》卷2，收入二十五史刊行委員會編：《二十五史補編》第3冊（北京：中華書局，1998年2月），頁3814。

〔註17〕〔清〕秦榮光撰：《補晉書藝文志》卷4，收入二十五史刊行委員會編：《二十五史補編》第3冊（北京：中華書局，1998年2月），頁3848。

〔註18〕〔清〕秦榮光撰：《補晉書藝文志》卷4，收入二十五史刊行委員會編：《二十五史補編》第3冊（北京：中華書局，1998年2月），頁3847～3848。

以書類人	丁部集錄（別集類）	甲部經錄、乙部史錄、丙部子錄、丁部集錄	經部、史部、子部（釋家類除外）、集部	丁部集錄（別集類）	集部（別集類）、附錄石刻類

（二）五家《補晉志》著錄書目體例之優劣得失

　　由表格統整可知，五家《補晉志》中未見完全依照《漢志》、《舊唐書·經籍志》、《直齋書錄解題》、《通志·藝文略》、《文獻通考·經籍考》、《四庫全書總目》、《清史稿·藝文志》等「以人類書」的圖書著錄方式進行編纂。僅丁、黃、秦等三家《補晉志》大抵依此法著錄書目，為其優點；然其《集部·別集類》與秦本「附錄石刻類」部分使用「以書類人」，略有體例不一之缺失。

　　至於吳氏《補晉志》，一依《隋志·別集類》、《新唐志》、《宋志》、《經義考》等之「以書類人」圖書著錄方式，則撰者與書名混淆之比例高於其他四家《補晉志》，故謬誤較多。此外，文氏《補晉志》僅《子部·釋家類》為「以人類書」之體例，為其優點，然其餘部類皆為「以書類人」之體例，故缺失亦不少。

　　就鄭樵《通志·校讎略》與歷代目錄書大抵採「以人類書」的觀點來評析，五家《補晉志》應以丁、黃、秦等三部較為嚴謹，容易明瞭晉代學術流變。至於吳氏《補晉志》著錄體例完全與鄭樵《通志》、《四庫全書總目》等目錄書立意相違背，是以較無法使讀者明晰晉代書目性質，而有混淆撰者之嫌，是以謬誤甚多。

第二節　著錄書目名稱差異之處

　　丁國鈞等五位學者在處理晉代相同書籍時，由於個人編纂《補晉志》的考量不同，著錄書目名稱也有所差異。就「避諱」而言，五家《補晉志》雖非編纂清朝文獻，然身處滿族人統治的時代，故刊行補史志亦需顧及當代風氣，是以多避清代皇帝之名諱。就「書寫習慣」而言，五位學者在撰寫《補晉志》過程，或刻工、書商進行排版印刷時產生誤字，雖只是書寫習慣使然，然已背離晉代原書目名稱。就「缺字」而言，多以簡省書目名稱為多，但在《補晉志》中也出現以「空白方格」代替缺字的圖案，故難以知曉晉代文獻之部分面貌。就「改字」而言，《補晉志》依循古書而進行編纂，如未更動援引書籍之名目，則容易使《補晉志》中著錄的書目因字體的形、音、義相近而產生改字的情形。就「互倒」而言，著錄書目名稱時，容易因傳鈔錯誤或

依循古籍簡稱有別，而造成書名產生顚倒互換的狀況，如遇印刷訛誤，則更易造成字體左右上下錯置的情形。

　　此五種著錄書目名稱的種類，都是五家《補晉志》在撰寫或刊刻過程中未能注意到的缺失。本論文除提出五家《補晉志》謬誤之外，並略舉數例，以供佐證。除此之外，更期能作爲未來重編晉朝文獻書目參考之用。

一、「避諱」在五家《補晉志》上之運用與差異

　　清朝爲滿人建立，爲求消弭滿漢文化歧異，故自康熙開始提倡避諱。之後，避諱變成清朝帝王用以嚴懲觸犯其名字、帝號或祖先、子嗣皇族名諱的酷刑名目之一，反而凸顯種族之差異性。此外，避諱與文字獄關係密切，根據王新華《避諱研究・第七章避諱史・八、清代避諱》指出：

> 清代文字獄以康雍乾三朝爲多……康熙朝六十一年間文字獄不超過
> 十起，雍正朝十三年間文字獄近二十起，乾隆統治中國六十三年，
> 文字獄在一百三十起以上。〔註19〕

歸咎其因，乃在於「避諱」過於嚴謹，而使清朝文人動輒得咎。因此學者在著作與言詞之間皆須謹慎，以避免觸犯當代法律。

　　另據王彥坤《歷代避諱字匯典》收錄清代帝王諡號、名諱、墓號、年號的資料，可統整爲一表以知《補晉志》避諱之處：〔註20〕

人　物	名　諱	墓　號	年　號
清太祖	努爾哈赤	福　陵	天　命
清太祖六世祖	孟特穆		
清太祖五世祖	充　善		
清太祖高祖	錫寶齊篇古		
清太祖曾祖	福　滿		
清太祖祖父	覺昌安	永　陵	
清太祖父親	塔克世	永　陵	
清太宗	皇太極	昭　陵	天聰、崇德
清世祖	福　臨	孝　陵	順　治

〔註19〕王新華撰：《避諱研究》（濟南：齊魯書社，2007年1月），頁316。

〔註20〕王彥坤編：《歷代避諱字匯典》（鄭州：中州古籍出版社，1997年5月），頁724～725。

清世祖叔父	多爾袞		
清聖祖	玄　燁	景　陵	康　熙
清世宗	胤　禛	泰　陵	雍　正
清高宗	弘　曆	裕　陵	乾　隆
清仁宗	顒　琰	昌　陵	嘉　慶
清宣宗	旻　寧	慕　陵	道　光
清文宗	奕　詝	定　陵	咸　豐
清穆宗	載　淳	惠　陵	祺祥、同治
清德宗	載　湉	崇　陵	光　緒
清德宗父親	奕　譞		
清遜帝	溥　儀	宣　統	
清遜帝父親	載　灃		

　　藉由此表，可知清代文人所需避諱之帝王名號之約略概況。五家《補晉志》的編纂學者最年長者為秦榮光，生於清宣宗道光二十一年（1841），最年幼者為吳士鑑，生於清穆宗同治七年（1868），則晚清統治者對於避諱之刑責雖不似康、雍、乾三朝嚴重，然當代避諱的習慣與學風，也反映在五家《補晉志》的內容。

　　根據陳垣《史諱舉例》指出清聖祖避諱之情形有：「以元、煜字代，稱范曄為范蔚宗，玄武門改神武」。〔註21〕王彥坤《歷代避諱字彙典》並指出「諱『玄』作『元』，乃成定例」，並指出避清聖祖玄燁偏諱有「改稱」、「代字」、「變體」、「缺筆」等四種方式。〔註22〕茲查五家《補晉志》所著錄書目，即有此避諱之情形。

　　如：「《周易玄品》二卷」一書，未見於《經典釋文・序錄》、《兩唐志》，僅《隋志》著錄「《周易玄品》二卷」，未著錄撰人。〔註23〕今查五家《補晉志》有丁、吳、文、秦等四部著錄該書，然著錄書名不一，且冠撰者姓名。丁、秦二家《補晉志》著錄「《周易玄品》二卷」，吳、文二家《補晉志》則

〔註21〕陳垣撰：《史諱舉例》（北京：中華書局，2006 年 3 月），頁 136。
〔註22〕王彥坤編：《歷代避諱字彙典》（鄭州：中州古籍出版社，1997 年 5 月），頁514。
〔註23〕〔唐〕魏徵等撰：《隋書・經籍志》卷 32「易類」（北京：中華書局，2006 年3 月），頁 911。

著錄「《周易元品》二卷」，雖著錄書名有別，然皆題「干寶」所撰。〔註 24〕就「誤題撰者」而言，姚振宗《隋書經籍志考證》指出《冊府元龜》將該書歸之於「干寶」所撰，〔註25〕另據黃慶萱《魏晉南北朝易學書考佚》〈九・晉・干寶：周易注〉考證，以為王欽若等人「自《隋志》抄誤……茲據《隋志》，唯以《周易注》、《周易爻義》、《周易宗塗》三書為干寶作」，〔註26〕然則丁、吳、文、秦等四家《補晉志》皆有依循《冊府元龜》而著錄撰者謬誤之訛。就「避諱而誤題書名」而言，《隋志》原著錄《周易「玄」品》，而非《周易「元」品》，推測吳士鑑、文廷式二人為避清聖祖偏諱，而將「元」字取代「玄」，故與《隋志》相左，而產生謬誤。

　　然《補晉志》中亦不乏依循《唐志》而避唐代皇帝之名諱者，如：周祗撰《隆安記》，未見於《隋志》，《舊唐志》著錄「《崇安記》二卷，周祗撰」，〔註27〕《新唐志》則著錄「周祗《崇安記》二卷」。〔註28〕根據《歷代避諱字匯典》著錄：

> 晉安帝年號隆安，而《舊唐書・經籍志上》乙部編年類有「《崇安記》二卷，周祗撰。又十卷，王韶之撰」，《新唐書・藝文志二》起居注類有「《晉崇安元興大亨副詔》八卷」，則是追改「隆安」為「崇安」。……唐人避玄宗諱，改「隆」為「崇」……〔註29〕

〔註24〕上述四處分見丁國鈞撰：《補晉書藝文志》卷 1，收入二十五史刊行委員會編：《二十五史補編》第 3 冊（北京：中華書局，1998 年 2 月），頁 3653；〔清〕秦榮光撰：《補晉書藝文志》卷 1，收入二十五史刊行委員會編：《二十五史補編》第 3 冊（北京：中華書局，1998 年 2 月），頁 3801；吳士鑑撰：《補晉書經籍志》卷 1，收入二十五史刊行委員會編：《二十五史補編》第 3 冊（北京：中華書局，1998 年 2 月），頁 3851；〔清〕文廷式撰：《補晉書藝文志》卷 1，收入二十五史刊行委員會編：《二十五史補編》第 3 冊（北京：中華書局，1998 年 2 月），頁 3704。

〔註25〕〔清〕姚振宗撰：《隋書經籍志考證》卷 1，收入二十五史刊行委員會編：《二十五史補編》第 4 冊（北京：中華書局，1998 年 2 月），頁 5067。

〔註26〕黃慶萱撰：《魏晉南北朝易學書考佚》（臺北：幼獅文化事業公司，1975 年 11 月），頁 302～303。

〔註27〕〔後晉〕劉昫等撰：《舊唐書・經籍志》卷 46「編年類」（北京：中華書局，2006 年 3 月），頁 1991。

〔註28〕〔宋〕歐陽修等撰：《新唐書・藝文志》卷 58「雜史類」（北京：中華書局，2006 年 3 月），頁 1466。

〔註29〕王彥坤編：《歷代避諱字匯典》（鄭州：中州古籍出版社，1997 年 5 月），頁 294。

然則原書名理應爲「《隆安記》」，而非「《崇安記》」。今查吳氏《補晉志》著錄書名爲「《隆安記》」、黃氏《補晉志》則著錄爲「《隆安紀》」，〔註30〕皆還原其書名，爲其優點，然黃氏將偏旁相近之「記」誤作「紀」，略有缺失。至於丁氏《補晉志》作「《崇安記》」，〔註31〕文、秦二家《補晉志》皆作「《崇安紀》」，〔註32〕此三家雖知該書避唐玄宗之名諱，然仍依循《兩唐志》著錄錯誤之書名，有所謬誤，且文、秦二家將偏旁相近之「記」、「紀」二字混淆，亦有疏失。茲以爲，五家《補晉志》之撰者皆身處於清朝，避清帝之諱自是理所當然。然已知《隋志》、《兩唐志》有避唐朝皇帝名諱之情形，理應更正，如繼續沿襲其書目名稱，則有失恰當。則吳、黃二家《補晉志》較能因時制宜，較爲可取。

二、「書寫習慣」對五家《補晉志》著錄書目名稱造成的差異

古今流傳的書籍，幾經抄寫、刊刻，會因書寫習慣造成人工的疏失，因此使原書目產生許多相異名稱。五家《補晉志》雖部分資料來源相仿，然在編纂時未能謹慎，是以造成書目名稱不統一的情形。今試舉例並論述如下：

（一）形近而誤

1.「辨」、「辯」例

就楊乂撰《毛詩辨異》而論，該書未見於《經典釋文・序錄》，《隋志》著錄爲「《毛詩辨異》」，〔註33〕《舊唐志》著錄爲「《毛詩辯》」，〔註34〕《新唐志》則著錄爲「《毛詩辨》」。〔註35〕可知史志本有傳鈔之誤，今從《隋志》。

〔註30〕 上述二處分見吳士鑑撰：《補晉書經籍志》卷2，收入二十五史刊行委員會編：《二十五史補編》第3冊（北京：中華書局，1998年2月），頁3862；黃逢元撰：《補晉書藝文志》卷2，收入二十五史刊行委員會編：《二十五史補編》第3冊（北京：中華書局，1998年2月），頁3914。

〔註31〕 丁國鈞撰：《補晉書藝文志》卷2，收入二十五史刊行委員會編：《二十五史補編》第3冊（北京：中華書局，1998年2月），頁3663。

〔註32〕 上述二處分見〔清〕文廷式撰：《補晉書藝文志》卷2，收入二十五史刊行委員會編：《二十五史補編》第3冊（北京：中華書局，1998年2月），頁3719；〔清〕秦榮光撰：《補晉書藝文志》卷2，收入二十五史刊行委員會編：《二十五史補編》第3冊（北京：中華書局，1998年2月），頁3810。

〔註33〕 〔唐〕魏徵等撰：《隋書・經籍志》卷32「詩類」（北京：中華書局，2006年3月），頁917。

〔註34〕 〔後晉〕劉昫等撰：《舊唐書・經籍志》卷46「詩類」（北京：中華書局，2006年3月），頁1971。

〔註35〕 〔宋〕歐陽修等撰：《新唐書・藝文志》卷57「詩類」（北京：中華書局，2006

查吳、文、黃、秦等四家《補晉志》皆著錄爲「《毛詩辯異》」，〔註36〕僅丁氏《補晉志》一家依循《隋志》著錄爲「《毛詩辨異》」。〔註37〕由此可知，吳、文、黃、秦等四家將「辨」誤作「辯」，或爲撰寫時即有訛誤，或爲刻工不慎混淆，故產生疏失。

2.「訏」、「許」例

就劉許撰《宗正劉許集》而論，《隋志》著錄「梁有《宗正劉許集》二卷，《錄》一卷」，〔註38〕《舊唐志》著錄「《劉訏集》二卷」，〔註39〕《新唐志》則著錄「《劉許集》二卷」，〔註40〕則《舊唐志》書名有誤，可知「許」、「訏」二字於史志原有形近而混淆之訛，故應以《隋志》爲準則。查五家《補晉志》皆收錄此書，丁、吳、黃等三家《補晉志》著錄爲「《宗正劉許集》二卷，《錄》一卷」，〔註41〕文、秦二家《補晉志》則著錄爲「《宗正劉訏集》二卷，《錄》一卷」。〔註42〕由此可知，文廷式、秦榮光二人未明《舊唐志》誤改「許」字

年 3 月），頁 917。

〔註36〕 上述四處分見吳士鑑撰：《補晉書經籍志》卷 1，收入二十五史刊行委員會編：《二十五史補編》第 3 冊（北京：中華書局，1998 年 2 月），頁 3853；〔清〕文廷式撰：《補晉書藝文志》卷 1，收入二十五史刊行委員會編：《二十五史補編》第 3 冊（北京：中華書局，1998 年 2 月），頁 3706；黃逢元撰：《補晉書藝文志》卷 1，收入二十五史刊行委員會編：《二十五史補編》第 3 冊（北京：中華書局，1998 年 2 月），頁 3900；〔清〕秦榮光撰：《補晉書藝文志》卷 1，收入二十五史刊行委員會編：《二十五史補編》第 3 冊（北京：中華書局，1998 年 2 月），頁 3803。

〔註37〕 丁國鈞撰：《補晉書藝文志》卷 1，收入二十五史刊行委員會編：《二十五史補編》第 3 冊（北京：中華書局，1998 年 2 月），頁 3655。

〔註38〕 〔唐〕魏徵等撰：《隋書·經籍志》卷 35「別集類」（北京：中華書局，2006 年 3 月），頁 1062。

〔註39〕 〔後晉〕劉昫等撰：《舊唐書·經籍志》卷 47「別集類」（北京：中華書局，2006 年 3 月），頁 2060。

〔註40〕 〔宋〕歐陽修等撰：《新唐書·藝文志》卷 60「別集類」（北京：中華書局，2006 年 3 月），頁 1583。

〔註41〕 上述三處分見丁國鈞撰：《補晉書藝文志》卷 4，收入二十五史刊行委員會編：《二十五史補編》第 3 冊（北京：中華書局，1998 年 2 月），頁 3683；吳士鑑撰：《補晉書經籍志》卷 4，收入二十五史刊行委員會編：《二十五史補編》第 3 冊（北京：中華書局，1998 年 2 月），頁 3887；黃逢元撰：《補晉書藝文志》卷 4，收入二十五史刊行委員會編：《二十五史補編》第 3 冊（北京：中華書局，1998 年 2 月），頁 3948。

〔註42〕 上述二處分見〔清〕文廷式撰：《補晉書藝文志》卷 6，收入二十五史刊行委員會編：《二十五史補編》第 3 冊（北京：中華書局，1998 年 2 月），頁 3779；

而依此著錄，是以有所疏失。

（二）音近而誤

1.「太」、「泰」例

就《晉太和起居注》而論，該書根據《隋志》著錄「《晉泰和起居注》六卷，梁十卷」，〔註43〕《兩唐志》則皆著錄「《晉太和起居注》六卷」，〔註44〕則三部史志有所差異。茲查《晉書》可知有年號「太和」，而無「泰和」，另查《東亞歷史年表》著錄「太和」為晉廢帝司馬奕之年號，〔註45〕然則《隋志》本有謬誤，將「太」字誤作「泰」，此乃音近而造成書寫時之缺失。今見吳士鑑依循《兩唐志》著錄書名為「《晉太和起居注》」，〔註46〕故無謬誤。然丁、文、黃、秦等四家《補晉志》皆著錄書名為「《泰和起居注》」，〔註47〕除將音近「太」、「泰」二字混淆之外，且簡省朝代名「晉」字，是以與吳氏《補晉志》有所差異。

2.「以」、「已」例

就《晉建武以來故事》而論，該書根據《隋志》著錄「《晉建武故事》一卷」，〔註48〕《舊唐志》著錄「《晉建武已來故事》三卷」，〔註49〕《新唐志》

〔清〕秦榮光撰：《補晉書藝文志》卷4，收入二十五史刊行委員會編：《二十五史補編》第3冊（北京：中華書局，1998年2月），頁3840。

〔註43〕〔唐〕魏徵等撰：《隋書・經籍志》卷33「起居注類」（北京：中華書局，2006年3月），頁964。

〔註44〕上述二處分見〔後晉〕劉昫等撰：《舊唐書・經籍志》卷46「起居注類」（北京：中華書局，2006年3月），頁1997；〔宋〕歐陽修等撰：《新唐書・藝文志》卷48「起居注類」（北京：中華書局，2006年3月），頁1470。

〔註45〕鄧洪波編：《東亞歷史年表》（臺北：國立臺灣大學出版中心，2006年1月），頁112。

〔註46〕吳士鑑撰：《補晉書經籍志》卷2，收入二十五史刊行委員會編：《二十五史補編》第3冊（北京：中華書局，1998年2月），頁3864。

〔註47〕上述四處分見丁國鈞撰：《補晉書藝文志》卷2，收入二十五史刊行委員會編：《二十五史補編》第3冊（北京：中華書局，1998年2月），頁3666；〔清〕文廷式撰：《補晉書藝文志》卷2，收入二十五史刊行委員會編：《二十五史補編》第3冊（北京：中華書局，1998年2月），頁3723；黃逢元撰：《補晉書藝文志》卷2，收入二十五史刊行委員會編：《二十五史補編》第3冊（北京：中華書局，1998年2月），頁3918；〔清〕秦榮光撰：《補晉書藝文志》卷2，收入二十五史刊行委員會編：《二十五史補編》第3冊（北京：中華書局，1998年2月），頁3819。

〔註48〕〔唐〕魏徵等撰：《隋書・經籍志》卷33「舊事類」（北京：中華書局，2006年3月），頁966。

〔註49〕〔後晉〕劉昫等撰：《舊唐書・經籍志》卷46「故事類」（北京：中華書局，

則著錄「《晉建武以來故事》三卷」，〔註50〕則三部史志原有差異。據姚振宗《隋書經籍志考證》指出：

> 《兩唐志》所載並云「《建武已來故事》三卷」，蓋其書不止建武一年之事，題「建武故事」非其全也。〔註51〕

然則《隋志》之書名原有謬誤，故《兩唐志》加以更正；此外，《舊唐志》將音近之「以」、「已」混淆，亦為書寫習慣產生之差異。今查丁、吳二家《補晉志》將書名依循《新唐志》著錄為「《晉建武以來故事》」，〔註52〕故無所謬誤。文氏《補晉志》則著錄為「《建武以來故事》」，〔註53〕簡省朝代名「晉」字，有所差異。至於黃、秦二家《補晉志》皆著錄為「《晉建武已來故事》」，〔註54〕則同《舊唐志》將「以」誤作「已」，故與其他三家《補晉志》著錄之書名有所差異。

（三）古今異字而誤

1.「於」、「于」例

就孫盛撰《易象妙於見形論》而論，該書未見於《經典釋文·序錄》、《隋志》、《兩唐志》，然見《晉書·孫盛列傳》著錄：

> 孫盛字安國，太原中都人。祖楚，馮翊太守。父恂，潁川太守。……盛又著醫卜及《易象妙於見形論》，浩等竟無以難之，由是遂知名。〔註55〕

2006 年 3 月），頁 1998。

〔註50〕 〔宋〕歐陽修等撰：《新唐書·藝文志》卷 58「故事類」（北京：中華書局，2006 年 3 月），頁 1474。

〔註51〕 〔清〕姚振宗撰：《隋書經籍志考證》卷 16，收入二十五史刊行委員會編：《二十五史補編》第 4 冊（北京：中華書局，1998 年 2 月），頁 5306。

〔註52〕 上述二處分見丁國鈞撰：《補晉書藝文志》卷 2，收入二十五史刊行委員會編：《二十五史補編》第 3 冊（北京：中華書局，1998 年 2 月），頁 3667；吳士鑑撰：《補晉書經籍志》卷 2，收入二十五史刊行委員會編：《二十五史補編》第 3 冊（北京：中華書局，1998 年 2 月），頁 3864。

〔註53〕 〔清〕文廷式撰：《補晉書藝文志》卷 2，收入二十五史刊行委員會編：《二十五史補編》第 3 冊（北京：中華書局，1998 年 2 月），頁 3724。

〔註54〕 上述二處分見黃逢元撰：《補晉書藝文志》卷 2，收入二十五史刊行委員會編：《二十五史補編》第 3 冊（北京：中華書局，1998 年 2 月），頁 3920；〔清〕秦榮光撰：《補晉書藝文志》卷 2，收入二十五史刊行委員會編：《二十五史補編》第 3 冊（北京：中華書局，1998 年 2 月），頁 3820。

〔註55〕 〔唐〕房玄齡等撰：《晉書·孫盛列傳》卷 82（北京：中華書局，2006 年 3 月），頁 2147。

今見文、秦等二家《補晉志》皆依循《晉書》著錄該書目爲「《易象妙於見形論》」，〔註56〕另丁、吳二家《補晉志》則著錄爲「《易象妙于見形論》」。〔註57〕由是可知，丁、吳二家將「於」誤作「于」，此二字爲古今通同字，自然於書寫時容易產生疏失。

　　2.「駁」、「駮」例

　　就孫毓《五禮駮》而言，該書未見於《經典釋文‧序錄》、《隋志》、《兩唐志》，然見杜佑《通典》注援引其書：

> 孫毓《五禮駮》曰：「魏氏天子一加，三加嫌同諸侯。毓按。《玉藻記》曰：『玄冠朱組纓，天子之冠也。緇布冠繢緌，諸侯之冠也。』其說謂皆始冠，則是有次加之辭。……諸侯成君，不拘盛典而可以冠，天子成君，獨有火龍黼衣便不可乎？意爲宜冠有加。」〔註58〕

今見丁、文、黃、秦等四家《補晉志》著錄爲「《五禮駮》」，〔註59〕僅吳氏《補晉志》一家取法《通典》著錄爲「《五經駮》」。〔註60〕然則吳士鑑雖依循《通典》收錄該書，但將書目名稱「五禮」改爲「五經」，有所謬誤。除此之外，丁、文、黃、秦等四家《補晉志》雖亦依《通典》收錄此書，然皆將「駮」誤作「駁」，爲混淆古今異字之誤。其餘如：丁、文、黃、秦等四家《補晉志》著錄欒肇所

〔註56〕上述二處分見〔清〕文廷式撰：《補晉書藝文志》卷1，收入二十五史刊行委員會編：《二十五史補編》第3冊（北京：中華書局，1998年2月），頁3704；〔清〕秦榮光撰：《補晉書藝文志》卷1，收入二十五史刊行委員會編：《二十五史補編》第3冊（北京：中華書局，1998年2月），頁3802。

〔註57〕上述二處分見丁國鈞撰：《補晉書藝文志》卷1，收入二十五史刊行委員會編：《二十五史補編》第3冊（北京：中華書局，1998年2月），頁3655；吳士鑑撰：《補晉書經籍志》卷1，收入二十五史刊行委員會編：《二十五史補編》第3冊（北京：中華書局，1998年2月），頁3852。

〔註58〕〔唐〕杜佑撰：《通典》卷56「禮」（北京：中華書局，2003年5月），頁1574～1575。

〔註59〕上述四處分見丁國鈞撰：《補晉書藝文志》卷1，收入二十五史刊行委員會編：《二十五史補編》第3冊（北京：中華書局，1998年2月），頁3657；〔清〕文廷式撰：《補晉書藝文志》卷1，收入二十五史刊行委員會編：《二十五史補編》第3冊（北京：中華書局，1998年2月），頁3709；黃逢元撰：《補晉書藝文志》卷1，收入二十五史刊行委員會編：《二十五史補編》第3冊（北京：中華書局，1998年2月），頁3903；〔清〕秦榮光撰：《補晉書藝文志》卷1，收入二十五史刊行委員會編：《二十五史補編》第3冊（北京：中華書局，1998年2月），頁3804。

〔註60〕吳士鑑撰：《補晉書經籍志》卷1，收入二十五史刊行委員會編：《二十五史補編》第3冊（北京：中華書局，1998年2月），頁3855。

撰「《論語駁序》」，〔註61〕吳氏《補晉志》則作「《論語駮序》」，〔註62〕亦爲諸位學者對於此類古今字書寫習慣相異而產生混淆之疏失。

3. 「畣」、「答」例

就任預撰《答問雜儀》而論，此書未見於《經典釋文‧序錄》、《兩唐志》，然據《隋志》著錄爲「《答問雜儀》二卷，任預撰」，〔註63〕並指出其爲宋太尉參軍，是以該書原本不當入晉朝文獻中，今僅見吳、黃二家《補晉志》收錄該書，於三家則未見。查黃逢元將該書著錄爲：

> 《答問雜議》二卷，杜預撰。見《隋志》。又《通志》「雜議」作「雜儀」。〔註64〕

吳士鑑在「杜預《喪服要集議》三卷」之後著錄「《畣問雜儀》」，推測其亦將此書歸於「杜預」所撰，而見其引自《通志略》。〔註65〕然複查《通志‧藝文略第二》，見其於「問難」部分著錄爲「《答問雜儀》，二卷，任預」。〔註66〕可知就撰者而言，吳、黃二家皆誤題爲「杜預」，有所謬誤；就書名而言，則吳本將「答」誤作「畣」，此乃古今異字，是以著錄時有所缺失。

4. 「沉」、「沈」例

就陸沈撰《揚州從事陸沈集》而論，《隋志》著錄爲「《揚州從事陸沈集》

〔註61〕 上述四處分見丁國鈞撰：《補晉書藝文志》卷1，收入二十五史刊行委員會編：《二十五史補編》第3冊（北京：中華書局，1998年2月），頁3660；〔清〕文廷式撰：《補晉書藝文志》卷1，收入二十五史刊行委員會編：《二十五史補編》第3冊（北京：中華書局，1998年2月），頁3713；黃逢元撰：《補晉書藝文志》卷1，收入二十五史刊行委員會編：《二十五史補編》第3冊（北京：中華書局，1998年2月），頁3908；〔清〕秦榮光撰：《補晉書藝文志》卷1，收入二十五史刊行委員會編：《二十五史補編》第3冊（北京：中華書局，1998年2月），頁3807。

〔註62〕 吳士鑑撰：《補晉書經籍志》卷1，收入二十五史刊行委員會編：《二十五史補編》第3冊（北京：中華書局，1998年2月），頁3858。

〔註63〕 〔唐〕魏徵等撰：《隋書‧經籍志》卷32「禮類」（北京：中華書局，2006年3月），頁924。

〔註64〕 黃逢元撰：《補晉書藝文志》卷1，收入二十五史刊行委員會編：《二十五史補編》第3冊（北京：中華書局，1998年2月），頁3902。

〔註65〕 吳士鑑撰：《補晉書經籍志》卷1，收入二十五史刊行委員會編：《二十五史補編》第3冊（北京：中華書局，1998年2月），頁3854。

〔註66〕 〔宋〕鄭樵撰：《通志二十略‧藝文略》（北京：中華書局，1995年11月），頁1500。

二卷，《錄》一卷」，〔註67〕《舊唐志》未著錄此書，《新唐志》則著錄「《陸沈集》二卷」。〔註68〕查五家《補晉志》亦收錄是書，丁、吳、文、秦等四家《補晉志》依循《隋志》著錄爲「《揚州從事陸沈集》二卷，《錄》一卷」，〔註69〕然黃氏《補晉志》則著錄爲「《揚州從事陸沉集》二卷，《錄》一卷」。〔註70〕蓋「沈」、「沉」二字爲異體字，可互通用，則黃逢元雖亦依循《隋志》收錄該書，然因書寫習慣之差異，而與其他四家《補晉志》有所別。

5. 「鉤」、「鈎」例

就楊方撰《五經鉤沈》一書而論，《晉書・楊方列傳》著錄：

> （楊）方在都邑，搢紳之士咸厚遇之，自以地寒，不願久留京華，求補遠郡，欲閒居著述。導從之，上補高梁太守。在郡積年，著《五經鉤枕》，更撰《吳越春秋》，并雜文筆，皆行於世。以年老，棄郡歸。導將進之臺閣，固辭還鄉里，終于家。〔註71〕

《隋志》著錄爲「《五經拘沈》十卷，晉高涼太守楊方撰」，〔註72〕《舊唐志》著錄爲「《五經鉤沈》十卷，楊方撰」，〔註73〕《新唐志》則著錄「楊方《五經鉤沉》十卷」，〔註74〕可見書名皆有差距。就「沈」、「沉」而言，

〔註67〕〔唐〕魏徵等撰：《隋書・經籍志》卷35「別集類」（北京：中華書局，2006年3月），頁1065。

〔註68〕〔宋〕歐陽修等撰：《新唐書・藝文志》卷60「別集類」（北京：中華書局，2006年3月），頁1586。

〔註69〕上述四處分見丁國鈞撰：《補晉書藝文志》卷4，收入二十五史刊行委員會編：《二十五史補編》第3冊（北京：中華書局，1998年2月），頁3686；吳士鑑撰：《補晉書經籍志》卷4，收入二十五史刊行委員會編：《二十五史補編》第3冊（北京：中華書局，1998年2月），頁3889；〔清〕文廷式撰：《補晉書藝文志》卷6，收入二十五史刊行委員會編：《二十五史補編》第3冊（北京：中華書局，1998年2月），頁3782；〔清〕秦榮光撰：《補晉書藝文志》卷4，收入二十五史刊行委員會編：《二十五史補編》第3冊（北京：中華書局，1998年2月），頁3842。

〔註70〕黃逢元撰：《補晉書藝文志》卷4，收入二十五史刊行委員會編：《二十五史補編》第3冊（北京：中華書局，1998年2月），頁3952。

〔註71〕〔唐〕房玄齡等撰：《晉書・楊方列傳》卷68（北京：中華書局，2006年3月），頁1832。

〔註72〕〔唐〕魏徵等撰：《隋書・經籍志》卷32「論語類」（北京：中華書局，2006年3月），頁938。

〔註73〕〔後晉〕劉昫等撰：《舊唐書・經籍志》卷46「經解類」（北京：中華書局，2006年3月），頁1983。

〔註74〕〔宋〕歐陽修等撰：《新唐書・藝文志》卷57「經解類」（北京：中華書局，

爲古今異字，詳見前文論述。就「沈、枕」與「鉤、拘」而言，則有因偏旁不定而造成書名混淆之誤。然則《隋志》誤作「拘」，應以《晉書》爲依歸；至於《晉書》誤作「枕」，則理應從《隋志》。另據姚振宗《隋書經籍志考證》指出《宋史‧藝文志》、《崇文總目》、《玉海‧藝文類‧中興書目》、《經義考》等亦著錄爲《五經鉤沈》，〔註75〕故應以《舊唐志》著錄之書名爲準則。查五家《補晉志》著錄各有所本，故有所差異。丁、黃二家《補晉志》著錄書名爲「《五經鉤沉》」，〔註76〕此乃「沈」、「沉」混淆之例。吳、秦二家《補晉志》著錄書名爲「《五經鉤沈》」，〔註77〕則無所謬誤。至於文廷式著錄「《五經鈎沈》」，〔註78〕將「鉤」誤作「鈎」，蓋此二字爲通用字故易於撰寫時產生疏失。

（四）偏旁相近而誤

1.「注」、「註」例

就劉兆撰《周易訓注》而論，該書未見於《經典釋文‧序錄》、《隋志》、《兩唐志》，然見《晉書‧劉兆列傳》著錄：

> 劉兆字延世，濟南東平人，漢廣川惠王之後也。兆博學洽聞，溫篤善誘，從受業者數千人。……又爲《春秋左氏解》，名曰「全綜」，《公羊》、《穀梁》解詁皆納經傳中，朱書以別之。又撰《周易訓注》，以正動二體互通其文。凡所讚述百餘萬言。〔註79〕

今見丁、吳、文、黃等四家《補晉志》皆依循《晉書》著錄該書目爲「《周易訓

2006 年 3 月），頁 1445。

〔註75〕〔清〕姚振宗撰：《隋書經籍志考證》卷 8，收入二十五史刊行委員會編：《二十五史補編》第 4 冊（北京：中華書局，1998 年 2 月），頁 5184。

〔註76〕上述二處分見丁國鈞撰：《補晉書藝文志》卷 1，收入二十五史刊行委員會編：《二十五史補編》第 3 冊（北京：中華書局，1998 年 2 月），頁 3661；黃逢元撰：《補晉書藝文志》卷 1，收入二十五史刊行委員會編：《二十五史補編》第 3 冊（北京：中華書局，1998 年 2 月），頁 3909。

〔註77〕上述二處分見吳士鑑撰：《補晉書經籍志》卷 1，收入二十五史刊行委員會編：《二十五史補編》第 3 冊（北京：中華書局，1998 年 2 月），頁 3858；〔清〕秦榮光撰：《補晉書藝文志》卷 1，收入二十五史刊行委員會編：《二十五史補編》第 3 冊（北京：中華書局，1998 年 2 月），頁 3807。

〔註78〕〔清〕文廷式撰：《補晉書藝文志》卷 1，收入二十五史刊行委員會編：《二十五史補編》第 3 冊（北京：中華書局，1998 年 2 月），頁 3714。

〔註79〕〔唐〕房玄齡等撰：《晉書‧劉兆列傳》卷 91（北京：中華書局，2006 年 3 月），頁 2349～2350。

注》」，〔註80〕僅秦氏《補晉志》一家則著錄爲「《周易訓註》」。〔註81〕由此可知，秦本將書名之「注」著錄爲「註」有所謬誤，雖二字意義相通，然偏旁不同，故造成書寫產生之疏失。其餘如：丁、吳、文等三家《補晉志》著錄禮類「《周官禮注》」，〔註82〕秦氏《補晉志》則著錄爲「《周官禮註》」，〔註83〕亦爲「注」、「註」混淆之例。

2.「儀」、「議」例

前文提及《隋志》、《通志》著錄任預撰「《答問雜儀》」，黃逢元則著錄爲「《答問雜議》」，可知其將「儀」誤作「議」，此爲偏旁相近而不愼混淆之例。

3.「讌」、「燕」例

就荀勗撰《晉讌樂歌辭》十卷而論，該書未見於《經典釋文・序錄》、《兩唐志》，《隋志》著錄爲「《晉讌樂歌辭》十卷，荀勗撰」。〔註84〕查黃氏《補晉志》依循《隋志》著錄爲「《晉讌樂歌辭》」，〔註85〕秦氏《補晉志》則言其依循《通志略》著錄爲「《燕樂歌辭》」，〔註86〕然見《通志》著錄「《晉燕樂

〔註80〕上述四處分見丁國鈞撰：《補晉書藝文志》卷1，收入二十五史刊行委員會編：《二十五史補編》第3冊（北京：中華書局，1998年2月），頁3654；吳士鑑撰：《補晉書經籍志》卷1，收入二十五史刊行委員會編：《二十五史補編》第3冊（北京：中華書局，1998年2月），頁3852；〔清〕文廷式撰：《補晉書藝文志》卷1，收入二十五史刊行委員會編：《二十五史補編》第3冊（北京：中華書局，1998年2月），頁3704；黃逢元撰：《補晉書藝文志》卷1，收入二十五史刊行委員會編：《二十五史補編》第3冊（北京：中華書局，1998年2月），頁3899。

〔註81〕〔清〕秦榮光撰：《補晉書藝文志》卷1，收入二十五史刊行委員會編：《二十五史補編》第3冊（北京：中華書局，1998年2月），頁3800。

〔註82〕上述三處分見丁國鈞撰：《補晉書藝文志》卷1，收入二十五史刊行委員會編：《二十五史補編》第3冊（北京：中華書局，1998年2月），頁3656；吳士鑑撰：《補晉書經籍志》卷1，收入二十五史刊行委員會編：《二十五史補編》第3冊（北京：中華書局，1998年2月），頁3854；〔清〕文廷式撰：《補晉書藝文志》卷1，收入二十五史刊行委員會編：《二十五史補編》第3冊（北京：中華書局，1998年2月），頁3707。

〔註83〕〔清〕秦榮光撰：《補晉書藝文志》卷1，收入二十五史刊行委員會編：《二十五史補編》第3冊（北京：中華書局，1998年2月），頁3803。

〔註84〕〔唐〕魏徵等撰：《隋書・經籍志》卷35「總集類」（北京：中華書局，2006年3月），頁1085。

〔註85〕黃逢元撰：《補晉書藝文志》卷1，收入二十五史刊行委員會編：《二十五史補編》第3冊（北京：中華書局，1998年2月），頁3903。

〔註86〕〔清〕秦榮光撰：《補晉書藝文志》卷1，收入二十五史刊行委員會編：《二十五史補編》第3冊（北京：中華書局，1998年2月），頁3808。

歌辭》」。〔註 87〕由此可知，秦本書名除少著錄一「晉」字外，尚且將「讌」誤作「燕」，則有因偏旁不定而將字體混淆之誤。

三、「缺（增）字」對五家《補晉志》著錄書目名稱造成的差異

古籍於撰寫或編纂之時，容易爲了縮短篇幅或便利行文，而將繁稱簡省爲易懂之文字，如：《春秋左氏傳》簡稱爲《左傳》、《春秋穀梁傳》簡稱爲《穀梁傳》，凡此種種，皆爲缺字的例子，其中亦不乏增字之例。五家《補晉志》既採古籍資料進行編纂，自然有部分錯誤，且如爲了簡省篇幅，也會產生缺字的情形。今區分爲簡省（增錄）「朝代之名」、「性質之名」、「全名」與「人名」等四種缺字之類別，並進而舉例考證之。

（一）簡省（增錄）朝代之名者

1. 〔魏〕荀煇注《周易》十卷

秦、文、丁、黃、吳五家《補晉志》收錄此書，然除有斷限謬誤之嫌外，秦氏《補晉志》有簡省朝代名之差異。根據《經典釋文·序錄》記載：

荀煇，字景文，穎川穎陰人。晉太子中庶子，爲《易義》。〔註 88〕

然見《隋志》指出「魏散騎常侍荀煇注《周易》十卷」，〔註 89〕《舊唐志》著錄「《周易》……又十卷，荀暉注」，〔註 90〕《新唐志》則著錄「荀煇注十卷」。〔註 91〕姚振宗則考證撰者應爲「荀煇」而非「荀暉」，並以其爲「魏人」而非「晉人」，則該書不應歸入晉朝文獻中。〔註 92〕就書名而言，丁、吳、文等三家《補晉志》皆著錄爲「《周易注》」，〔註 93〕增「注」字，爲註明其性質；黃

〔註 87〕 〔宋〕鄭樵撰：《通志二十略·藝文略》（北京：中華書局，1995 年 11 月），頁 1510。

〔註 88〕 〔唐〕陸德明撰：《經典釋文·序錄》，收入孔子文化大全編輯部編輯：《孔子文化大全》（濟南：山東友誼書社，1991 年 10 月），頁 31。

〔註 89〕 〔唐〕魏徵等撰：《隋書·經籍志》卷 32「易類」（北京：中華書局，2006 年 3 月），頁 909。

〔註 90〕 〔後晉〕劉昫等撰：《舊唐書·經籍志》卷 46「易類」（北京：中華書局，2006 年 3 月），頁 1967。

〔註 91〕 〔宋〕歐陽修等撰：《新唐書·藝文志》卷 57「易類」（北京：中華書局，2006 年 3 月），頁 1424。

〔註 92〕 〔清〕姚振宗撰：《隋書經籍志考證》卷 1，收入二十五史刊行委員會編：《二十五史補編》第 4 冊（北京：中華書局，1998 年 2 月），頁 5058。

〔註 93〕 上述三處分見丁國鈞撰：《補晉書藝文志》卷 1，收入二十五史刊行委員會編：《二十五史補編》第 3 冊（北京：中華書局，1998 年 2 月），頁 3654；吳士

氏《補晉志》則著錄「《周易》」，雖書名依循《隋志》，然僅指出荀煇所撰，而非「注」，則略有所失；〔註94〕至於秦氏《補晉志》著錄書名爲「《易注》」，〔註95〕然則除增錄「注」以標明其性質外，亦簡省朝代「周」字，蓋學界普遍認定《易經》爲周朝文獻，故秦榮光簡省之以便於行文，是以與其他四家《補晉志》之書名有所差異。

2.〔晉〕袁曄撰《獻帝春秋》十卷

丁、吳、文、黃、秦等五家《補晉志》皆收錄此書，其中以吳氏《補晉志》有增錄朝代名之差異。根據《三國志・吳書・陸瑁傳》記載袁迪之注釋提及：

> 迪孫曄，字思光，作《獻帝春秋》，云迪與張紘等俱過江，迪父綏爲太傅掾，張超之討董卓，以綏領廣陵事。〔註96〕

可知袁曄曾撰此書。另據《隋志》著錄爲「《獻帝春秋》十卷，袁曄撰」，〔註97〕《舊唐志》著錄「《漢獻帝春秋》十卷，袁曄撰」，〔註98〕《新唐志》則著錄「袁曄《漢獻帝春秋》十卷」，〔註99〕可知《兩唐志》較《吳書》、《隋志》增錄朝代「漢」字，故清朝學者在編纂《補晉志》時也因取材有別而造成書名之差異。今見丁、文、黃、秦等四家《補晉志》皆依循《吳書》、《隋志》著錄書名爲「《獻帝春秋》」，〔註100〕無所謬誤。然見吳士鑑依循《兩唐志》著錄爲「《漢獻帝春

鑑撰：《補晉書經籍志》卷1，收入二十五史刊行委員會編：《二十五史補編》第3冊（北京：中華書局，1998年2月），頁3853；〔清〕文廷式撰：《補晉書藝文志》卷1，收入二十五史刊行委員會編：《二十五史補編》第3冊（北京：中華書局，1998年2月），頁3704。

〔註94〕黃逢元撰：《補晉書藝文志》卷1，收入二十五史刊行委員會編：《二十五史補編》第3冊（北京：中華書局，1998年2月），頁3897。

〔註95〕〔清〕秦榮光撰：《補晉書藝文志》卷1，收入二十五史刊行委員會編：《二十五史補編》第3冊（北京：中華書局，1998年2月），頁3800。

〔註96〕〔晉〕陳壽撰：《三國志・吳書・陸瑁傳》卷57（北京：中華書局，2006年3月），頁1337。

〔註97〕〔唐〕魏徵等撰：《隋書・經籍志》卷33「古史類」（北京：中華書局，2006年3月），頁957。

〔註98〕〔後晉〕劉昫等撰：《舊唐書・經籍志》卷46「編年類」（北京：中華書局，2006年3月），頁1991。

〔註99〕〔宋〕歐陽修等撰：《新唐書・藝文志》卷58「編年類」（北京：中華書局，2006年3月），頁1459。

〔註100〕上述四處分見丁國鈞撰：《補晉書藝文志・補遺》，收入二十五史刊行委員會編：《二十五史補編》第3冊（北京：中華書局，1998年2月），頁3694；〔清〕文廷式撰：《補晉書藝文志》卷2，收入二十五史刊行委員會編：《二十五史補編》第3冊（北京：中華書局，1998年2月），頁3718；黃逢元撰：《補晉

秋》」，〔註101〕亦增錄朝代之名，是以與餘四家《補晉志》著錄書目有所差異。

3.〔晉〕車灌撰《晉修復山陵故事》五卷

丁、吳、文、黃、秦等五家《補晉志》收錄此書，其中丁、文二家有簡省朝代名之差異。根據《隋志》著錄「《晉修復山陵故事》五卷，車灌撰」，〔註102〕《舊唐志》著錄「《修復山陵故事》五卷，車灌撰」，〔註103〕《新唐志》則著錄「車灌《晉脩復山陵故事》五卷」，〔註104〕蓋《舊唐志》簡省朝代「晉」字，《新唐志》則將「修」誤作古今異字「脩」，是以產生差異。五家《補晉志》取材有別，故著錄時亦有不同。今查吳、黃等二家《補晉志》依循《隋志》著錄為「《晉修復山林故事》」，〔註105〕故無所謬誤。然秦氏《補晉志》取法《新唐志》著錄為「《晉脩復山林故事》」，〔註106〕則同將「修」、「脩」二字混淆。至於丁、文二家《補晉志》雖言己依循《隋志》，然實取法《舊唐志》著錄為「《修復山陵故事》」，〔註107〕故見書名其簡省朝代「晉」字，而與其他三家《補晉志》產生差異。

（二）簡省（增錄）性質之名者

書藝文志》卷 2，收入二十五史刊行委員會編：《二十五史補編》第 3 冊（北京：中華書局，1998 年 2 月），頁 3913；〔清〕秦榮光撰：《補晉書藝文志》卷 2，收入二十五史刊行委員會編：《二十五史補編》第 3 冊（北京：中華書局，1998 年 2 月），頁 3810。

〔註101〕吳士鑑撰：《補晉書經籍志》卷 2，收入二十五史刊行委員會編：《二十五史補編》第 3 冊（北京：中華書局，1998 年 2 月），頁 3861。

〔註102〕〔唐〕魏徵等撰：《隋書·經籍志》卷 33「舊事類」（北京：中華書局，2006 年 3 月），頁 966。

〔註103〕〔後晉〕劉昫等撰：《舊唐書·經籍志》卷 46「故事類」（北京：中華書局，2006 年 3 月），頁 1998。

〔註104〕〔宋〕歐陽修等撰：《新唐書·藝文志》卷 58「故事類」（北京：中華書局，2006 年 3 月），頁 1474。

〔註105〕上述二處分見吳士鑑撰：《補晉書經籍志》卷 2，收入二十五史刊行委員會編：《二十五史補編》第 3 冊（北京：中華書局，1998 年 2 月），頁 3864；黃逢元撰：《補晉書藝文志》卷 2，收入二十五史刊行委員會編：《二十五史補編》第 3 冊（北京：中華書局，1998 年 2 月），頁 3920。

〔註106〕〔清〕秦榮光撰：《補晉書藝文志》卷 2，收入二十五史刊行委員會編：《二十五史補編》第 3 冊（北京：中華書局，1998 年 2 月），頁 3820。

〔註107〕上述二處分見丁國鈞撰：《補晉書藝文志》卷 2，收入二十五史刊行委員會編：《二十五史補編》第 3 冊（北京：中華書局，1998 年 2 月），頁 3667；〔清〕文廷式撰：《補晉書藝文志》卷 2，收入二十五史刊行委員會編：《二十五史補編》第 3 冊（北京：中華書局，1998 年 2 月），頁 3724。

1.〔晉〕杜預撰《喪服要集》二卷

丁、吳、文、黃、秦等五家《補晉志》皆收錄此書，其中吳、秦二家有增錄性質之名而產生差異的情形。此書未見於《經典釋文‧序錄》，根據《隋志》著錄「《喪服要集》二卷，晉征南將軍杜預撰」，〔註108〕《舊唐志》著錄「《喪服要集議》三卷，杜預撰」，〔註109〕《新唐志》則著錄「杜預《喪服要集議》三卷」，〔註110〕然則《兩唐志》較《隋志》增錄「議」字，以顯示該書之性質。今查丁、文、黃等三家《補晉志》皆依循《隋志》著錄書名爲「《喪服要集》」，〔註111〕無所謬誤。然吳士鑑依循《兩唐志》著錄爲「《喪服要集議》」，〔註112〕則亦增錄「議」字；至於秦榮光著錄爲「《喪服集要議》」，〔註113〕除將「要」、「集」二字互倒產生謬誤之外，亦增錄「議」字以標明其性質，故吳、秦二家皆因增錄文字而與其他三家《補晉志》有所差異。

2.〔晉〕劉智撰《喪服釋疑論》二十卷

丁、吳、文、黃、秦等五家《補晉志》皆收錄此書，其中丁、吳、秦等三家《補晉志》有增錄性質之名而產生差異的情形。此書未見於《經典釋文‧序錄》、《兩唐志》，然據《晉書‧劉寔列傳弟智》記載：

> 弟智字子房，貞素有兄風。少貧窶，每負薪自給，讀誦不輟，竟以儒行稱。歷中書黃門吏部郎，出爲潁川太守。……入爲秘書監，領南陽王師，加散騎常侍，遷侍中、尚書、太常。著《喪服釋疑論》，

〔註108〕〔唐〕魏徵等撰：《隋書‧經籍志》卷 32「禮類」（北京：中華書局，2006年 3 月），頁 920。

〔註109〕〔後晉〕劉昫等撰：《舊唐書‧經籍志》卷 46「禮類」（北京：中華書局，2006年 3 月），頁 1972。

〔註110〕〔宋〕歐陽修等撰：《新唐書‧藝文志》卷 57「禮類」（北京：中華書局，2006年 3 月），頁 1431。

〔註111〕上述三處分見丁國鈞撰：《補晉書藝文志》卷 1，收入二十五史刊行委員會編：《二十五史補編》第 3 冊（北京：中華書局，1998 年 2 月），頁 3656；〔清〕文廷式撰：《補晉書藝文志》卷 1，收入二十五史刊行委員會編：《二十五史補編》第 3 冊（北京：中華書局，1998 年 2 月），頁 3707；黃逢元撰：《補晉書藝文志》卷 1，收入二十五史刊行委員會編：《二十五史補編》第 3 冊（北京：中華書局，1998 年 2 月），頁 3901。

〔註112〕吳士鑑撰：《補晉書經籍志》卷 1，收入二十五史刊行委員會編：《二十五史補編》第 3 冊（北京：中華書局，1998 年 2 月），頁 3854。

〔註113〕〔清〕秦榮光撰：《補晉書藝文志》卷 1，收入二十五史刊行委員會編：《二十五史補編》第 3 冊（北京：中華書局，1998 年 2 月），頁 3804。

多所辨明。太康末卒，謚曰成。〔註114〕

可知劉智撰有此書。另據《隋志》著錄「《喪服釋疑》二十卷，劉智撰」，〔註115〕因《晉書》完稿時間晚於《隋志》，可知《晉書》較《隋志》增錄「論」字，以顯示其性質。今查文、黃等二家《補晉志》依循《隋志》著錄書名為「《喪服釋疑》」，〔註116〕故無所謬誤。至於丁、吳、秦三家《補晉志》則同《晉書》著錄為「《喪服釋疑論》」，〔註117〕則亦增錄一「論」字，故與文、黃二家有所差異。

3. 〔晉〕司馬伷撰，王懋約注《禮記寧朔新書》二十卷

丁、吳、文、黃、秦等五家《補晉志》收錄此書，其中僅丁本有增錄性質之名而產生差異的情形。此書未見於《經典釋文・序錄》，然據《隋志》著錄「《禮記寧朔新書》八卷，王懋約注。梁有二十卷」，〔註118〕《舊唐志》著錄「《禮記寧朔新書》二十卷，司馬伷颰序，王懋約注」，〔註119〕《新唐志》著錄「司馬颰……又《禮記寧朔新書》二十卷，並王懋約注」。〔註120〕今見朱彝尊《經義考》指出：

《唐志》作懋約注書，以寧朔名，當從《唐志》。〔註121〕

〔註114〕〔唐〕房玄齡等撰：《晉書・劉寔列傳弟智》卷 41（北京：中華書局，2006 年 3 月），頁 1198。

〔註115〕〔唐〕魏徵等撰：《隋書・經籍志》卷 32「禮類」（北京：中華書局，2006 年 3 月），頁 920。

〔註116〕〔清〕文廷式撰：《補晉書藝文志》卷 1，收入二十五史刊行委員會編：《二十五史補編》第 3 冊（北京：中華書局，1998 年 2 月），頁 3708；黃逢元撰：《補晉書藝文志》卷 1，收入二十五史刊行委員會編：《二十五史補編》第 3 冊（北京：中華書局，1998 年 2 月），頁 3901。

〔註117〕上述三處分見丁國鈞撰：《補晉書藝文志》卷 1，收入二十五史刊行委員會編：《二十五史補編》第 3 冊（北京：中華書局，1998 年 2 月），頁 3656；吳士鑑撰：《補晉書經籍志》卷 1，收入二十五史刊行委員會編：《二十五史補編》第 3 冊（北京：中華書局，1998 年 2 月），頁 3855；〔清〕秦榮光撰：《補晉書藝文志》卷 1，收入二十五史刊行委員會編：《二十五史補編》第 3 冊（北京：中華書局，1998 年 2 月），頁 3804。

〔註118〕〔唐〕魏徵等撰：《隋書・經籍志》卷 32「禮類」（北京：中華書局，2006 年 3 月），頁 922。

〔註119〕〔後晉〕劉昫等撰：《舊唐書・經籍志》卷 46「禮類」（北京：中華書局，2006 年 3 月），頁 1973。

〔註120〕〔宋〕歐陽修等撰：《新唐書・藝文志》卷 57「禮類」（北京：中華書局，2006 年 3 月），頁 1431。

〔註121〕〔清〕朱彝尊撰：《經義考》卷 121「周禮」（北京：中華書局，1998 年 11 月），頁 648。

蓋司馬伷以寧朔將軍起家，故此書應爲其著述無疑，而王懋約則爲其注者。然則丁、文、黃、秦等四家《補晉志》著錄撰者爲「王懋約」，吳氏《補晉志》則著錄撰者爲「王伷」，皆有所謬誤。〔註122〕就書名而言，吳、文、黃、秦等四家《補晉志》皆著錄爲「《禮記寧朔新書》」，無所謬誤；然見丁國鈞著錄爲「《寧記寧朔新書注》」，增錄一「注」字，以標明其性質，故與其他四家《補晉志》之書目名稱有所差異。

（三）簡省（增錄）全名者

1.〔晉〕張璠撰《周易略論》一卷

　　丁、吳、黃、秦等四家《補晉志》收錄此書，僅文本一家未見，其中吳氏《補晉志》有簡省全名而產生差異的情形。該書未見於《經典釋文・序錄》、《隋志》，然據《舊唐志》著錄「《周易略論》一卷，張璠撰」，〔註123〕《新唐志》則著錄「張璠《集解》十卷，又《略論》一卷」，〔註124〕則《新唐志》原簡省「周易」二字，而非原書全名。今查丁、黃、秦等三家《補晉志》依循《舊唐志》著錄書名爲「《周易略論》」，〔註125〕故無所謬誤。然見吳士鑑依循《新唐志》著錄爲「又《略論》一卷」，〔註126〕則亦簡省「周易」二字而失其

〔註122〕上述五處分見丁國鈞撰：《補晉書藝文志》卷1，收入二十五史刊行委員會編：《二十五史補編》第3冊（北京：中華書局，1998年2月），頁3657；〔清〕文廷式撰：《補晉書藝文志》卷1，收入二十五史刊行委員會編：《二十五史補編》第3冊（北京：中華書局，1998年2月），頁3708；黃逢元撰：《補晉書藝文志》卷1，收入二十五史刊行委員會編：《二十五史補編》第3冊（北京：中華書局，1998年2月），頁3902；〔清〕秦榮光撰：《補晉書藝文志》卷1，收入二十五史刊行委員會編：《二十五史補編》第3冊（北京：中華書局，1998年2月），頁3804；吳士鑑撰：《補晉書經籍志》卷1，收入二十五史刊行委員會編：《二十五史補編》第3冊（北京：中華書局，1998年2月），頁3854。

〔註123〕〔後晉〕劉昫等撰：《舊唐書・經籍志》卷46「易類」（北京：中華書局，2006年3月），頁1967。

〔註124〕〔宋〕歐陽修等撰：《新唐書・藝文志》卷57「易類」（北京：中華書局，2006年3月），頁1424～1425。

〔註125〕上述三處分見丁國鈞撰：《補晉書藝文志》卷1，收入二十五史刊行委員會編：《二十五史補編》第3冊（北京：中華書局，1998年2月），頁3654；黃逢元撰：《補晉書藝文志》卷1，收入二十五史刊行委員會編：《二十五史補編》第3冊（北京：中華書局，1998年2月），頁3898；〔清〕秦榮光撰：《補晉書藝文志》卷1，收入二十五史刊行委員會編：《二十五史補編》第3冊（北京：中華書局，1998年2月），頁3801。

〔註126〕吳士鑑撰：《補晉書經籍志》卷1，收入二十五史刊行委員會編：《二十五史

全名，故與其他三家《補晉志》著錄書名有所差異。

2.〔晉〕韓伯注《周易繫辭》二卷

丁、吳、文、黃、秦等五家《補晉志》皆收錄此書，其中吳本一家有簡省全名而產生差異的情形。該書未見於《兩唐志》，然據《經典釋文・序錄》指出：

韓伯，字康伯，潁川人，東晉太常卿。……注《繫辭》〔註127〕

《隋志》著錄「《周易繫辭》二卷，晉太常韓康伯注」，〔註128〕則「康伯」爲其字而非其名，故理應將撰者著錄爲「韓伯」，至於書名則應以《隋志》爲依歸。今查黃氏《補晉志》依循《隋志》著錄書名爲「《周易繫辭》」，〔註129〕故無所謬誤。然丁、文二家則著錄爲「《周易繫辭注》」，〔註130〕增錄一「注」字，以其標明性質。秦氏《補晉志》則著錄「《周易繫辭註》」，〔註131〕除因「注」、「註」偏旁相近而混淆之外，亦有增錄之謬誤。至於吳士鑑則著錄書名爲「《繫辭注》」，除增錄一「注」字標明其性質外，又簡省「周易」二字，故非全名之貌，因此與其他四家《補晉志》有所差異。

3.〔晉〕江熙撰《春秋公羊穀梁二傳評》三卷

丁、吳、文、黃、秦等五家《補晉志》收錄，其中文、黃等二家有簡省全名而產生差異的情形。此書未見於《經典釋文・序錄》、《隋志》，然據《舊唐志》著錄「《春秋公羊穀梁二傳評》三卷，江熙撰」，〔註132〕《新唐志》則著錄「江熙《公羊穀梁二傳評》三卷」，〔註133〕可知《新唐志》簡省「春秋」

補編》第 3 冊（北京：中華書局，1998 年 2 月），頁 3852。

〔註127〕〔唐〕陸德明撰：《經典釋文・序錄》，收入孔子文化大全編輯部編輯：《孔子文化大全》（濟南：山東友誼書社，1991 年 10 月），頁 32。

〔註128〕〔唐〕魏徵等撰：《隋書・經籍志》卷 32「易類」（北京：中華書局，2006 年 3 月），頁 910。

〔註129〕黃逢元撰：《補晉書藝文志》卷 1，收入二十五史刊行委員會編：《二十五史補編》第 3 冊（北京：中華書局，1998 年 2 月），頁 3897。

〔註130〕上述二處分見丁國鈞撰：《補晉書藝文志》卷 1，收入二十五史刊行委員會編：《二十五史補編》第 3 冊（北京：中華書局，1998 年 2 月），頁 3654；〔清〕文廷式撰：《補晉書藝文志》卷 1，收入二十五史刊行委員會編：《二十五史補編》第 3 冊（北京：中華書局，1998 年 2 月），頁 3703。

〔註131〕〔清〕秦榮光撰：《補晉書藝文志》卷 1，收入二十五史刊行委員會編：《二十五史補編》第 3 冊（北京：中華書局，1998 年 2 月），頁 3802。

〔註132〕〔後晉〕劉昫等撰：《舊唐書・經籍志》卷 46「春秋類」（北京：中華書局，2006 年 3 月），頁 1979。

〔註133〕〔宋〕歐陽修等撰：《新唐書・藝文志》卷 57「春秋類」（北京：中華書局，2006 年 3 月），頁 1440。

二字而非著錄全名。今查丁、吳、秦等三家《補晉志》皆依循《舊唐志》著錄「《春秋公羊穀梁二傳評》」，〔註134〕故無所謬誤。然見文、黃二家《補晉志》皆取法《新唐志》著錄簡稱，文氏著錄「《公羊穀梁二傳評》」，〔註135〕簡省「春秋」二字而非全名；黃氏則著錄「《公穀二傳評》」，〔註136〕則除簡省「春秋」二字之外，亦將「公羊」簡省爲「公」、「穀梁」簡省爲「穀」。由此可知，文、黃二家已簡省全名，使書目名稱變得較爲精簡，故與其他三家《補晉志》有所差異。

4.〔晉〕《廣武將軍□產碑》

丁、吳、文、黃等四家《補晉志》皆未見，僅秦榮光著錄此文獻於「附錄石刻類」中：

> 有陰。前秦建元四年，卽晉太和三年，據《金石萃》編。〔註137〕

可推測原石碑已有缺字，故秦榮光以「□」代替碑文，是以非該文獻之全名。

（四）簡省（增錄）人名者

1.〔晉〕張輝撰《易義》

丁、吳、文、黃、秦等五家《補晉志》收錄此書，其中丁本一家將撰者姓氏增錄至書名中。該書未見於《隋志》、《兩唐志》，然據《經典釋文・序錄》指出：

> 張輝，字義元，梁國人。晉侍中平陵亭侯，爲《易義》。〔註138〕

可知張輝撰有此書。今查吳、文、黃、秦等四家《補晉志》皆依《經典釋文》

〔註134〕上述三處分見丁國鈞撰：《補晉書藝文志》卷1，收入二十五史刊行委員會編：《二十五史補編》第3冊（北京：中華書局，1998年2月），頁3659；吳士鑑撰：《補晉書經籍志》卷1，收入二十五史刊行委員會編：《二十五史補編》第3冊（北京：中華書局，1998年2月），頁3856；〔清〕秦榮光撰：《補晉書藝文志》卷1，收入二十五史刊行委員會編：《二十五史補編》第3冊（北京：中華書局，1998年2月），頁3805。

〔註135〕〔清〕文廷式撰：《補晉書藝文志》卷1，收入二十五史刊行委員會編：《二十五史補編》第3冊（北京：中華書局，1998年2月），頁3712。

〔註136〕黃逢元撰：《補晉書藝文志》卷1，收入二十五史刊行委員會編：《二十五史補編》第3冊（北京：中華書局，1998年2月），頁3905。

〔註137〕〔清〕秦榮光撰：《補晉書藝文志・附錄石刻類》，收入二十五史刊行委員會編：《二十五史補編》第3冊（北京：中華書局，1998年2月），頁3848。

〔註138〕〔唐〕陸德明撰：《經典釋文・序錄》，收入孔子文化大全編輯部編輯：《孔子文化大全》（濟南：山東友誼書社，1991年10月），頁31。

著錄書名爲「《易義》」，﹝註139﹞故無所謬誤。然見丁國鈞著錄「《周易張氏義》」，﹝註140﹞除增錄「周易」二字更動全名之外，又增「張氏」二字，將撰者姓氏附入，故與其他四家《補晉志》之書名有所差異。至於丁氏《補晉志》《經部·易類》中尚有《周易庾氏義》、《周易王氏義》、《周易衛氏義》、《周易杜氏義》、《周易楊氏義》、《周易許氏義》、《周易裴氏義》、《周易邢氏義》等書與張輝所撰之《周易張氏義》有相同增錄人名的情形，是以皆與餘四家《補晉志》有所別。

2.〔晉〕蔡洪撰《蔡氏化清經》十卷

丁、吳、文、黃、秦等五家《補晉志》收錄此書，其中文、秦二家《補晉志》簡省撰者姓氏故有所差別。根據《隋志》著錄「《蔡氏清化經》十卷，蔡洪撰」，﹝註141﹞《舊唐志》著錄「《清化經》十卷，蔡洪撰」，﹝註142﹞《新唐志》則著錄「蔡洪《清化經》十卷」，﹝註143﹞可知《兩唐志》原簡省「蔡氏」二字之外，尚有將「化」、「清」二字互倒之謬誤。今查吳、黃等二家《補晉志》依循《隋志》著錄「《蔡氏化清經》」，﹝註144﹞故無所疏失。然丁氏《補晉志》著錄「《蔡氏清化經》」，﹝註145﹞則與《兩唐志》同將「化」、「清」二字互

﹝註139﹞ 上述四處分吳士鑑撰：《補晉書經籍志》卷1，收入二十五史刊行委員會編：《二十五史補編》第3冊（北京：中華書局，1998年2月），頁3853；〔清〕文廷式撰：《補晉書藝文志》卷1，收入二十五史刊行委員會編：《二十五史補編》第3冊（北京：中華書局，1998年2月），頁3703；黃逢元撰：《補晉書藝文志》卷1，收入二十五史刊行委員會編：《二十五史補編》第3冊（北京：中華書局，1998年2月），頁3898；〔清〕秦榮光撰：《補晉書藝文志》卷1，收入二十五史刊行委員會編：《二十五史補編》第3冊（北京：中華書局，1998年2月），頁3800。

﹝註140﹞ 丁國鈞撰：《補晉書藝文志》卷1，收入二十五史刊行委員會編：《二十五史補編》第3冊（北京：中華書局，1998年2月），頁3655。

﹝註141﹞ 〔唐〕魏徵等撰：《隋書·經籍志》卷34「儒類」（北京：中華書局，2006年3月），頁998。

﹝註142﹞ 〔後晉〕劉昫等撰：《舊唐書·經籍志》卷47「儒家類」（北京：中華書局，2006年3月），頁2025。

﹝註143﹞ 〔宋〕歐陽修等撰：《新唐書·藝文志》卷59「儒家類」（北京：中華書局，2006年3月），頁1511。

﹝註144﹞ 上述二處分見吳士鑑撰：《補晉書經籍志》卷3，收入二十五史刊行委員會編：《二十五史補編》第3冊（北京：中華書局，1998年2月），頁3873；黃逢元撰：《補晉書藝文志》卷3，收入二十五史刊行委員會編：《二十五史補編》第3冊（北京：中華書局，1998年2月），頁3934。

﹝註145﹞ 丁國鈞撰：《補晉書藝文志》卷3，收入二十五史刊行委員會編：《二十五史補編》第3冊（北京：中華書局，1998年2月），頁3676。

倒。至於文、秦二家《補晉志》前者著錄爲「《化清經》」，〔註146〕後者則著錄爲「《清化經》」，〔註147〕然則文、秦二家書目皆簡省撰者姓氏名，且秦榮光亦有將書名互倒之缺失，凡此種種造成五家《補晉志》書名有所差異。

四、「改字」對五家《補晉志》著錄書目名稱造成的差異

由於古籍有諸多簡稱，故在編纂史志時，撰者多有「改字」之情形。今查五家《補晉志》改字之例有四類：其一，「字形相近」而改字，僅因字形相似而產生謬誤；其二，「字音相近」而改字，同音者易使書名誤換而產生謬誤；其三，「字義相近」而改字，意義相近者易遭更動而產生書名之差異；其四，「擅自改字」，非上述「形」、「音」、「義」三者所造成之改字，莫知其因而疑爲擅改者。今略舉數例說明並詳加考證，以知五家《補晉志》著錄書目而產生改字之差異。

（一）因「字形相近」而改字

1.「蕭」、「肅」例

就薄蕭之撰《處士薄蕭之集》而論，該書根據《隋志》著錄「晉處士《薄蕭之集》九卷，梁十卷」，〔註148〕《舊唐志》著錄「《薄肅之集》十卷」，〔註149〕《新唐志》亦著錄「《薄肅之集》十卷」，〔註150〕可知《兩唐志》將字形相近之「蕭」改爲「肅」，故有所謬誤。今查丁、文、黃、秦等四家《補晉志》皆著錄「《處士薄蕭之集》」，〔註151〕與《隋志》同，故無所缺失。然見吳士鑑著錄「《處

〔註146〕〔清〕文廷式撰：《補晉書藝文志》卷 4，收入二十五史刊行委員會編：《二十五史補編》第 3 冊（北京：中華書局，1998 年 2 月），頁 3749。

〔註147〕〔清〕秦榮光撰：《補晉書藝文志》卷 3，收入二十五史刊行委員會編：《二十五史補編》第 3 冊（北京：中華書局，1998 年 2 月），頁 3825。

〔註148〕〔唐〕魏徵等撰：《隋書‧經籍志》卷 35「別集類」（北京：中華書局，2006 年 3 月），頁 1069。

〔註149〕〔後晉〕劉昫等撰：《舊唐書‧經籍志》卷 47「別集類」（北京：中華書局，2006 年 3 月），頁 2066。

〔註150〕〔宋〕歐陽修等撰：《新唐書‧藝文志》卷 60「別集類」（北京：中華書局，2006 年 3 月），頁 1590。

〔註151〕上述四處分見丁國鈞撰：《補晉書藝文志》卷 4，收入二十五史刊行委員會編：《二十五史補編》第 3 冊（北京：中華書局，1998 年 2 月），頁 3689；〔清〕文廷式撰：《補晉書藝文志》卷 6，收入二十五史刊行委員會編：《二十五史補編》第 3 冊（北京：中華書局，1998 年 2 月），頁 3788；黃逢元撰：《補晉書藝文志》卷 4，收入二十五史刊行委員會編：《二十五史補編》第 3 冊（北京：中華書局，1998 年 2 月），頁 3958；〔清〕秦榮光撰：《補晉書藝文志》

士薄肅之集》」，〔註152〕則與《兩唐志》同將形近字「蕭」改爲「肅」，故有謬誤，是以與其他四家《補晉志》之書名有所差異。

2.「曆」、「歷」例

就胡沖撰《吳曆》而論，該書未見於《隋志》，然據《舊唐志》著錄「《吳曆》六卷，胡沖撰」，〔註153〕《新唐志》則著錄「胡沖《吳朝人士品秩狀》八卷，又《吳曆》六卷」。〔註154〕今查吳、黃二家《補晉志》皆依循《兩唐志》著錄書名爲「《吳曆》」，〔註155〕故無所謬誤。然見丁、文、秦等三家《補晉志》皆著錄爲「《吳歷》」，〔註156〕則將形近字「曆」改作「歷」，有所缺失，是以與其他二家《補晉志》之書名有所差異。另見《史部》的《晉曆》、《年曆》等書，亦有相同的改字情形。

（二）因「字音相近」而改字

1.「疑」、「義」例

就蔡謨撰《毛詩疑字議》而論，該書未見於《經典釋文·序錄》、《隋志》、《兩唐志》，然根據徐堅《初學記》卷二十六：

> 蔡謨《毛詩疑字議》曰：「以爲佩者，服用之稱。珮者，玉器之名，稱其服用則字從人，其器則字從玉。」〔註157〕

卷4，收入二十五史刊行委員會編：《二十五史補編》第3冊（北京：中華書局，1998年2月），頁3845。

〔註152〕吳士鑑撰：《補晉書經籍志》卷4，收入二十五史刊行委員會編：《二十五史補編》第3冊（北京：中華書局，1998年2月），頁3892。

〔註153〕〔後晉〕劉昫等撰：《舊唐書·經籍志》卷46「雜史類」（北京：中華書局，2006年3月），頁1996。

〔註154〕〔宋〕歐陽修等撰：《新唐書·藝文志》卷58「雜史類」（北京：中華書局，2006年3月），頁1464。

〔註155〕上述二處分見吳士鑑撰：《補晉書經籍志》卷2，收入二十五史刊行委員會編：《二十五史補編》第3冊（北京：中華書局，1998年2月），頁3862；黃逢元撰：《補晉書藝文志》卷2，收入二十五史刊行委員會編：《二十五史補編》第3冊（北京：中華書局，1998年2月），頁3915。

〔註156〕上述三處分見丁國鈞撰：《補晉書藝文志》卷2，收入二十五史刊行委員會編：《二十五史補編》第3冊（北京：中華書局，1998年2月），頁3664；〔清〕文廷式撰：《補晉書藝文志》卷2，收入二十五史刊行委員會編：《二十五史補編》第3冊（北京：中華書局，1998年2月），頁3719；〔清〕秦榮光撰：《補晉書藝文志》卷2，收入二十五史刊行委員會編：《二十五史補編》第3冊（北京：中華書局，1998年2月），頁3811。

〔註157〕〔唐〕徐堅等撰：《初學記》卷26（北京：中華書局，2005年1月），頁

今見丁、吳、黃等三家《補晉志》皆從之著錄為「《毛詩疑字議》」，〔註158〕
然秦氏《補晉志》則著錄為「《毛詩義字議》」。〔註159〕由此可知，秦本將「疑」
字改作「義」，其音近而改字，故有所缺失。

2.「禮」、「理」例

就董景道撰《禮通論》而論，該書未見於《經典釋文‧序錄》、《隋志》、
《兩唐志》，然根據《晉書‧儒林列傳董景道》著錄：

> 董景道字文博，弘農人也。少而好學，千里追師，所在惟畫夜讀
> 誦，略不與人交通。明《春秋三傳》、《京氏易》、《馬氏尚書》、《韓
> 詩》，皆精究大義。《三禮》之義，專遵鄭氏，著《禮通論》非駁
> 諸儒，演廣鄭旨。永平中，知天下將亂，隱於商洛山，……至劉
> 曜時出山，廬于渭汭。曜徵為太子少傅、散騎常侍，並固辭，竟
> 以壽終。〔註160〕

可知董景道確實撰有此書。今見五家《補晉志》皆著錄該書，然書目名稱有
所差異。吳、文、黃、秦等四家《補晉志》皆依循《晉書》著錄該書目為「《禮
通論》」，〔註161〕僅丁氏《補晉志》一家著錄為「《理通論》」。〔註162〕然見丁

627。

〔註158〕 上述三處分見丁國鈞撰：《補晉書藝文志》卷1，收入二十五史刊行委員會編：
《二十五史補編》第3冊（北京：中華書局，1998年2月），頁3696；吳士
鑑撰：《補晉書經籍志》卷1，收入二十五史刊行委員會編：《二十五史補編》
第3冊（北京：中華書局，1998年2月），頁3854；黃逢元撰：《補晉書藝文
志》卷1，收入二十五史刊行委員會編：《二十五史補編》第3冊（北京：中
華書局，1998年2月），頁3900。

〔註159〕 〔清〕秦榮光撰：《補晉書藝文志》卷1，收入二十五史刊行委員會編：《二
十五史補編》第3冊（北京：中華書局，1998年2月），頁3803。

〔註160〕 〔唐〕房玄齡等撰：《晉書‧儒林列傳》卷91（北京：中華書局，2006年3
月），頁2355。

〔註161〕 上述四處分見吳士鑑撰：《補晉書經籍志》卷1，收入二十五史刊行委員會
編：《二十五史補編》第3冊（北京：中華書局，1998年2月），頁3855；
〔清〕文廷式撰：《補晉書藝文志》卷1，收入二十五史刊行委員會編：《二
十五史補編》第3冊（北京：中華書局，1998年2月），頁3709；黃逢元
撰：《補晉書藝文志》卷1，收入二十五史刊行委員會編：《二十五史補編》
第3冊（北京：中華書局，1998年2月），頁3903；〔清〕秦榮光撰：《補
晉書藝文志》卷1，收入二十五史刊行委員會編：《二十五史補編》第3冊
（北京：中華書局，1998年2月），頁3804。

〔註162〕 丁國鈞撰：《補晉書藝文志》卷1，收入二十五史刊行委員會編：《二十五史
補編》第3冊（北京：中華書局，1998年2月），頁3657。

本亦據「本書景道傳」收錄該書，則丁國鈞將「禮」改作「理」，此爲二字音近而於編纂時進行改字。

（三）因「字義相近」而改字

1. 〔晉〕虞喜撰《周官駁難》三卷

丁、吳、文、黃、秦等五家《補晉志》收錄，其中黃本一家以意念相近之字取換而有差異。該書根據未見於《經典釋文・序錄》、《兩唐志》，然據《隋志》著錄爲「梁有《周官駁難》三卷，孫琦問，干寶駁，晉散騎常侍虞喜撰」。〔註163〕今查丁、吳、文、秦等四家《補晉志》依循《隋志》著錄書名爲「《周官駁難》」，〔註164〕無所謬誤。然見黃逢元將該書著錄爲「《周禮駁難》」，〔註165〕蓋「周官」與「周禮」之意義相同而被取換之，故與其他四家《補晉志》著錄之書名有別。然應以《隋志》爲依歸，是以黃氏《補晉志》之著錄有所缺失。

2. 〔晉〕釋慧遠講、雷次宗撰《喪服經義疏》

黃、秦等二家《補晉志》收錄，其中黃本一家以意念相近之詞語取換而有差異。此書未見於《經典釋文・序錄》、《隋志》、《兩唐志》，然見黃本引《高僧傳》，經複查可知：

> 時遠講《喪服經》，雷次宗、宗炳等，並執卷承旨。次宗後別著義疏，首稱雷氏……〔註166〕

是以推論確有此書。故秦氏《補晉志》著錄爲「《喪服經義疏》，釋慧遠授、

〔註163〕〔唐〕魏徵等撰：《隋書・經籍志》卷 32「禮類」（北京：中華書局，2006年 3 月），頁 919。

〔註164〕上述四處分見丁國鈞撰：《補晉書藝文志》卷1，收入二十五史刊行委員會編：《二十五史補編》第 3 冊（北京：中華書局，1998 年 2 月），頁 3656；吳士鑑撰：《補晉書經籍志》卷 1，收入二十五史刊行委員會編：《二十五史補編》第 3 冊（北京：中華書局，1998 年 2 月），頁 3854；〔清〕文廷式撰：《補晉書藝文志》卷 1，收入二十五史刊行委員會編：《二十五史補編》第 3 冊（北京：中華書局，1998 年 2 月），頁 3707；〔清〕秦榮光撰：《補晉書藝文志》卷 1，收入二十五史刊行委員會編：《二十五史補編》第 3 冊（北京：中華書局，1998 年 2 月），頁 3803。

〔註165〕黃逢元撰：《補晉書藝文志》卷 1，收入二十五史刊行委員會編：《二十五史補編》第 3 冊（北京：中華書局，1998 年 2 月），頁 3901。

〔註166〕〔梁〕釋慧皎撰，湯用彤校注，湯一玄整理：《高僧傳》卷 6（北京：中華書局，2004 年 4 月），頁 211+221。

雷次宗撰」，〔註167〕除增「義疏」二字以標明該書之性質外，亦則合乎《高僧傳》之記載。然見黃逢元著錄爲「《喪服經講義》」，〔註168〕改「義疏」爲「講義」一詞，蓋釋慧遠講授時原爲「講義」，後經雷次宗「義疏」更爲深入淺出，是以此二詞本有所淵源，意念相延伸，故黃氏因此改之，然與秦氏《補晉志》有所差異。

3. 〔晉〕譙周撰《喪服圖》

丁、文、黃、秦等四家《補晉志》收錄此書，僅吳氏一家未見該書，其中文廷式以意念相近之字取換而有差異。此書未見於《經典釋文·序錄》、《隋志》、《兩唐志》，然見據《通典·童子喪服議》援引該書資料：

> 蜀譙周《喪服圖》：「童子不降成人，小功親以上皆服本親之繐。童子
> 不杖不廬，不絻不麻。當室者絻麻，十四已下不堪麻則不。」〔註169〕

可知確有此書，且據《三國志·蜀書·譙周傳》記載：

> 譙周字允南，巴西西充國人也。……周幼孤，與母兄同居。既長，
> 耽古篤學，家貧未嘗問產業，誦讀典籍，欣然獨笑，以忘寢食。……
> 六年（泰始六年，270）秋，爲散騎常侍，疾篤不拜，至冬卒。凡
> 所著述，撰定《法訓》、《五經論》、《古史考（書）》之屬百餘篇。
>
> 〔註170〕

見其亡於西晉，故將其著述歸入晉朝文獻。今查丁、黃等二家《補晉志》皆依循《通志》著錄書名爲「《喪服圖》」，〔註171〕無所謬誤。秦榮光則著錄爲「《雜喪服圖》」，增錄一「雜」字，以明其性質。然文廷式著錄「《繐服圖》」，〔註172〕將「喪」改爲「繐」，蓋古喪服有「斬縗」、「齊縗」、「大功」、「小功」、「緦麻」

〔註167〕〔清〕秦榮光撰：《補晉書藝文志》卷 1，收入二十五史刊行委員會編：《二十五史補編》第 3 冊（北京：中華書局，1998 年 2 月），頁 3803。

〔註168〕黃逢元撰：《補晉書藝文志》卷 1，收入二十五史刊行委員會編：《二十五史補編》第 3 冊（北京：中華書局，1998 年 2 月），頁 3903。

〔註169〕〔唐〕杜佑《通典》卷 81「禮」（北京：中華書局，2003 年 5 月），頁 2212。

〔註170〕〔晉〕陳壽撰：《三國志·蜀書·譙周傳》，頁 1027+1033。

〔註171〕上述二處分見丁國鈞撰：《補晉書藝文志》卷 1，收入二十五史刊行委員會編：《二十五史補編》第 3 冊（北京：中華書局，1998 年 2 月），頁 3656；黃逢元撰：《補晉書藝文志》卷 1，收入二十五史刊行委員會編：《二十五史補編》第 3 冊（北京：中華書局，1998 年 2 月），頁 3903。

〔註172〕〔清〕文廷式撰：《補晉書藝文志》卷 1，收入二十五史刊行委員會編：《二十五史補編》第 3 冊（北京：中華書局，1998 年 2 月），頁 3708。

等五種，且《通志》著錄《喪服圖》爲「本親之縗」，可推測文廷式據此將「喪服」改爲「縗服」，一來取其意念之相近，二來可標明其服喪之確切性質，是以與其他三家《補晉志》著錄書名有所差別。

4.〔晉〕郭璞注《穆天子傳》六卷

丁、吳、文、黃、秦等五家《補晉志》收錄，其中文廷式以意念相近之詞語取換而有差異。根據《隋志》著錄「《穆天子傳》六卷，《汲冢書》，郭璞注」，〔註173〕《舊唐志》著錄「《穆天子傳》六卷，郭璞撰」，〔註174〕《新唐志》則著錄爲「郭璞《穆天子傳》六卷」。〔註175〕今查吳、黃等三家《補晉志》皆著錄爲「《穆天子傳》」，〔註176〕無所謬誤。丁、秦二家則著錄「《穆天子傳注》」，〔註177〕增錄一字「注」以標明其性質，故有所別。此外，文廷式將此書目著錄爲「《周王游行記》」，〔註178〕蓋《穆天子傳》即爲敘述周穆王遊歷之記聞，故文廷式改以「周王游行記」取代原書名，此爲取意念相同而更名之例，是以與其他四家《補晉志》之著錄書名有別。

5.〔晉〕戴祚撰《甄異傳》三卷

丁、吳、文、黃、秦等四家《補晉志》收錄此書，其中丁、秦二人以意念相近之詞語取換而有差異。根據《隋志》著錄「《甄異傳》三卷，晉西戎主簿戴祚撰」，〔註179〕《舊唐志》著錄「《甄異傳》三卷，戴祚撰」，〔註180〕《新

〔註173〕〔唐〕魏徵等撰：《隋書・經籍志》卷 33「起居注類」（北京：中華書局，2006 年 3 月），頁 964。

〔註174〕〔後晉〕劉昫等撰：《舊唐書・經籍志》卷 46「起居注類」（北京：中華書局，2006 年 3 月），頁 1997。

〔註175〕〔宋〕歐陽修等撰：《新唐書・藝文志》卷「起居注類」（北京：中華書局，2006 年 3 月），頁 1469。

〔註176〕上述二處分見吳士鑑撰：《補晉書經籍志》卷 2，收入二十五史刊行委員會編：《二十五史補編》第 3 冊（北京：中華書局，1998 年 2 月），頁 3863；黃逢元撰：《補晉書藝文志》卷 2，收入二十五史刊行委員會編：《二十五史補編》第 3 冊（北京：中華書局，1998 年 2 月），頁 3918。

〔註177〕上述二處分見丁國鈞撰：《補晉書藝文志》卷 2，收入二十五史刊行委員會編：《二十五史補編》第 3 冊（北京：中華書局，1998 年 2 月），頁 3666；〔清〕秦榮光撰：《補晉書藝文志》卷 2，收入二十五史刊行委員會編：《二十五史補編》第 3 冊（北京：中華書局，1998 年 2 月），頁 3832。

〔註178〕〔清〕文廷式撰：《補晉書藝文志》卷 2，收入二十五史刊行委員會編：《二十五史補編》第 3 冊（北京：中華書局，1998 年 2 月），頁 3724。

〔註179〕〔唐〕魏徵等撰：《隋書・經籍志》卷 33「雜傳類」（北京：中華書局，2006 年 3 月），頁 980。

唐志》則著錄「戴祚《甄異傳》三卷」，[註181] 見《隋志》、《舊唐志》歸入「雜傳類」，《新唐志》歸入「小說家類」，本有差異。今查丁、吳、秦等三家《補晉志》於《史部・雜傳類》著錄「《甄異傳》」，[註182] 本無缺失，然又見丁、秦二家另於《子部・小說類》著錄戴祚之「《甄異記》」，[註183] 則除有重複著錄之嫌外，尚且將「傳」字改爲「記」，蓋取其意念相仿也，除與《隋志》、《舊唐志》有別外，亦與其他三家《補晉志》著錄之書名有所差異。至於文、黃二家《補晉志》則著錄「《甄異傳》」，[註184] 無所謬誤，然將該書皆置入小說類中，則與《隋志》、《舊唐志》不合。

6. 〔晉〕陳卓撰《天官星占》十卷

丁、吳、文、黃、秦等五家《補晉志》收錄此書，其中吳士鑑以意念相近之字取換而有差異。此書未見於《兩唐志》，然據《隋志》著錄「《天官星占》十卷，陳卓撰」，[註185] 可知確有此書。今查丁、文、黃、秦等四家《補晉志》皆依循《隋志》著錄書名爲「《天官星占》」，[註186] 無所謬誤。然吳

〔註180〕〔後晉〕劉昫等撰：《舊唐書・經籍志》卷 46「雜傳類」（北京：中華書局，2006 年 3 月），頁 2005。

〔註181〕〔宋〕歐陽修等撰：《新唐書・藝文志》卷 59「小說家類」（北京：中華書局，2006 年 3 月），頁 1540。

〔註182〕上述三處分見丁國鈞撰：《補晉書藝文志》卷 2，收入二十五史刊行委員會編：《二十五史補編》第 3 冊（北京：中華書局，1998 年 2 月），頁 3670；吳士鑑撰：《補晉書經籍志》卷 2，收入二十五史刊行委員會編：《二十五史補編》第 3 冊（北京：中華書局，1998 年 2 月），頁 3868；〔清〕秦榮光撰：《補晉書藝文志》卷 2，收入二十五史刊行委員會編：《二十五史補編》第 3 冊（北京：中華書局，1998 年 2 月），頁 3817。

〔註183〕上述二處分見丁國鈞撰：《補晉書藝文志》卷 2，收入二十五史刊行委員會編：《二十五史補編》第 3 冊（北京：中華書局，1998 年 2 月），頁 3679；〔清〕秦榮光撰：《補晉書藝文志》卷 3，收入二十五史刊行委員會編：《二十五史補編》第 3 冊（北京：中華書局，1998 年 2 月），頁 3832。

〔註184〕上述二處分見〔清〕文廷式撰：《補晉書藝文志》卷 5，收入二十五史刊行委員會編：《二十五史補編》第 3 冊（北京：中華書局，1998 年 2 月），頁 3772；黃逢元撰：《補晉書藝文志》卷 3，收入二十五史刊行委員會編：《二十五史補編》第 3 冊（北京：中華書局，1998 年 2 月），頁 3939。

〔註185〕〔唐〕魏徵等撰：《隋書・經籍志》卷 34「天文類」（北京：中華書局，2006 年 3 月），頁 1019。

〔註186〕上述四處分見丁國鈞撰：《補晉書藝文志》卷 3，收入二十五史刊行委員會編：《二十五史補編》第 3 冊（北京：中華書局，1998 年 2 月），頁 3679；〔清〕文廷式撰：《補晉書藝文志》卷 4，收入二十五史刊行委員會編：《二十五史補編》第 3 冊（北京：中華書局，1998 年 2 月），頁 3757；黃逢元撰：《補晉

士鑑著錄「《天文星占》」，〔註187〕將「天官」改爲意念相近之「天文」，故與其他四家《補晉志》著錄書名有所差異，且其未依循《隋志》，是以有所缺失。

（四）擅自改字而莫知其因

1.〔晉〕應貞撰《周易論》一卷

丁、吳、文、黃、秦等五家《補晉志》收錄，其中吳、文、秦等三家有擅自改字之謬誤。此書未見於《隋志》，然據《經典釋文・序錄》記載：

> 應貞，字吉甫，汝南人。晉散騎常侍，爲《明易論》。〔註188〕

另據《舊唐志》著錄爲「《周易論》一卷，應吉甫撰」，〔註189〕《新唐志》則著錄爲「應吉甫《明易論》一卷」。〔註190〕此書歸於「易類」，故應爲「周易」而非「明易」，《經典釋文》與《新唐志》將「明」取代「周」字，不知其用意安在？故推測其或有擅改之嫌。今查丁、黃二家《補晉志》皆依循《舊唐志》著錄書名爲「《周易論》」，〔註191〕無所缺失。然見吳、文、秦等三家《補晉志》皆著錄爲「《明易論》」，〔註192〕則與《經典釋文》、《唐志》同有擅改之

書藝文志》卷3，收入二十五史刊行委員會編：《二十五史補編》第3冊（北京：中華書局，1998年2月），頁3940；〔清〕秦榮光撰：《補晉書藝文志》卷3，收入二十五史刊行委員會編：《二十五史補編》第3冊（北京：中華書局，1998年2月），頁3827。

〔註187〕吳士鑑撰：《補晉書藝文志》卷3，收入二十五史刊行委員會編：《二十五史補編》第3冊（北京：中華書局，1998年2月），頁3883。

〔註188〕〔唐〕陸德明撰：《經典釋文・序錄》，收入孔子文化大全編輯部編輯：《孔子文化大全》（濟南：山東友誼書社，1991年10月），頁31。

〔註189〕〔後晉〕劉昫等撰：《舊唐書・經籍志》卷46「易類」（北京：中華書局，2006年3月），頁1968。

〔註190〕〔宋〕歐陽修等撰：《新唐書・藝文志》卷57「易類」（北京：中華書局，2006年3月），頁1425。

〔註191〕上述二處分見丁國鈞撰：《補晉書藝文志》卷1，收入二十五史刊行委員會編：《二十五史補編》第3冊（北京：中華書局，1998年2月），頁3654；黃逢元撰：《補晉書藝文志》卷1，收入二十五史刊行委員會編：《二十五史補編》第3冊（北京：中華書局，1998年2月），頁3857。

〔註192〕上述三處分見吳士鑑撰：《補晉書經籍志》卷1，收入二十五史刊行委員會編：《二十五史補編》第3冊（北京：中華書局，1998年2月），頁3852；〔清〕文廷式撰：《補晉書藝文志》卷1，收入二十五史刊行委員會編：《二十五史補編》第3冊（北京：中華書局，1998年2月），頁3703；〔清〕秦榮光撰：《補晉書藝文志》卷1，收入二十五史刊行委員會編：《二十五史補編》第3冊（北京：中華書局，1998年2月），頁3800。

嫌，故有謬誤。

2.〔晉〕《桓玄偽事》三卷

丁、吳、文、黃、秦等五家《補晉志》收錄此書，其中黃逢元有擅自改字之謬誤。根據《隋志》著錄爲「《桓玄偽事》三卷」，〔註193〕《舊唐志》著錄爲「《桓公偽事》二卷，應德詹撰」，〔註194〕《新唐志》則著錄「《桓玄偽事》二卷」。〔註195〕由此可知，該書至後晉已由「三卷」殘存爲「二卷」，此外，三部史志僅《舊唐志》著錄撰者爲「應德詹」，頗有可疑之處，且其妄加「桓玄」改爲「桓公」，不知何意，是以有擅改之嫌。今查丁、吳、文、秦等四家《補晉志》書名皆依循《隋志》、《新唐志》著錄爲「《桓玄偽事》」，〔註196〕無所謬誤。然黃逢元依循《舊唐志》著錄爲「《桓公偽事》」，〔註197〕則同有擅改「玄」爲「公」之誤，故與其他四家《補晉志》著錄書名有所差異。

五、「互倒」對五家《補晉志》著錄書目名稱造成的差異

抄錄與撰寫古籍時，容易產生謬誤的情形尙有「互倒」，而使書名產生差異。互倒之例可分爲兩類，其一爲「單一字體」之互倒，僅止於單字之間的錯位；其二爲「二字以上詞語」之互倒，由單字擴大爲詞語與詞語之間的錯位。今略舉數例說明並詳加考證，以知五家《補晉志》著錄書目而產生互倒之差異。

（一）單一字體互倒之例

〔註193〕〔唐〕魏徵等撰：《隋書・經籍志》卷33「舊事類」（北京：中華書局，2006年3月），頁967。

〔註194〕〔後晉〕劉昫等撰：《舊唐書・經籍志》卷46「故事類」（北京：中華書局，2006年3月），頁1999。

〔註195〕〔宋〕歐陽修等撰：《新唐書・藝文志》卷58「偽史類」（北京：中華書局，2006年3月），頁1462。

〔註196〕上述四處分見丁國鈞撰：《補晉書藝文志》卷2，收入二十五史刊行委員會編：《二十五史補編》第3冊（北京：中華書局，1998年2月），頁3667；吳士鑑撰：《補晉書經籍志》卷2，收入二十五史刊行委員會編：《二十五史補編》第3冊（北京：中華書局，1998年2月），頁3865；〔清〕文廷式撰：《補晉書藝文志》卷2，收入二十五史刊行委員會編：《二十五史補編》第3冊（北京：中華書局，1998年2月），頁3725；〔清〕秦榮光撰：《補晉書藝文志》卷2，收入二十五史刊行委員會編：《二十五史補編》第3冊（北京：中華書局，1998年2月），頁3813。

〔註197〕黃逢元撰：《補晉書藝文志》卷2，收入二十五史刊行委員會編：《二十五史補編》第3冊（北京：中華書局，1998年2月），頁3921。

1. 〔晉〕吳商撰《禮議雜記故事》十三卷

此書未見於《經典釋文·序錄》、《新唐志》，然見《隋志》著錄吳商有「《禮議雜記故事》十三卷」，〔註198〕《舊唐志》僅見「《禮義雜記故事》十一卷」，然未著錄撰者。〔註199〕今從《隋志》，故黃氏《補晉志》著錄「《禮議雜記故事》」，〔註200〕無所謬誤。然文廷式著錄書名為「《禮記雜義故事》」，〔註201〕除「義」、「議」因偏旁相近而誤之外，亦將「記」、「雜」、「義」等三字錯置而產生互倒之疏失。至於秦榮光著錄為「《禮雜議記故事》」，〔註202〕則將「議」、「雜」二字互倒，故產生謬誤而有所差異。

2. 〔晉〕徐苗撰《五經同異評》

此書未見於《經典釋文·敘錄》、《隋志》、《兩唐志》，然據《晉書·儒林列傳徐苗》著錄：

> 徐苗字叔冑，高密淳于人也。累世相承，皆以博士為郡守。……苗少家貧，晝執鉏耒，夜則吟誦。弱冠，與弟貫就博士濟南宋鈞受業，遂為儒宗。作《五經同異評》，又依道家著《玄微論》，前後所造數萬言，皆有義味。〔註203〕

可知徐苗曾撰該書。今見吳、文、黃、秦等四家《補晉志》皆依循《晉書》著錄為「《五經同異評》」，〔註204〕無所謬誤。至於丁國鈞雖註明其援引資料「謹

〔註198〕〔唐〕魏徵等撰：《隋書·經籍志》卷 32「禮類」（北京：中華書局，2006年 3 月），頁 923。

〔註199〕〔後晉〕劉昫等撰：《舊唐書·經籍志》卷 46「禮」（北京：中華書局，2006年 3 月），頁 1974。

〔註200〕黃逢元撰：《補晉書藝文志》卷 1，收入二十五史刊行委員會編：《二十五史補編》第 3 冊（北京：中華書局，1998 年 2 月），頁 3902。

〔註201〕〔清〕文廷式撰：《補晉書藝文志》卷 1，收入二十五史刊行委員會編：《二十五史補編》第 3 冊（北京：中華書局，1998 年 2 月），頁 3709。

〔註202〕〔清〕秦榮光撰：《補晉書藝文志》卷 1，收入二十五史刊行委員會編：《二十五史補編》第 3 冊（北京：中華書局，1998 年 2 月），頁 3804。

〔註203〕〔唐〕房玄齡等撰：《晉書·儒林列傳》卷 91（北京：中華書局，2006 年 3 月），頁 2351。

〔註204〕上述四處分見吳士鑑撰：《補晉書經籍志》卷 1，收入二十五史刊行委員會編：《二十五史補編》第 3 冊（北京：中華書局，1998 年 2 月），頁 3858；〔清〕文廷式撰：《補晉書藝文志》卷 1，收入二十五史刊行委員會編：《二十五史補編》第 3 冊（北京：中華書局，1998 年 2 月），頁 3714；黃逢元撰：《補晉書藝文志》卷 1，收入二十五史刊行委員會編：《二十五史補編》第 3 冊（北京：中華書局，1998 年 2 月），頁 3909；〔清〕秦榮光撰：《補晉書藝文志》

按見本書苗傳」，然其書目卻著錄「《五經異同評》」，則誤將「同」、「異」二字互倒而產生謬誤，故有所缺失。〔註205〕

3.〔晉〕王蔑撰《史漢要集》二卷

丁、吳、文、黃、秦等五家《補晉志》收錄。根據《隋志》著錄「《史漢要集》二卷，晉祠部郎王蔑撰」，〔註206〕《舊唐志》著錄「《史漢要集》二卷，王蔑撰」，〔註207〕《新唐志》則著錄「王蔑《史漢要集》二卷」，〔註208〕三部史志著錄該書書名皆同。今查丁、吳、文、秦等四家《補晉志》著錄書名為「《史漢要集》」，〔註209〕無所缺失。然見黃逢元雖註明其援引資料為「《隋志》」，卻著錄書名為「《史漢集要》」，〔註210〕則誤將「要」、「集」二字互倒而產生謬誤，是以與其他四家《補晉志》產生差異。

（二）二字以上詞語互倒之例

1.〔晉〕梅賾奏上《古文尚書》十三卷

文、秦二家《補晉志》收錄，餘丁、吳、黃三家皆未見此書目。根據《經典釋文・序錄》記載：

卷 1，收入二十五史刊行委員會編：《二十五史補編》第 3 冊（北京：中華書局，1998 年 2 月），頁 3807。

〔註205〕丁國鈞撰：《補晉書藝文志》卷 1，收入二十五史刊行委員會編：《二十五史補編》第 3 冊（北京：中華書局，1998 年 2 月），頁 3661。

〔註206〕〔唐〕魏徵等撰：《隋書・經籍志》卷 33「雜史類」（北京：中華書局，2006 年 3 月），頁 961。

〔註207〕〔後晉〕劉昫等撰：《舊唐書・經籍志》卷 46「雜史類」（北京：中華書局，2006 年 3 月），頁 1994。

〔註208〕〔宋〕歐陽修等撰：《新唐書・藝文志》卷 58「雜史類」（北京：中華書局，2006 年 3 月），頁 1464。

〔註209〕上述三處分見丁國鈞撰：《補晉書藝文志》卷 1，收入二十五史刊行委員會編：《二十五史補編》第 3 冊（北京：中華書局，1998 年 2 月），頁 3664；吳士鑑撰：《補晉書經籍志》卷 1，收入二十五史刊行委員會編：《二十五史補編》第 3 冊（北京：中華書局，1998 年 2 月），頁 3862；〔清〕文廷式撰：《補晉書藝文志》卷 1，收入二十五史刊行委員會編：《二十五史補編》第 3 冊（北京：中華書局，1998 年 2 月），頁 3719；〔清〕秦榮光撰：《補晉書藝文志》卷 2，收入二十五史刊行委員會編：《二十五史補編》第 3 冊（北京：中華書局，1998 年 2 月），頁 3819。

〔註210〕黃逢元撰：《補晉書藝文志》卷 1，收入二十五史刊行委員會編：《二十五史補編》第 3 冊（北京：中華書局，1998 年 2 月），頁 3916。

　　江左中興元帝時，豫章內史枚賾（字仲眞，汝南人）奏上。〔註211〕
然《隋志》則著錄其名爲「梅賾」。〔註212〕清學者閻若璩則指出該書爲僞，蓋經
由梅賾編纂，並非舊本。就撰者而言，根據《經典釋文・序錄》著錄「孔傳《古
文尚書》」，〔註213〕《隋志》著錄「《古文尚書》十三卷，漢臨淮太守孔安國傳」，
〔註214〕《舊唐志》著錄「《古文尚書》十三卷，孔安國傳」，〔註215〕《新唐志》
著錄「《古文尚書》，孔安國傳十三卷」，〔註216〕既然爲梅賾所僞造，可知舊題爲
「孔安國」撰，皆有所謬誤，然秦、文二家皆從舊志，有所缺失。就書目而言，
文本著錄爲「《古文尚書孔安國傳》」，〔註217〕秦本著錄爲「《孔安國古文尚書
傳》」，〔註218〕然則此二家將「古文尚書」、「孔安國」之詞語互倒，故著錄有所
差異。

2.〔晉〕李顒撰《集解尚書》二卷

　　丁、吳、文、黃、秦五家《補晉志》收錄，其中丁、秦二家有互倒詞語之
誤。此書根據《經典釋文・序錄》著錄「李顒注十卷」，〔註219〕《隋志》著錄
「《集解尚書》十一卷，李顒注」，〔註220〕《舊唐志》著錄「又十卷，李顒集注」，
〔註221〕《新唐志》著錄「李顒《集注》十卷」，〔註222〕足見該書至後晉、北宋

〔註211〕〔唐〕陸德明撰：《經典釋文・序錄》，收入孔子文化大全編輯部編輯：《孔子
　　　　文化大全》（濟南：山東友誼書社，1991 年 10 月），頁 39。

〔註212〕〔唐〕魏徵等撰：《隋書・經籍志》卷 32「書類」（北京：中華書局，2006
　　　　年 3 月），頁 915。

〔註213〕〔唐〕陸德明撰：《經典釋文・序錄》，收入孔子文化大全編輯部編輯：《孔子
　　　　文化大全》（濟南：山東友誼書社，1991 年 10 月），頁 39。

〔註214〕〔唐〕魏徵等撰：《隋書・經籍志》卷 32「書類」（北京：中華書局，2006
　　　　年 3 月），頁 913。

〔註215〕〔後晉〕劉昫等撰：《舊唐書・經籍志》卷 46「書類」（北京：中華書局，2006
　　　　年 3 月），頁 1969。

〔註216〕〔宋〕歐陽修等撰：《新唐書・藝文志》卷 57「書類」（北京：中華書局，2006
　　　　年 3 月），頁 1427。

〔註217〕〔清〕文廷式撰：《補晉書藝文志》卷 1，收入二十五史刊行委員會編：《二
　　　　十五史補編》第 3 冊（北京：中華書局，1998 年 2 月），頁 3706。

〔註218〕〔清〕秦榮光撰：《補晉書藝文志》卷 1，收入二十五史刊行委員會編：《二
　　　　十五史補編》第 3 冊（北京：中華書局，1998 年 2 月），頁 3802。

〔註219〕〔唐〕陸德明撰：《經典釋文・序錄》，收入孔子文化大全編輯部編輯：《孔子
　　　　文化大全》（濟南：山東友誼書社，1991 年 10 月），頁 41。

〔註220〕〔唐〕魏徵等撰：《隋書・經籍志》卷 32「書類」（北京：中華書局，2006
　　　　年 3 月），頁 913。

〔註221〕〔後晉〕劉昫等撰：《舊唐書・經籍志》卷 46「書類」（北京：中華書局，2006

期間略有亡佚，然不知陸德明何以缺一卷。據上可知書名理應依循《隋志》，則吳、文、黃等三家《補晉志》皆著錄爲「《集解尙書》」皆無誤。〔註223〕然見丁本著錄書目爲「《尙書集解》」，〔註224〕秦本著錄「《古文尙書集解》」，〔註225〕則此二家將「集解」、「尙書」二詞語互倒，故與吳、文、黃等三家《補晉志》之著錄書名有所差異。

3.〔晉〕荀勖撰《集議孝經》一卷

丁、吳、文、黃、秦等五家《補晉志》收錄，其中僅秦氏一家有互倒詞語之誤。此書根據《隋志》著錄「《集議孝經》一卷，晉中書郎荀昶撰」，〔註226〕然其注釋則將其更正撰者之名：

> 荀昶　「昶」原作「勖」，據《釋文敘錄》改。下「荀昶注《孝經》」
> 同。〔註227〕

可知撰者應爲「荀勖」，而非「荀昶」。另見《兩唐志》皆著錄撰者爲「荀勖」，書名則更改爲「《講孝經集解》」。〔註228〕茲以《隋志》較古，故依循之。今僅見丁國鈞將撰者之名著錄正確，餘四家《補晉志》皆依循《隋志》舊題「荀勖」而著錄，故有謬誤。此外，就書名而言，丁、吳、文、黃等四家《補晉

年3月），頁1969。

〔註222〕〔宋〕歐陽修等撰：《新唐書‧藝文志》卷57「書類」（北京：中華書局，2006年3月），頁1427。

〔註223〕上述三處分見吳士鑑撰：《補晉書經籍志》卷1，收入二十五史刊行委員會編：《二十五史補編》第3冊（北京：中華書局，1998年2月），頁3853；〔清〕文廷式撰：《補晉書藝文志》卷1，收入二十五史刊行委員會編：《二十五史補編》第3冊（北京：中華書局，1998年2月），頁3705；黃逢元撰：《補晉書藝文志》卷1，收入二十五史刊行委員會編：《二十五史補編》第3冊（北京：中華書局，1998年2月），頁3899。

〔註224〕丁國鈞撰：《補晉書藝文志》卷1，收入二十五史刊行委員會編：《二十五史補編》第3冊（北京：中華書局，1998年2月），頁3655。

〔註225〕〔清〕秦榮光撰：《補晉書藝文志》卷1，收入二十五史刊行委員會編：《二十五史補編》第3冊（北京：中華書局，1998年2月），頁3802。

〔註226〕〔唐〕魏徵等撰：《隋書‧經籍志》卷32「孝經類」（北京：中華書局，2006年3月），頁933。

〔註227〕〔唐〕魏徵等撰：《隋書‧經籍志》卷32「校勘記」（北京：中華書局，2006年3月），頁950。

〔註228〕二處分見〔後晉〕劉昫等撰：《舊唐書‧經籍志》卷46「孝經類」（北京：中華書局，2006年3月），頁1980；〔宋〕歐陽修等撰：《新唐書‧藝文志》卷57「孝經類」（北京：中華書局，2006年3月），頁1442。

志》皆著錄爲「《集議孝經》」，〔註 229〕無所缺失；然秦榮光著錄爲「《孝經集議》」，〔註 230〕將「集議」、「孝經」二詞語互倒而產生謬誤，故與餘四家之書名有所差異。

第三節　著錄書目之數量統計

　　丁國鈞等五位學者對於自身編纂的《補晉志》大抵進行初步統計，僅未見文廷式對其著錄書目有統計的數字。今查丁、吳、黃、秦等四家《補晉志》著錄書目之統計數字略有誤差，且又未見文廷式詳實之數量統計，故進行五家《補晉志》著錄書目確切之統計即顯的重要許多。另外，五家《補晉志》對於自身書目數量統計本已略嫌不足，且與實際著錄之書目數量有別，故有少數學者在進行目錄學或晉代文獻的評述時，能見其有統計的數字。然而，這些前人對於五家《補晉志》的統計數字，部分來自《補晉志》之序例，或是又在前人的基礎上擷取已著錄的數量，而非確實地計算。由此可知，五家《補晉志》雖能反映晉代文獻種類與面貌，但實際數量之多寡，卻不可知。本論文有鑑於此，將五家《補晉志》著錄之書目繪製成表格以供比較，除可便於探討前文提及「著錄書目的體例」與「著錄書目名稱差異之處」外，更可較爲精確統計晚清學者對於晉代文獻著錄之數量。

一、五家《補晉志》對於自身著錄書目之統計不盡詳實

（一）丁國鈞對於自身《補晉志》著錄書目數量之統計舉證

　　茲查丁氏《補晉志》之〈例略〉指出：

　　　　是志所錄資《隋唐志》者十之六（凡一千七十餘種），羣籍十之四（凡

〔註 229〕上述四處分見丁國鈞撰：《補晉書藝文志‧附錄存疑類》，收入二十五史刊行委員會編：《二十五史補編》第 3 冊（北京：中華書局，1998 年 2 月），頁 3696；吳士鑑撰：《補晉書經籍志》卷 1，收入二十五史刊行委員會編：《二十五史補編》第 3 冊（北京：中華書局，1998 年 2 月），頁 3857；〔清〕文廷式撰：《補晉書藝文志》卷 1，收入二十五史刊行委員會編：《二十五史補編》第 3 冊（北京：中華書局，1998 年 2 月），頁 3713。黃逢元撰：《補晉書藝文志》卷 1，收入二十五史刊行委員會編：《二十五史補編》第 3 冊（北京：中華書局，1998 年 2 月），頁 3907。

〔註 230〕〔清〕秦榮光撰：《補晉書藝文志》卷 1，收入二十五史刊行委員會編：《二十五史補編》第 3 冊（北京：中華書局，1998 年 2 月），頁 3806。

六百八十餘種）。〔註231〕

然其於各部類下更仔細著錄撰者與書目之數量，如：丁國鈞於《甲部經錄・易類》中，先著錄晉代易類文獻，再於該類書目之後著錄「右易類存四十八家五十五部」，〔註232〕其餘各小類亦依循此例著錄。至於在甲部經錄書目著錄完畢之後，更對易類、書類、詩類、禮類、樂類、春秋類、孝經類、論語類、讖緯類、小學類等十種書目進行統計：

> 凡六藝經緯存二百四十家，失名六家三百二十三部。〔註233〕

其餘「乙部史錄」、「丙部子錄」、「丁部集錄」、「釋家」、「道家」等五部書目之後，亦進行各部著錄書目數量之統計。除此之外，丁國鈞在六部書目文獻著錄完畢時，更對其《補晉志》進行總數量的統計：

> 大凡四部及釋道合存七百八十六家，失名二百八十八家，一千七百
>
> 五十四部。〔註234〕

故其體例尚稱嚴謹，亦足以反映丁氏《補晉志》著錄之晉代文獻數量。

然經本論文計算，丁國鈞於各部類之統計略有謬誤，如：《甲部經錄・春秋類》著錄「存四十家六十二部」，〔註235〕然筆者計算僅「六十一部」，故略有疏失，至於其「小學類」之數量統計亦有謬誤。《乙部史錄・雜史類》著錄「存三十二家四十九部」，〔註236〕然筆者計算則有「五十二部」，多了三部，至於其「舊事類」、「儀制類」、「雜傳類」、「地理類」之數量統計亦有謬誤。《丙部子錄・曆數類》著錄「存十四家二十三部」，〔註237〕然筆者計算則有「二十五部」，多了二部。《丁部集錄・別集類》著錄「存三百八十三

〔註231〕丁國鈞撰：《補晉書藝文志・例略》，收入二十五史刊行委員會編：《二十五史補編》第 3 冊（北京：中華書局，1998 年 2 月），頁 3653。

〔註232〕丁國鈞撰：《補晉書藝文志》卷 1，收入二十五史刊行委員會編：《二十五史補編》第 3 冊（北京：中華書局，1998 年 2 月），頁 3655。

〔註233〕丁國鈞撰：《補晉書藝文志》卷 1，收入二十五史刊行委員會編：《二十五史補編》第 3 冊（北京：中華書局，1998 年 2 月），頁 3662。

〔註234〕丁國鈞撰：《補晉書藝文志》卷 4，收入二十五史刊行委員會編：《二十五史補編》第 3 冊（北京：中華書局，1998 年 2 月），頁 3694。

〔註235〕丁國鈞撰：《補晉書藝文志》卷 1，收入二十五史刊行委員會編：《二十五史補編》第 3 冊（北京：中華書局，1998 年 2 月），頁 3659。

〔註236〕丁國鈞撰：《補晉書藝文志》卷 2，收入二十五史刊行委員會編：《二十五史補編》第 3 冊（北京：中華書局，1998 年 2 月），頁 3665。

〔註237〕丁國鈞撰：《補晉書藝文志》卷 3，收入二十五史刊行委員會編：《二十五史補編》第 3 冊（北京：中華書局，1998 年 2 月），頁 3680。

家三百八十五部」，〔註238〕然筆者計算僅「三百八十一部」，至於其「總集類」之數量統計亦有謬誤。丁國鈞附錄「釋家」則著錄「存三十七家一百十二部」，〔註239〕然經計算僅「一百一十一部」。此外，丁氏《補晉志》尚有「補遺」、「附錄類補遺」、「附錄存疑類」之書目尚未計入，〔註240〕故其所統計之晉代書目並非確切數字。

（二）吳士鑑對於自身《補晉志》著錄書目數量之統計舉證

茲查吳氏《補晉志》之〈序〉未著錄總數量之統計，然其於各類之後著錄撰者之總數，如：《甲部經錄・易類》中，先著錄晉代易類文獻，再附上「右易類四十八家」，〔註241〕然未見易類書目之數量統計。此外，各部之後未見總數量，《丁部集錄・總集類》之末亦未見吳氏對《補晉志》四部書目總數量之統計，故其編纂稍嫌粗略而不盡詳實。

（三）文廷式對於自身《補晉志》著錄書目數量之統計舉證

茲未見文氏《補晉志》對各部類之統計數目，僅見其於各部之首著錄共幾類，如：

> 經部十一類：一曰易，二曰書，三曰詩，四曰禮，五曰樂，六曰春秋，
> 七曰論語，八曰孝經，九曰羣經，十曰小學，十一曰經緯。〔註242〕

此種著錄方式大抵可見於其他四家《補晉志》，然對於其著錄之書目統計無所裨益。由此可知，文廷式對於編纂《補晉志》之體例又較吳士鑑更為粗略，自然無從自其第一手資料得知晉代文獻書目之總數量。

（四）黃逢元對於自身《補晉志》著錄書目數量之統計舉證

茲見黃氏《補晉志》〈序例〉著錄其對於書目之統計：

〔註238〕丁國鈞撰：《補晉書藝文志》卷 4，收入二十五史刊行委員會編：《二十五史補編》第 3 冊（北京：中華書局，1998 年 2 月），頁 3690。

〔註239〕丁國鈞撰：《補晉書藝文志》卷 4，收入二十五史刊行委員會編：《二十五史補編》第 3 冊（北京：中華書局，1998 年 2 月），頁 3694。

〔註240〕丁國鈞尚有「附錄黜偽類」、「刊誤」之文獻，然皆為考證以為理應剔除之書目，故本論文未將此二種計入總數量中。參見丁國鈞撰：《補晉書藝文志・附錄/刊誤》，收入二十五史刊行委員會編：《二十五史補編》第 3 冊（北京：中華書局，1998 年 2 月），頁 3699～3701。

〔註241〕吳士鑑撰：《補晉書經籍志》卷 1，收入二十五史刊行委員會編：《二十五史補編》第 3 冊（北京：中華書局，1998 年 2 月），頁 3853。

〔註242〕〔清〕文廷式撰：《補晉書藝文志》卷 1，收入二十五史刊行委員會編：《二十五史補編》第 3 冊（北京：中華書局，1998 年 2 月），頁 3703。

凡四十家，一千二百八十八部，一萬一千九百九十三卷，卷數無考

者二百七十九家，依類附末，而有晉一代藝文庶幾乎備是矣。〔註243〕

則其原記載詳實。又見其於《補晉書藝文志・目錄》著錄四部之總數量，如：

甲部經錄：十家，二百五十部，一千三百五十二卷，無卷數者六十

八家。〔註244〕

且各部之總數量再於各部之首又著錄一次，使讀者一目了然。除此之外，各
小類亦有統計數字，如：《甲部經錄・易類》先著錄晉代易類文獻，之後即著
錄「右易二十九部，凡一百十七卷，無卷數者十八家」，〔註245〕其餘「乙部史
錄」、「丙部子錄」、「丁部集錄」等四部類亦依此著錄，是以其體例堪稱完備，
亦足以反映其著錄之晉代書目總數量。

　　黃逢元對於晉代文獻統計之數量較爲精確，爲五家《補晉志》中最詳實
者。如：經查其《甲部經錄》僅「經解」一類有誤，其著錄爲「右經解六部，
凡四十一卷，無卷數者二家」，〔註246〕故總數有八部書目，然經筆者計算僅
有「七部」，是以黃本略有疏失。其《乙部史錄》總共著錄十三類，統計數
目皆精確，實爲難得。《丙部子錄》總共著錄十四類，僅「道家」、「雜家」
二類著錄有誤，前者著錄「右道家四十九部，凡三百二卷，無卷數者八家」，
〔註247〕總數有五十七部書目，然筆者統計「五十八部」，略增一書；後者著
錄「右雜家二十四部，凡四百二十一卷，無卷數者七家」，〔註248〕總數有三
十一部書目，然筆者統計則有「三十四部」，相差三部之多。至於《丁部集
錄》僅見「別集」有所謬誤，其著錄「右別集三百八十一部，凡二千七百七
十八卷，無卷數者四家」，〔註249〕總數爲三百八十五部書目，然筆者統計僅

〔註243〕黃逢元撰：《補晉書藝文志・序例》，收入二十五史刊行委員會編：《二十五史
　　　　補編》第3冊（北京：中華書局，1998年2月），頁3895。

〔註244〕黃逢元撰：《補晉書藝文志・目錄》，收入二十五史刊行委員會編：《二十五史
　　　　補編》第3冊（北京：中華書局，1998年2月），頁3896。

〔註245〕黃逢元撰：《補晉書藝文志》卷1，收入二十五史刊行委員會編：《二十五史
　　　　補編》第3冊（北京：中華書局，1998年2月），頁3899。

〔註246〕黃逢元撰：《補晉書藝文志》卷1，收入二十五史刊行委員會編：《二十五史
　　　　補編》第3冊（北京：中華書局，1998年2月），頁3909。

〔註247〕黃逢元撰：《補晉書藝文志》卷3，收入二十五史刊行委員會編：《二十五史
　　　　補編》第3冊（北京：中華書局，1998年2月），頁3937。

〔註248〕黃逢元撰：《補晉書藝文志》卷3，收入二十五史刊行委員會編：《二十五史
　　　　補編》第3冊（北京：中華書局，1998年2月），頁3938。

〔註249〕黃逢元撰：《補晉書藝文志》卷4，收入二十五史刊行委員會編：《二十五史

有「三百八十四部」，故略有疏失。但仔細比較五家《補晉志》，黃逢元所統計之晉代文獻書目，較爲精確詳實，可知其編纂時頗爲嚴謹紮實。

（五）秦榮光對於自身《補晉志》著錄書目數量之統計舉證

茲查秦氏《補晉志》之〈凡例〉、〈序〉未著錄總數量之統計，然其於各部類下著錄書目之數量，如：秦榮光於《經部・詩類》中先著錄晉代易類文獻，再於該類書目之後著錄「右詩類三十三種」，〔註250〕其餘各小類亦依循此例著錄。然於各部之末未見數量之統計，於「附錄石刻類」之後亦未見秦榮光對其「經部」、「史部」、「子部」、「集部」、「附錄石刻類」作五部總書目之數字，故稍嫌疏略。

除此之外，秦氏《補晉志》亦不乏統計書目數量失誤之情形。如：《經部・易類》著錄「右易類八十三種」，〔註251〕然筆者計算則有「八十五部」書目，減少兩部，至於其「禮類」、「春秋類」亦有數量統計之誤差。《史部・載記類》著錄「右載記類九十三種」，〔註252〕然筆者計算則有「九十二部」書目，至於其「傳記類」、「地理類」、「職官類」、「政書類」亦有數量統計之誤差。《子部・雜家類》著錄「右雜家類一百種」，〔註253〕然筆者計算則有「一百○一部」書目，至於其「天文算法類」亦有數量統計之誤差。《集部・總集類》則著錄「右總集類七十七種」，〔註254〕然筆者計算則有「七十四部」，差距三部書部，故有謬誤。至於「附錄」著錄「右石刻類一百三種」，然筆者計算則有「一百○四部」書目，亦有所失。由此可知，秦氏《補晉志》除編纂體例不甚嚴謹之外，其對於著作中晉代書目文獻之統計也有極大的謬誤。

二、前人對於五家《補晉志》書目數量之統計不盡精確

補編》第 3 冊（北京：中華書局，1998 年 2 月），頁 3960。

〔註250〕〔清〕秦榮光撰：《補晉書藝文志》卷 1，收入二十五史刊行委員會編：《二十五史補編》第 3 冊（北京：中華書局，1998 年 2 月），頁 3803。

〔註251〕〔清〕秦榮光撰：《補晉書藝文志》卷 1，收入二十五史刊行委員會編：《二十五史補編》第 3 冊（北京：中華書局，1998 年 2 月），頁 3802。

〔註252〕〔清〕秦榮光撰：《補晉書藝文志》卷 2，收入二十五史刊行委員會編：《二十五史補編》第 3 冊（北京：中華書局，1998 年 2 月），頁 3820。

〔註253〕〔清〕秦榮光撰：《補晉書藝文志》卷 3，收入二十五史刊行委員會編：《二十五史補編》第 3 冊（北京：中華書局，1998 年 2 月），頁 3832。

〔註254〕〔清〕秦榮光撰：《補晉書藝文志》卷 4，收入二十五史刊行委員會編：《二十五史補編》第 3 冊（北京：中華書局，1998 年 2 月），頁 3847。

（一）梁啓超《圖書大辭典簿錄之部》著錄《補晉志》書目數量之統計

梁啓超《圖書大辭典簿錄之部》僅著錄丁氏《補晉志》相關數目，且抄錄丁國鈞〈例略〉之數字，故僅總數僅一千七百五十餘部書目。然則梁氏未能仔細計算，故略有缺失。

（二）姚名達《中國目錄學史》著錄《補晉志》書目數量之統計

姚名達《中國目錄學史・史志篇・三國、晉、南北朝藝文志之補撰》處著錄：

> 文《志》有二千二百九十六部，黃《志》有一千二百八十八部，秦《志》有一千七百四十七部，丁《志》有一千七百五十四部（尚有疑僞及補遺共二百一十九部），吳《志》則有二千一百二十六家，部數在此數之上。〔註255〕

由是可知，姚氏對於五家《補晉志》進行較爲仔細的統計，則其著錄亦有謬誤。如：本論文統計著錄最多者爲秦氏《補晉志》，其數量高達「二千七百三十二部」，然姚氏則推算吳氏《補晉志》之著錄數量最多，則不明所以，故有謬誤。

（三）楊家駱〈兩晉遺書輯存（上）、（下）〉著錄《補晉志》書目數量之統計

楊家駱先生於〈兩晉遺籍輯存〉指出「吳《志》著錄書凡二千四百三十八種」，〔註256〕然本論文仔細計算數次，僅爲「二千二百七十五部」書目，故其或略有缺失。

（四）廖吉郎〈六十年來晉書之研究〉著錄《補晉志》書目數量之統計

廖吉郎先生於〈六十年來《晉書》之研究・第三章　有關晉書志之撰作〉著錄丁、黃等三家《補晉志》之圖書總數量，〔註257〕除了將此三人對於自身的統

〔註255〕姚名達撰：《中國目錄學史・史志篇・三國、晉、南北朝藝文志之補撰》（臺北：臺灣商務印書館股份有限公司，1988年2月），頁212。

〔註256〕楊家駱撰：〈兩晉遺書輯存（上）〉，《學粹》第8卷第1期（1965年12月），頁13。

〔註257〕廖吉郎教授雖亦提及吳士鑑各部類，然僅依照該《補晉志》之著錄家數而進行陳述，未見其統計秦本著錄書目之總數量。參見廖吉郎撰：〈六十年來《晉書》之研究〉，收入程發軔主編：《六十年來國學》（臺北：正中書局，1974年5月），頁133～135。

計數字列入之外，廖教授也仔細進行書目之統計。如其著錄丁氏《補晉志》：

> 大凡四部及釋道總計存一千一百六十四家，失名二百八十九家，共
> 一千七百五十八部。〔註258〕

與本論文統計丁國鈞著錄之「一千九百九十三部」書目有別。此外，廖教授又統計黃氏《補晉志》著錄晉代書目之總數量爲「一千二百八十八部」，〔註259〕然則與本論文統計黃逢元著錄之「一千五百六十九部」有所差異，故其或略有缺失。

（五）趙飛鵬〈唐以前正史藝文、經籍志之續補考證著作舉要〉著錄《補晉志》書目數量之統計

趙飛鵬先生對五家《補晉志》有簡短之評述，然著錄其數量者僅丁、黃二部。此外，趙教授對於丁、黃二家著錄圖書總數量，前者援引自梁啟超《圖書大辭典簿錄之部》，後者則援引自黃逢元《補晉書藝文志·序例》，然則前人已有謬誤，故〈唐以前正史藝文、經籍志之續補考證著作舉要〉亦未能對五家《補晉志》有較爲詳盡的統計。

（六）韓格平《魏晉全書·前言》著錄《補晉志》書目數量之統計

大陸學者韓格平先生所撰之《魏晉全書》於二〇〇六年出版，爲較新之材料。其於「前言」對於侯康《補三國藝文志》、姚振宗《三國藝文志》與五家《補晉志》之圖書著錄進行總數量之統計表，今援引並繪製如下：

作者及書名	經部	史部	子　部	集部	佛教道教	合計
侯康《三國藝文志》	145	110	91	0		346
姚振宗《三國藝文志》	176	184	173	91	496	1120
丁國鈞《補晉書藝文志》	323	601	230	477	127	1758
文廷式《補晉書藝文志》	340	771	669（含佛教道教）	498		2278

〔註258〕廖吉郎撰：〈六十年來《晉書》之研究〉，收入程發軔主編：《六十年來國學》（臺北：正中書局，1974 年 5 月），頁 132。

〔註259〕廖吉郎撰：〈六十年來《晉書》之研究〉，收入程發軔主編：《六十年來國學》（臺北：正中書局，1974 年 5 月），頁 140。

秦榮光 《補晉書藝文志》	378	855	779 （含佛教道教）	622		2634 〔註260〕
吳士鑑〔註261〕 《補晉書經籍志》	259	850	398 （含佛教道教）	467		1974 〔註262〕
黃逢元 《補晉書藝文志》	250	321	263	454		1288 〔註263〕

　　由該表可知韓先生對於五家《補晉志》曾進行系統性的計算，爲其優點。
然仍與本論文將五家《補晉志》各部類書目表格數量化之統計有別，如：《魏
晉全書》將黃逢元《補晉志》圖書總數量著錄爲「一千二百八十八部」，然筆
者則統計爲「一千五百六十九部」書目，差距甚大。是以韓先生《魏晉全書·
前言》對於五家《補晉志》之著錄書目之統計仍未盡詳實，有所缺失。

三、五家《補晉志》著錄書目確切之統計

　　由「五家《補晉志》對於自身著錄書目之統計不盡詳實」與「前人對於
五家《補晉志》書目數量之統計不盡精確」二處可知，五位學者大抵未能對
其著作有精確性的統計，至於前人部分限於篇幅或概要式說明與簡介，故亦
未能對五家《補晉志》之著錄書目有較爲確切的數字統計。

　　是以筆者繪製六大表格，包括：「附錄一：五家《補晉書藝文志》『經部』
著錄書目比較表」、「附錄二：五家《補晉書藝文志》『史部』著錄書目」、「附
錄三：五家《補晉書藝文志》『子部』著錄書目比較表」、「附錄四：五家《補
晉書藝文志》『集部』著錄書目比較表」、「附錄五：五家《補晉書藝文志》『道
經部』著錄書目比較表」、「附錄六：五家《補晉書藝文志》『佛經部』著錄書
目比較表」等，參酌此六表再根據《補晉志》原文加以整理統計，即可得知

〔註260〕韓格平先生原將「2634」之數字置入「佛教道教」一欄中，推測應歸入「合
　　　　計」一欄，故更正。參見韓格平編：《魏晉全書1》（長春：吉林文史出版社，
　　　　2006年1月），頁2「前言」。

〔註261〕韓格平先生將「鑑」誤爲「鑒」。參見韓格平編：《魏晉全書1》（長春：吉林
　　　　文史出版社，2006年1月），頁2「前言」。

〔註262〕韓格平先生原將「1974」之數字置入「佛教道教」一欄中，推測應歸入「合
　　　　計」一欄，故更正。參見韓格平編：《魏晉全書1》（長春：吉林文史出版社，
　　　　2006年1月），頁2「前言」。

〔註263〕韓格平先生原將「1288」之數字置入「佛教道教」一欄中，推測應歸入「合
　　　　計」一欄，故更正。參見韓格平編：《魏晉全書1》（長春：吉林文史出版社，
　　　　2006年1月），頁2「前言」。

五家《補晉志》較爲確切的文獻數量。

（一）經部著錄書目數量之統計比較

茲參酌「附錄一：五家《補晉書藝文志》『經部』著錄書目比較表」，並查詢各《補晉志》經部各類確切書目數量，以繪製五家《補晉志》經部書目數量統計表比較如下：

史志類目	丁 本 甲部經錄	吳 本 甲部經錄	文 本 經 部	黃 本 甲部經錄	秦 本 經 部
易	1 易類 62 部	1 易類 57 部	1 易類 60 部	1 易 47 部	1 易類 85 部
書	2 書類 13 部	2 書類 14 部	2 書類 15 部	2 尚書 13 部	2 書類 18 部
詩	3 詩類 27 部	3 詩類 26 部	3 詩類 31 部	3 詩 28 部	3 詩類 33 部
禮	4 禮類 69 部	4 禮類 66 部	4 禮類 80 部	4 禮 63 部	4 禮類 83 部
樂	5 樂類 4 部	5 樂類 7 部	5 樂類 13 部	5 樂 8 部	9 樂類 9 部
春秋	6 春秋類 66 部	6 春秋類 66 部	6 春秋類 68 部	6 春秋 59 部	5 春秋類 76 部
孝經	7 孝經類 20 部	7 孝經類 23 部	7 孝經類 15 部	7 孝經 18 部	6 孝經類 21 部
論語	8 論語類 61 部	8 論語類 44 部	8 論語類 40 部	8 論語 45 部	8 論語類 49 部
		9 經解類 8 部	9 五經類 7 部	9 經解 7 部	7 五經總義類 10 部
讖緯	9 讖緯類 3 部		（11 經緯類）		
小學	10 小學類 24 部	10 小學類 32 部	10 小學類 28 部	10 小學 29 部	10 小學類 38 部
總計	349 部	343 部	357 部	317 部	422 部

由此表可知，秦榮光著錄之書目最多，黃逢元著錄之書目則最寡。

（二）史部著錄書目數量之統計比較

茲參酌「附錄二：五家《補晉書藝文志》『史部』著錄書目比較表」，並查詢各《補晉志》史部各類確切書目數量，以繪製五家《補晉志》史部書目數量統計表比較如下：

史志類目	丁 本 乙部史錄	吳 本 乙部史錄	文 本 史 部	黃 本 乙部史錄	秦 本 史 部

正史	1 正史類 35 部	1 正史類 33 部	1 正史類 36 部	1 正史 28 部	1 正史類 17 部
古史	2 編年類 20 部	2 編年類 15 部	2 編年類 21 部	2 編年 18 部	2 編年類 38 部
雜史	3 雜史類 55 部	3 雜史類 49 部	3 雜史類 39 部	3 雜史 47 部	4 雜史類 64 部
霸史	4 霸史類 47 部	4 霸史類 45 部	4 霸史類 26 部	4 偽史 26 部	8 載記類 92 部
起居注	5 起居注類 34 部	5 起居注類 53 部	5 起居注類 31 部	5 起居注 58 部	
舊事	6 舊事類 27 部	6 舊事類 29 部	6 故事類 34 部	6 舊事 32 部	
職官	7 職官類 34 部	7 職官類 35 部	7 職官類 31 部	7 職官 34 部	11 職官類 26 部
儀注	8 儀制類 43 部	8 儀注類 38 部	8 儀注類 23 部	8 儀注 30 部	12 政書類（通制之屬/儀制之屬）78 部
刑法	9 刑法類 15 部	9 刑法類 17 部	9 刑法類 13 部	9 刑法 13 部	12 政書類（法令之屬）11 部
雜傳	10 雜傳類 255 部	10 雜傳類 233 部	10 雜傳類 230 部	10 雜傳 91 部	6 傳記類 344 部
地理	11 地理類 83 部	11 地理類 78 部	11 地志類 126 部	11 地理 71 部	10 地理類 115 部
譜系	12 譜系類 11 部	12 譜系類 12 部	12 譜系類 64 部	12 譜系 9 部	
簿錄	13 簿錄類 17 部	13 簿錄類 12 部	13 目錄類 19 部	13 簿錄 13 部	13 目錄類 22 部/（附錄：石刻類 104 部）
					3 別史類 38 部
					5 詔令奏議類 49 部
					7 史鈔類 10

				部
				9 時令類 2 部
				14 史評類 3 部
總計	676 部	649 部	693 部	470 部	909 部（含石刻共 1013 部）

茲將秦氏《補晉志》原應歸類於「簿錄」之「石刻類」計入其中，即高達一千○一十三部，倘若不含此類，亦有九百○九部之多，為五家《補晉志》著錄史部書目最多者，至於數量最少者爲黃氏《補晉志》。

（三）子部著錄書目數量之統計比較

茲參酌「附錄三：五家《補晉書藝文志》『子部』著錄書目比較表」，並查詢各《補晉志》子部各類確切書目數量，以繪製五家《補晉志》子部書目數量統計表比較如下：

史志 類目	丁本 丙部子錄	吳本 丙部子錄	文本 子部	黃本 丙部子錄	秦本 子部
儒	1 儒家類 42 部	1 儒家類 40 部	1 儒家類 43 部	1 儒家 42 部	1 儒家類 41 部
道	2 道家類 52 部	2 道家類 89 部（含道經 45 部）	2 道家類 66 部	2 道家 58 部（道經 16 部）	13 道家類 146 部（含道經 97 部）
法	3 法家 5 部	4 法家類 4 部	4 法家類 6 部	3 法家 3 部	3 法家類 5 部
名	4 名家 1 部	5 名家類 2 部	5 名家類 1 部		
墨	5 墨家 1 部	6 墨家類 1 部	3 墨家類 1 部	4 墨家 1 部	
從 橫	6 縱橫家 1 部	7 縱橫家類 1 部	9 縱橫家類 1 部	5 從橫家 1 部	
雜	7 雜家類 36 部	8 雜家類 32 部	6 雜家類 21 部	6 雜家 34 部	9 雜家類 101 部
農			8 農家類 7 部	7 農家 5 部	
小說	8 小說類 15 部	9 小說類 9 部	17 小說家類 29 部	8 小說家 13 部	11 小說家 30 部
兵	9 兵家類 13 部	10 兵家類 8 部	7 兵家類 9 部	9 兵書 7 部	2 兵家類 10 部
天 文	10 天文類 12	11 天文類 20	11 天文類 22	10 天文 18 部	5 天文算法類

	丁　本	吳　本	文　本	黃　本	秦　本
	部	部	部		（推步之屬）72 部
曆　數	11 曆數類26部	12 曆數類25部	10 曆算家23部	11 曆數30部	5 天文算法類（算法之屬）7 部
五　行	12 五行類25部	13 五行類43部	12 五行家類66部	12 五行48部	6 術數類63部
醫　方	13 醫方類33部	15 醫方類28部	13 醫家類37部	13 醫方35部	4 醫家類40部
		14 雜藝術類8部	16 雜藝家類23部	14 雜藝術15部	7 藝術類37部
					8 譜錄類5部
					10 類書類2部
		（3 釋家類496部）	（15 釋家類418部）		（12 釋家類223部）
			（14 神仙家類126部）		
總　計	262部	266部（含道佛共806部）	355部（含道佛共899部）	294部（含道經共310部）	462（含道佛共782部）

　　如不將吳、文、黃、秦等四家《補晉志》之釋道二經置入附錄比較，而歸入子部統計數量，則吳本子部高達八百○六部，文本子部高達八百九十九部，黃本則有三百一十部，秦本則有七百八十二部，其中以文氏《補晉志》逼近九百部爲最多者。即便將丁國鈞附錄之道佛經二部加入其子部二百六十二部中，亦僅有四百○四部，數量甚少。如將道佛二經剔除在子部之外，則以秦氏《補晉志》四百六十二部爲最多，丁氏《補晉志》二百六十二部爲最寡者。

（四）集部著錄書目數量之統計比較

　　茲參酌「附錄四：五家《補晉書藝文志》『集部』著錄書目比較表」，並查詢各《補晉志》集部各類確切書目數量，以繪製五家《補晉志》集部書目數量統計表比較如下：

史志	丁　本	吳　本	文　本	黃　本	秦　本

類目	丁部集錄	丁部集錄	集　部	丁部集錄	集　部
楚辭	1 楚辭類 2 部	1 楚辭類 2 部	1 楚辭類 2 部	1 楚辭 2 部	1 楚辭類 2 部
別集	2 別集類 400 部	2 別集類 390 部	2 別集類 394 部	2 別集 384 部	2 別集類 439 部
總集	3 總集類 102 部	3 總集類 85 部	3 總集類 113 部	3 總集 86 部	3 總集類 74 部
總計	504 部	477 部	509 部	472 部	515 部

然則亦爲秦氏《補晉志》著錄最多，黃氏《補晉志》著錄最寡。

（五）道經部著錄書目數量之統計比較

茲參酌「附錄五：五家《補晉書藝文志》『道經部』著錄書目比較表」，並查詢各《補晉志》道經各類確切書目數量，以繪製五家《補晉志》道經書目數量統計表比較如下：

史志　　類目	丁　本　附　錄	吳　本　丙部子錄	文　本　子　部	黃　本　丙部子錄	秦　本　子　部
道經部	2 道家 15 部	（2 道家類 45 部）	（14 神仙家類 126 部）	（2 道家 16 部）	（13 道家類 97 部）
總計	15 部	（含道經 45 部）	（含道經 126 部）	（含道經 16 部）	（含道經 97 部）

由此可知，著錄道經之書目最多者爲文廷式，至於丁國鈞著錄則最寡。

（六）佛經部著錄書目數量之統計比較

茲參酌「附錄六：五家《補晉書藝文志》『佛經部』著錄書目比較表」，並查詢各《補晉志》佛經各類確切書目數量，以繪製五家《補晉志》佛經書目數量統計表比較如下：

史志　　類目	丁　本　附　錄	吳　本　丙部子錄	文　本　子　部	黃　本　丙部子錄	秦　本　子　部
佛經部	1 釋家 127 部	（3 釋家類 496 部）	（15 釋家類 418 部）		（12 釋家類 223 部）
總計	127 部	（含佛經 496 部）	（含佛經 418 部）		（含佛經 223 部）

可知著錄佛經最多者爲吳士鑑，至於黃逢元完全未收錄該類文獻，故爲最寡者。

藉由以上六個統計表可歸納五家《補晉志》著錄晉代書目文獻總數量之統計表如下：

史志 部類	丁　本	吳　本	文　本	黃　本	秦　本
經部	349 部	343 部	357 部	317 部	422 部
史部	676 部	649 部	693 部	470 部	含石刻共 1013 部
子部	262 部	含道佛共806部	含道佛共899部	含道經共310部	含道佛共782部
集部	504 部	477 部	509 部	472 部	515 部
道經部	15 部				
佛經部	127 部				
總計	1933 部	2275 部	2458 部	1569 部	2732 部

可知五家《補晉志》著錄書目最多者為秦榮光，其次為文廷式，其次為吳士鑑，其次為丁國鈞，著錄最寡者則為黃逢元。然本論文進行考證論述時，見秦榮光著錄之書目頗多濫收，部分未必為晉代文獻者亦在收錄之列，如：後魏劉昞注《周易》一書，此書未見於《經典釋文・序錄》、《隋志》、《兩唐志》，然據《魏書・劉昞列傳》記載：

> 劉昞，字延明，敦煌人也。父寶，字子玉，以儒學稱。……注《周易》、《韓子》、《人物志》、《黃石公三略》，並行於世。〔註264〕

可知其為北魏人，著錄書籍自非晉朝文獻，故理應刪之，然秦、丁二家《補晉志》卻加以收錄，故有所謬誤。至於其他四家《補晉志》亦有收錄訛誤之情形，則收錄書目之多寡，未必能反映五家《補晉志》之優劣。然秦氏《補晉志》大量蒐集相關資料，以求補足晉朝藝文目錄為宗旨之精神仍值讚許與效法。

第四節　著錄書目之存佚情形

〔註264〕〔北齊〕魏收撰：《魏書・劉昞列傳》卷 52（北京：中華書局，2006 年 3 月），頁 1160。

晉朝文獻距今已年湮代遠，故諸多書目大多未能見其全貌。是以為求知曉《補晉志》著錄圖書之存佚概況，筆者根據本論文綜合比較五家《補晉志》之著錄書目，再觀察其存佚的情形，除可發現部分圖書重出互見，且有收錄謬誤之缺失。然今未能將五家《補晉志》所著錄之書目一一進行考證，僅能就本論文根據《二十五史補編》本輸入之晉朝圖書文獻進行存佚之分析，亦可略知晉代書目之現況。

今參酌附錄之六大表格，可作一統整並歸納晉朝圖書數量之存佚表如下：

	存佚情形	數量統計	總　計
經部	存	14 部	528 部
	殘	1 部	
	輯	138 部	
	佚	375 部	
史部	存	62 部	1624 部
	殘	8 部	
	輯	193 部	
	佚	1361 部	
子部	存	51 部	714 部
	殘	13 部	
	輯	74 部	
	佚	576 部	
集部	存	6 部	647 部
	殘	3 部	
	輯	34 部	
	佚	604 部	
道經部	存	21 部	183 部
	殘	3 部	
	輯	6 部	
	佚	153 部	
佛經部	存	341 部	774 部
	殘	8 部	
	輯	0 部	
	佚	425 部	

由該表大略可知，「經部」、「史部」、「子部」、「集部」、「道經部」之書目

亡佚之比例甚高，而後人多有輯佚者，故尚能保存晉代文獻之部分面貌，如：馬國翰《玉函山房輯佚書》、王仁俊《玉函山房輯佚書補編》、黃奭《漢學堂叢書》、王謨《漢魏遺書鈔》等。至於「佛經部」之書目，見存之比例將近其總數量之一半，推測魏晉南北朝雖戰亂迭起，且各朝國祚甚短，然國君大抵愛好佛經，推崇佛法，故使同一部佛經有多種翻譯版本，是以流傳久遠。此外，隋、唐之後的帝王隨有排佛者，然僧侶寺廟對於佛經皆視為珍寶，故傳鈔者雖多，維護經典之完善者更是勝於儒藏與道藏之文獻。

第六章 五家《補晉書藝文志》著錄撰者比較研究

五家《補晉志》所收錄的文獻以晉人所撰之書目爲主，然而，對於跨越三國與南北朝的人物，有部分取捨不明的情形，是以造成收錄的書目略有所別。因此本論文對於五家《補晉志》所收錄之「晉朝撰者」有必要深入釐清，以明其優劣得失。至於丁國鈞等五位晚清學者著錄撰者體例時，各成一格，有所差異，則因「以書類人」、「以人類書」而位置有所差異，上一章以舉證說明，故不贅述。至於進行著錄撰者名稱時，亦容易因「避諱」、「書寫習慣」、「缺（增）字」、「互倒」等情形，而造成同一位古人而有相異之名。如嚴重謬誤者，更有同一部書而張冠李戴的情形，是以產生部分誤題撰者姓名之情形。

由此可知，五家《補晉志》除了著錄書名有所訛誤與差異之外，在著錄人名方面仍有極大的不同必須進行探究。由於五家《補晉志》取材來源大抵自《隋志》、《兩唐志》，故今略參考楊果霖教授《新舊唐書藝文志研究》對於此三部史志著錄撰者之差異成果，並輔以本論文附錄之六大表格進行檢索，進而延伸析評五家《補晉志》著錄撰者姓名之體例與分別。至於《補晉志》中對於晉朝文人的統計數量或有未盡詳實之缺憾，故在此對其作出統計，以期得知當代的文人數量多寡。

第一節 著錄撰者名稱差異之處

丁國鈞等五位學者在處理晉代文獻時，著錄撰者名稱有諸多差異。前文

提及，就「避諱」而言，五位晚清學者身處滿人統治的時代，故多少有避清代皇帝名諱之情形。就「斷限年代」而言，部分人物並非亡於晉朝，有些卒於三國時代，有些則卒於南北朝，則收錄該文人之作，則有缺失。就「書寫習慣」而言，前文提及五位學者在撰寫《補晉志》過程，或刻工、書商進行排版印刷時產生誤字，然已背離晉代原撰者之姓名。就「缺字」而言，晉朝撰者有被簡省姓名或以官職名取代之情形。就「改字」而言，五家《補晉志》略有將撰者誤題之情形，故使著錄撰者有所缺失。就「互倒」而言，著錄撰者名稱時，除了《補晉志》考證未能精詳而造成錯位之外，尚且容易因傳鈔錯誤或依循古籍簡稱有別，而造成撰者姓名產生顛倒互換的狀況，如遇印刷訛誤，則更易造成字體左右上下錯置的情形。

此六種著錄撰者名稱產生謬誤與差異的種類，皆為五家《補晉志》於撰寫或刊刻所造成的缺失。本論文提出此六種謬誤，並舉例佐證，以期未來重編晉朝文獻書目可供參考之用。

一、「避諱」在五家《補晉志》上之運用與差異

上一章提及五家《補晉志》對於著錄書目避諱的方式有兩種，其一為避清朝帝王之名諱，其二為避唐朝帝王之名諱。在著錄撰者亦有此類情形，如：薄叔玄《問穀梁義》四卷，丁、吳、文、黃、秦等五家《補晉志》皆收錄此書，其中丁、吳、秦等三家有避清聖祖之偏諱。該書未見於《經典釋文‧序錄》、《兩唐志》，然根據《隋志》著錄「薄叔玄《問穀梁義》二卷，梁四卷」，〔註1〕可知確有此書。今查文、黃二家《補晉志》皆著錄為「薄叔玄《問穀梁義》四卷」，〔註2〕與《隋志》相合，無所謬誤。然見丁、吳、秦等三家《補晉志》皆著錄撰者為「薄叔元」，〔註3〕蓋清聖祖名為「玄燁」，故改「玄」為

〔註1〕〔唐〕魏徵等撰：《隋書‧經籍志》卷32「春秋類」（北京：中華書局，2006年3月），頁931。

〔註2〕上述二處分見〔清〕文廷式撰：《補晉書藝文志》卷1，收入二十五史刊行委員會編：《二十五史補編》第3冊（北京：中華書局，1998年2月），頁3712；黃逢元撰：《補晉書藝文志》卷1，收入二十五史刊行委員會編：《二十五史補編》第3冊（北京：中華書局，1998年2月），頁3904。

〔註3〕上述三處分見丁國鈞撰：《補晉書藝文志》卷1，收入二十五史刊行委員會編：《二十五史補編》第3冊（北京：中華書局，1998年2月），頁3659；吳士鑑撰：《補晉書經籍志》卷1，收入二十五史刊行委員會編：《二十五史補編》第3冊（北京：中華書局，1998年2月），頁3856；秦榮光撰：《補晉書藝文

「元」，以避其偏諱之用，因此與文、黃二家有所差異。

二、「斷限年代」對五家《補晉志》收錄撰者造成的差異

「藝文志」收錄的圖書文獻分為兩種。一為「通代藝文志」，亦即數朝之文獻皆著錄其中，如：《隋志》即為此類。二為「一朝藝文志」，亦即僅收錄一個朝代的文獻，許多補史志皆為此例，如：侯康《補三國藝文志》等等。五家《補晉志》既以「晉朝」為收錄圖書文獻之範圍，則理應以收錄晉人所撰之著作為主。本論文以為，應以「亡於晉朝者」方可謂之為晉人。然五家《補晉志》對於「晉人」的定一則有所差別，是以收錄的古籍自然有所差異。

（一）五家《補晉志》收錄撰者「斷限年代」之差異

1. 丁氏《補晉志》對於收錄撰者「斷限年代」的觀點

就丁氏《補晉志》而論，其於〈例略〉中指出：

> 斷代著錄，首嚴棄取。茲《志》於三國諸人，凡及太始初者，胥加徵采。義熙一朝作者雖衆，苟易代猶存，即無預斯錄。至嵇康、阮籍（二人卒於魏末）、陶潛、徐廣（二人卒於宋初）諸著述，一例掇列，似失限斷，則以本書各有專傳故也。〔註4〕

故丁國鈞以為《晉書》有傳者，雖非亡於晉朝，亦加以收錄。他又指出：

> 傳著各家身入宋、魏者，既不入錄矣。然有成書尚在晉時者，劉昺諸人是也。有僞書流布，濫入各史志，各家書錄者，郭璞諸人書是也。至於書名撰人，缺譌舛複，疑不能證明者，尤難僂指。凡斯之類，區以〈存疑〉、〈黜僞〉二目，退列附錄，用備稽考。〔註5〕

然則丁氏父子對於《補晉志》之編纂雖將非亡於晉朝之人物收錄其中，但別立附錄以使可疑之書目有所依歸，並立〈刊誤〉加以考證，尚稱嚴謹。

2. 吳氏《補晉志》對於收錄撰者「斷限年代」的觀點

自吳承志為吳氏《補晉志》所撰之〈序〉，未提及吳士鑑收錄書目撰者之

志》卷1，收入二十五史刊行委員會編：《二十五史補編》第3冊（北京：中華書局，1998年2月），頁3806。

〔註4〕　丁國鈞撰：《補晉書藝文志‧例略》，收入二十五史刊行委員會編：《二十五史補編》第3冊（北京：中華書局，1998年2月），頁3653。

〔註5〕　丁國鈞撰：《補晉書藝文志‧例略》，收入二十五史刊行委員會編：《二十五史補編》第3冊（北京：中華書局，1998年2月），頁3653。

體例僅能見其指出：

> 於今所輯當代諸儒著述之外，別采《晉中經簿》、《義熙錄》佚文，
> 參合《隋志》所載漢魏舊籍爲《晉書藝文志》。〔註6〕

然則即便非亡於晉朝者亦在收錄之列。如：《經部・禮類》收錄徐廣所撰《禮論答問》十三卷本與八卷本，《史部・雜傳類》則收錄舊題陶潛所撰《搜神後記》十卷。凡此種種，皆類於丁國鈞之方式。

3. 文氏《補晉志》對於收錄撰者「斷限年代」的觀點

未見文廷式所撰之序，然見其《經部・樂類》收錄阮籍《樂論》，《集部・別集類》收錄《徐廣集》十五卷、《錄》一卷，可知其對於未亡於晉朝之人物，亦加以收錄之。

4. 黃氏《補晉志》對於收錄撰者「斷限年代」的觀點

就黃氏《補晉志》而論，其於〈序例〉中指出：

> 茲所采錄故限典午，雖汲冢諸祕顯於咸寧（據《晉書・武帝紀》云
> 「咸寧五年」，〈束皙傳〉作「太康二年」）而撰，非晉人概不羼入，
> 惟各家注釋之篇則依類存目。〔註7〕

可知黃逢元於收錄圖書文獻方面，以晉人爲主，即便爲晉代出土之汲冢書重要非凡，亦不在收錄之列。除此之外，黃逢元又提及：

> 嵇康、阮籍仕本曹魏，徐廣、陶潛卒在劉宋，《晉書》雖立專傳，本
> 《志》代斷其撰著，皆不收錄，遵《隋志》也。惟《隋志・集部》
> 有宣帝、文帝兩集，首次晉代，夷考兩帝卒皆在魏，陳壽本朝臣子，
> 《魏志》礙難立傳，唐修《晉書》，補冠本紀。是《隋志》既誤於前，
> 而晉復承其後，本《志》無可出入，亦未敢刪省，仍存《隋志》舊
> 觀。〔註8〕

由此可知，黃氏《補晉志》較爲嚴謹，對於晉朝文獻撰者之收錄規則皆能有所取則，此亦爲其他四家《補晉志》不如黃逢元之處。

〔註6〕 吳士鑑撰：《補晉書經籍志・序》，收入二十五史刊行委員會編：《二十五史補編》第3冊（北京：中華書局，1998年2月），頁3851。

〔註7〕 黃逢元撰：《補晉書藝文志・序例》，收入二十五史刊行委員會編：《二十五史補編》第3冊（北京：中華書局，1998年2月），頁3895。

〔註8〕 黃逢元撰：《補晉書藝文志・序例》，收入二十五史刊行委員會編：《二十五史補編》第3冊（北京：中華書局，1998年2月），頁3895。

5. 秦氏《補晉志》對於收錄撰者「斷限年代」的觀點

秦榮光於其《補晉書藝文志·凡例》指出：

> 本《志》采典午之著述，補貞觀之缺漏，故著錄之書以晉爲限斷。
>
> 嵇康、阮籍本非晉人，而《晉書》有傳，本《志》輔翼《晉書》，故亦錄其著作。
>
> 傅嘏、鍾會、鄧艾歿於魏代，而心乎晉者也。陶潛、徐廣歿於宋代，亦心乎晉者也。王鎮惡心雖在宋，而歿於晉時。本《志》以「心」爲定評，亦以時爲限斷，故並錄其書。
>
> 韋昭、朱育、張儼，吳人也。劉昺、闞駰，魏人也。而按其年代皆在晉時，依燕、趙、秦、涼諸史之例，未敢以本書無傳而遺之。
>
> 汲冢書發見於晉初，本《志》亦爲收入。〔註9〕

觀其凡例第一條至第五條，可得知秦氏《補晉志》收錄書目多於其他四家《補晉志》之因。雖五家《補晉志》皆以「晉」爲限斷，然秦榮光除與丁國鈞、文廷式、吳士鑑等人皆收錄非晉人之作，並與文廷式皆收錄出土文物汲冢書。至於韋昭、朱育、張儼、闞駰等人，爲諸家所無，秦榮光小著錄之。至於劉昺之作，尚且有丁國鈞歸入「附錄存疑類」，吳士鑑亦收錄於《補晉志》中。由此可知，秦氏《補晉志》收錄範圍較諸家《補晉志》廣泛，故其著錄書目自然非諸家可及。其唯恐漏失當代文獻而一律收入的精神固然值得敬佩，然使非「亡於晉代」者亦在收錄之列，亦不若黃氏《補晉志》之嚴謹。

（二）「斷限年代」有所差異之文獻舉證

1. 〔**魏**〕嵇康撰《周易言不盡意論》一篇

丁、吳、秦等三家《補晉志》收錄此書，餘文、黃二家《補晉志》則未著錄。此三家皆有收書斷限謬誤之情形，且該書未見於前朝書籍，亦需存疑。該書未見於《經典釋文·序錄》、《隋志》、《兩唐志》，然根據《晉書·嵇康列傳》記載：

> 嵇康字叔夜，譙國銍人也。其先姓奚，會稽上虞人，以避怨，徙焉。
>
> 銍有嵇山，家于其側，因而命氏。〔註10〕

〔註9〕 〔清〕秦榮光撰：《補晉書藝文志·凡例》，收入二十五史刊行委員會編：《二十五史補編》第3冊（北京：中華書局，1998年2月），頁3797。

〔註10〕 〔唐〕房玄齡等撰：《晉書·嵇康列傳》卷49（北京：中華書局，2006年3月），頁1369。

經查嵇康卒於魏元帝景元四年（263），故其著作應歸入三國，原爲《晉書》斷限有誤，不應沿襲其謬。查丁、吳、秦等三家《補晉志》皆於《經部・易類》著錄「《周易言不盡意論》」，[註11] 將魏人之書收錄於此有所缺失，此亦爲與文、黃二家《補晉志》有所差異之處。

2.〔魏〕阮籍撰《通易論》一卷

丁、吳、秦等三家《補晉志》收錄此書，餘文、黃二家則未著錄。此三家皆有收書斷限謬誤之情形，且該書未見於前朝書籍，亦需存疑。該書未見於《經典釋文・序錄》、《隋志》、《兩唐志》，然至元朝始據《宋志》著錄「阮嗣宗《通易論》一卷」，[註12] 頗有可疑之處。除此之外，根據《晉書・阮籍列傳》著錄：

> 阮籍字嗣宗，陳留尉氏人也。父瑀，魏丞相掾，知名於世。[註13]

阮籍與嵇康同卒於魏元帝景元四年（263），爲魏人，然則丁、吳、秦三家著錄阮籍撰有「《通易論》一卷」原有謬誤，[註14] 故與其他二家《補晉志》有別。

3.〔魏〕鍾會撰《周易無互體論》三卷

僅秦氏《補晉志》收錄該書，餘丁、吳、文、黃等四家《補晉志》皆未著錄。該書未見於《兩唐志》，根據《魏志・鍾會傳》著錄：

> 鍾會字士季，潁川長社人，太傅繇小子也。……會嘗論《易無互體》、《才性同異》。[註15]

〔註11〕 上述三處分見丁國鈞撰：《補晉書藝文志》卷1，收入二十五史刊行委員會編：《二十五史補編》第 3 冊（北京：中華書局，1998 年 2 月），頁 3655；吳士鑑撰：《補晉書經籍志》卷1，收入二十五史刊行委員會編：《二十五史補編》第 3 冊（北京：中華書局，1998 年 2 月），頁 3852；〔清〕秦榮光撰：《補晉書藝文志》卷1，收入二十五史刊行委員會編：《二十五史補編》第 3 冊（北京：中華書局，1998 年 2 月），頁 3800。

〔註12〕 〔元〕脫脫等撰：《宋史・藝文志》卷 202「易類」（北京：中華書局，2006 年 3 月），頁 5034。

〔註13〕 〔唐〕房玄齡等撰：《晉書・阮籍列傳》卷 49（北京：中華書局，2006 年 3 月），頁 1359。

〔註14〕 上述三處分見丁國鈞撰：《補晉書藝文志》卷1，收入二十五史刊行委員會編：《二十五史補編》第 3 冊（北京：中華書局，1998 年 2 月），頁 3655；吳士鑑撰：《補晉書經籍志》卷1，收入二十五史刊行委員會編：《二十五史補編》第 3 冊（北京：中華書局，1998 年 2 月），頁 3852；〔清〕秦榮光撰：《補晉書藝文志》卷1，收入二十五史刊行委員會編：《二十五史補編》第 3 冊（北京：中華書局，1998 年 2 月），頁 3800。

〔註15〕 〔晉〕陳壽撰：《魏書・鍾會傳》卷 28（北京：中華書局，2006 年 3 月），頁

《經典釋文‧序錄》著錄「《易無互體論》」，〔註16〕《隋志》則著錄「梁有《周易無互體論》三卷，鍾會撰，亡」，〔註17〕蓋《魏志》、陸德明皆簡省一「周」字。茲查秦氏《補晉志》著錄「《周易無互體論》三卷，鍾會撰」，〔註18〕經查鍾會卒於魏元帝咸熙元年（264），爲魏人，然則秦本原斷限有誤。

4.《汲冢易經》二篇

　　文、秦二家《補晉志》收錄，餘丁、吳、黃等三家《補晉志》則未著錄此書。該書未見於《經典釋文‧序錄》、《隋志》、《兩唐志》，然據《晉書‧束皙傳》記載：

> 初，太康二年，汲郡人不準盜發魏襄王墓，或言安釐王冢，得竹書數十車。……其《易經》二篇，與《周易》上下經同。《易繇陰陽卦》二篇，與《周易》略同，《繇辭》則異。《卦下易經》一篇，似《說卦》而異。《公孫段》二篇，公孫段與邵陟論《易》。〔註19〕

然則該書爲周朝文獻，而非晉朝古籍。茲查文、秦二家《補晉志》前者著錄「《汲冢書易經》二篇」、後者著錄「《汲冢易經》二篇」，〔註20〕則有斷限謬誤之謂。其餘如《易繇陰陽卦》、《卦下易經》、《公孫段》等出土文物，亦被文廷式、秦榮光二人收錄在《補晉志》中，皆有此謬誤。

5.〔劉宋〕周續之撰《詩序義》

　　文、秦二家《補晉志》收錄，餘丁、吳、黃等三家《補晉志》則未著錄此書。該書未見於《隋志》、《兩唐志》，然根據《經典釋文‧序錄》指出：

> 宋徵士鴈門周續之……爲《詩序義》。〔註21〕

783、795。

〔註16〕〔唐〕陸德明撰：《經典釋文‧序錄》，收入孔子文化大全編輯部編輯：《孔子文化大全》（濟南：山東友誼書社，1991年10月），頁31。

〔註17〕〔唐〕魏徵等撰：《隋書‧經籍志》卷32「易類」（北京：中華書局，2006年3月），頁910。

〔註18〕〔清〕秦榮光撰：《補晉書藝文志》卷1，收入二十五史刊行委員會編：《二十五史補編》第3冊（北京：中華書局，1998年2月），頁3800。

〔註19〕〔唐〕房玄齡等撰：《晉書‧束皙列傳》卷51（北京：中華書局，2006年3月），頁1432～1433。

〔註20〕上述二處分見〔清〕文廷式撰：《補晉書藝文志》卷1，收入二十五史刊行委員會編：《二十五史補編》第3冊（北京：中華書局，1998年2月），頁3705；〔清〕秦榮光撰：《補晉書藝文志》卷1，收入二十五史刊行委員會編：《二十五史補編》第3冊（北京：中華書局，1998年2月），頁3800。

〔註21〕〔唐〕陸德明撰：《經典釋文‧序錄》，收入孔子文化大全編輯部編輯：《孔子

可知其確實曾撰有此書。另根據《宋書‧周續之列傳》著錄：

> 周續之字道祖，雁門廣武人也。其先過江居豫章建昌縣。續之年八歲
> 喪母，哀戚過於成人，奉兄如事父。豫章太守范甯於郡立學，招集生
> 徒，遠方至者甚眾，續之年十二，詣甯受業。居學數年，通五經并緯
> 候，名冠同門，號曰「顏子」。……景平元年（423）卒，時年四十七。
> 通《毛詩六義》及《禮論》、《公羊傳》，皆傳於世。〔註22〕

可見周續之卒於劉宋，而非晉朝。然則查文、秦二家皆收錄周續之撰「《詩序
義》」，〔註23〕有斷限謬誤之謂，理應刪之，是以與其他三家《補晉志》有別。

6. 《汲冢雜書》十九篇

僅文氏《補晉志》收錄，餘丁、吳、黃、秦等四家《補晉志》則未著錄
此書。該書未見於《經典釋文‧序錄》、《隋志》、《兩唐志》，然據《晉書‧束
皙傳》記載：

> 初，太康二年，汲郡人不準盜發魏襄王墓，或言安釐王冢，得竹書
> 數十車。……又《雜書》十九篇：周食田法，周書，論楚事，周穆
> 王美人盛姬死事。〔註24〕

可知汲冢書為東周時代之文獻，如因晉朝出土而收入《補晉志》，略有失當。
然見文廷式於《經部‧書類》著錄「《汲冢雜書》十九篇」，〔註25〕則有斷限
謬誤之謂。

7. 〔劉宋〕徐廣撰《禮論答問》八卷

丁、吳、文、秦等四家《補晉志》收錄，僅黃氏未著錄該書。此書未見
於《經典釋文‧序錄》，然根據《隋志》著錄「《禮論答問》八卷，宋中散大
夫徐廣撰。《禮論答問》十三卷，徐廣撰。《禮答問》二卷，徐廣撰，殘缺。

文化大全》（濟南：山東友誼書社，1991 年 10 月），頁 47。

〔註22〕〔梁〕沈約撰：《宋書‧周續之傳》卷 93（北京：中華書局，2006 年 3 月），
頁 2280～2281。

〔註23〕上述二處分見〔清〕文廷式撰：《補晉書藝文志》卷 1，收入二十五史刊行委
員會編：《二十五史補編》第 3 冊（北京：中華書局，1998 年 2 月），頁 3706；
〔清〕秦榮光撰：《補晉書藝文志》卷 1，收入二十五史刊行委員會編：《二十
五史補編》第 3 冊（北京：中華書局，1998 年 2 月），頁 3803。

〔註24〕〔唐〕房玄齡等撰：《晉書‧束皙列傳》卷 51（北京：中華書局，2006 年 3
月），頁 1432～1433。

〔註25〕〔清〕文廷式撰：《補晉書藝文志》卷 1，收入二十五史刊行委員會編：《二十
五史補編》第 3 冊（北京：中華書局，1998 年 2 月），頁 3705。

梁十一卷……《答問》四卷，徐廣撰」，〔註26〕《舊唐志》著錄「《禮論答問》
九卷，徐廣撰」，〔註27〕《新唐志》則著錄「徐廣《禮論答問》九卷」，〔註28〕
可知確有此書，然此三志以收錄「通代」之書為準則，是以著錄劉宋文獻本
無缺失。根據《晉書・徐廣列傳》著錄：

> 徐廣字野民，東莞姑幕人，侍中逸之弟也。世好學，至廣尤為精純，
> 百家數術無不研覽。……初，桓玄篡位，帝出宮，廣陪列，悲動左
> 右。及劉裕受禪，恭帝遜位，廣獨哀感，涕泗交流。……因辭衰老，
> 乞歸桑梓。性好讀書，老猶不倦。年七十四，卒于家。《廣答禮問》
> 行於世。〔註29〕

然則徐廣亡於劉宋，本不應入《補晉志》中。茲查丁、吳、文、秦四家《補
晉志》皆著錄徐廣「《禮論答問》」十三卷本、八卷本、十一卷本、四卷本，
〔註30〕然則有斷限謬誤之譌，是以有所缺失。

8. 伊氏撰《喪服雜記》二十卷

丁、吳、文、秦等四家《補晉志》收錄，僅黃氏一家未著錄該書。此書
未見於《經典釋文・序錄》、《兩唐志》，然根據《隋志》著錄「《喪服雜記》
二十卷，伊氏撰」，〔註31〕可知確有此書。經查姚振宗考證「伊氏，不詳何
人」，〔註32〕然見丁、吳、文、秦等四家《補晉志》著錄「《喪服雜記》二十

〔註26〕 〔唐〕魏徵等撰：《隋書・經籍志》卷32「禮類」（北京：中華書局，2006年3月），頁923～924。

〔註27〕 〔後晉〕劉昫等撰：《舊唐書・經籍志》卷46「禮類」（北京：中華書局，2006年3月），頁1974。

〔註28〕 〔宋〕歐陽修等撰：《宋書・藝文志》卷57（北京：中華書局，2006年3月），頁1432。

〔註29〕 〔唐〕房玄齡等撰：《晉書・徐廣列傳》卷55（北京：中華書局，2006年3月），頁2158～2159。

〔註30〕 上述四處分見丁國鈞撰：《補晉書藝文志》卷1，收入二十五史刊行委員會編：《二十五史補編》第3冊（北京：中華書局，1998年2月），頁3657；吳士鑑撰：《補晉書經籍志》卷1，收入二十五史刊行委員會編：《二十五史補編》第3冊（北京：中華書局，1998年2月），頁3855；〔清〕文廷式撰：《補晉書藝文志》卷1，收入二十五史刊行委員會編：《二十五史補編》第3冊（北京：中華書局，1998年2月），頁3709；〔清〕秦榮光撰：《補晉書藝文志》卷1，收入二十五史刊行委員會編：《二十五史補編》第3冊（北京：中華書局，1998年2月），頁3804。

〔註31〕 〔唐〕魏徵等撰：《隋書・經籍志》卷32「禮類」（北京：中華書局，2006年3月），頁920。

〔註32〕 〔清〕姚振宗撰：《隋書經籍志考證》卷1，收入二十五史刊行委員會編：《二

卷」，〔註33〕丁、吳二人更將撰者題爲「伊說」，除有斷限謬誤之譌，誤題撰者人名亦有所缺失。

三、「書寫習慣」對五家《補晉志》著錄撰者名稱造成的差異

古籍流傳過程中屢經刊刻，五家《補晉志》便容易在編纂時因書寫習慣相異而造成著錄撰者姓名之訛誤。其中採用資料來源所大部分相同，但仍有撰者名稱不一的情形。今試舉例並說明如下：

（一）形近而誤

1.「王」、「干」例

就王氏《周易問難》二卷而論，丁、吳、文、黃、秦等五家《補晉志》收錄。此書未見於《經典釋文·序錄》、《兩唐志》，然據《隋志》著錄「《周易問難》二卷，王氏撰」。〔註34〕查《隋書經籍志考證》指出《冊府元龜》與《經義考》著錄「王氏」爲「干氏」，姚振宗則以爲：

> 本《志》注文牽連上下文易致誤會，然如此一條，前後皆有可證明，
> 尚不甚難辯此實「王氏書」非「干氏書」。〔註35〕

則撰者爲「王氏」無誤。茲查《補晉志》中僅文廷式依循《隋志》著錄爲「王氏」所撰，〔註36〕故無謬誤。然見丁、吳、黃、秦等四家《補晉志》據王欽若與朱彝尊之譌，以爲此「干氏」即爲「干寶」並加以著錄，〔註37〕則將形

十五史補編》第4冊（北京：中華書局，1998年2月），頁5103。

〔註33〕上述四處分見丁國鈞撰：《補晉書藝文志》卷1，收入二十五史刊行委員會編：《二十五史補編》第3冊（北京：中華書局，1998年2月），頁3657；吳士鑑撰：《補晉書經籍志》卷1，收入二十五史刊行委員會編：《二十五史補編》第3冊（北京：中華書局，1998年2月），頁3854；〔清〕文廷式撰：《補晉書藝文志》卷1，收入二十五史刊行委員會編：《二十五史補編》第3冊（北京：中華書局，1998年2月），頁3708；〔清〕秦榮光撰：《補晉書藝文志》卷1，收入二十五史刊行委員會編：《二十五史補編》第3冊（北京：中華書局，1998年2月），頁3804。

〔註34〕〔唐〕魏徵等撰：《隋書·經籍志》卷32「易類」（北京：中華書局，2006年3月），頁911。

〔註35〕〔清〕姚振宗撰：《隋書經籍志考證》卷1，收入二十五史刊行委員會編：《二十五史補編》第4冊（北京：中華書局，1998年2月），頁5067。

〔註36〕〔清〕文廷式撰：《補晉書藝文志》卷1，收入二十五史刊行委員會編：《二十五史補編》第3冊（北京：中華書局，1998年2月），頁3704。

〔註37〕上述四處分見丁國鈞撰：《補晉書藝文志》卷1，收入二十五史刊行委員會編：《二

近字「王」誤作「干」，有所缺失。

2.「龔」、「襲」例

就杜龔撰《喪紀禮式》而論，丁、吳、文、黃、秦等五家《補晉志》收錄。此書未見於《經典釋文・序錄》、《隋志》、《兩唐志》，然據《華陽國志》著錄：

> 漢嘉太守蜀郡杜龔敬修亦著《蜀後志》，及志趙廞、李特叛亂之事，
> 及《喪紀禮式》後生有取焉。〔註38〕

可知確有此書。茲查文廷式著錄撰者為「杜龔」，〔註39〕故無缺失。然見丁、吳、黃、秦等四家《補晉志》著錄撰者為「杜襲」，〔註40〕則將形近之「龔」誤作「襲」，是以有所謬誤。

（二）音近而誤

1.「宏」、「弘」例

就王宏《易義》而論，丁、吳、文、黃、秦等五家《補晉志》收錄。此書未見於《隋志》、《兩唐志》，然據《經典釋文・序錄》記載：

> 王宏，字正宗，弼之兄。晉大司農贈太常，為《易義》。〔註41〕

十五史補編》第 3 冊（北京：中華書局，1998 年 2 月），頁 3653；吳士鑑撰：《補晉書經籍志》卷 1，收入二十五史刊行委員會編：《二十五史補編》第 3 冊（北京：中華書局，1998 年 2 月），頁 3851；黃逢元撰：《補晉書藝文志》卷 1，收入二十五史刊行委員會編：《二十五史補編》第 3 冊（北京：中華書局，1998 年 2 月），頁 3898；〔清〕秦榮光撰：《補晉書藝文志》卷 1，收入二十五史刊行委員會編：《二十五史補編》第 3 冊（北京：中華書局，1998 年 2 月），頁 3801。

〔註38〕〔晉〕常璩撰：《華陽國志》卷 11，收入劉曉東等點校：《二十五別史》（濟南：齊魯書社，2000 年 5 月），頁 196。

〔註39〕〔清〕文廷式撰：《補晉書藝文志》卷 1，收入二十五史刊行委員會編：《二十五史補編》第 3 冊（北京：中華書局，1998 年 2 月），頁 3708。

〔註40〕上述四處分見丁國鈞撰：《補晉書藝文志》卷 1，收入二十五史刊行委員會編：《二十五史補編》第 3 冊（北京：中華書局，1998 年 2 月），頁 3656；吳士鑑撰：《補晉書經籍志》卷 1，收入二十五史刊行委員會編：《二十五史補編》第 3 冊（北京：中華書局，1998 年 2 月），頁 3854；黃逢元撰：《補晉書藝文志》卷 1，收入二十五史刊行委員會編：《二十五史補編》第 3 冊（北京：中華書局，1998 年 2 月），頁 3903；〔清〕秦榮光撰：《補晉書藝文志》卷 1，收入二十五史刊行委員會編：《二十五史補編》第 3 冊（北京：中華書局，1998 年 2 月），頁 3804。

〔註41〕〔唐〕陸德明撰：《經典釋文・序錄》，收入孔子文化大全編輯部編輯：《孔子文化大全》（濟南：山東友誼書社，1991 年 10 月），頁 31。

可知確有此書。茲查吳、文、黃、秦等四家《補晉志》皆依據《經典釋文》著錄撰者爲「王宏」，〔註42〕無所謬誤。然見丁國鈞則著錄爲「王弘」，〔註43〕則將音近字「宏」誤作「弘」，是以有所缺失。

2. 「謐」、「佖」例

就皇甫謐《易義》八卷而論，僅秦氏《補晉志》收錄，餘丁、吳、文、黃等四家則未著錄。此書未見於《經典釋文‧序錄》、《隋志》、《兩唐志》，然見《通志‧藝文略第一》著錄撰者爲「皇甫佖」，〔註44〕根據《晉書‧皇甫謐列傳》著錄：

> 皇甫謐字士安，幼名靜，安定朝那人，漢太尉嵩之曾孫也。〔註45〕

則鄭樵原將音近字「謐」誤作「佖」，有所缺失。茲見秦榮光據《通志》著錄爲「《易義》八卷，《補註》三卷，《周易精微》三卷，上三種並據《通志》作皇甫佖撰」，〔註46〕是以略有訛誤。

3. 「愷」、「凱」例

就顧愷之撰《啓蒙記》三卷而論，丁、吳、黃、秦等四家《補晉志》收錄，僅黃逢元未見該書。此書未見於《經典釋文‧序錄》、《兩唐志》，然根據《隋志》著錄「《啓蒙記》三卷，晉散騎常侍顧愷之撰」，〔註47〕可知確有此書。茲查秦榮光將撰者著錄爲「顧凱之」，〔註48〕將音近字「愷」誤作「凱」，

〔註42〕 上述四處分見吳士鑑撰：《補晉書經籍志》卷1，收入二十五史刊行委員會編：《二十五史補編》第3冊（北京：中華書局，1998年2月），頁3853；〔清〕文廷式撰：《補晉書藝文志》卷1，收入二十五史刊行委員會編：《二十五史補編》第3冊（北京：中華書局，1998年2月），頁3703；黃逢元撰：《補晉書藝文志》卷1，收入二十五史刊行委員會編：《二十五史補編》第3冊（北京：中華書局，1998年2月），頁3898；〔清〕秦榮光撰：《補晉書藝文志》卷1，收入二十五史刊行委員會編：《二十五史補編》第3冊（北京：中華書局，1998年2月），頁3800。

〔註43〕 丁國鈞撰：《補晉書藝文志》卷1，收入二十五史刊行委員會編：《二十五史補編》第3冊（北京：中華書局，1998年2月），頁3655。

〔註44〕 〔宋〕鄭樵撰：《通志二十略》（北京：中華書局，1995年11月），頁1454。

〔註45〕 〔唐〕房玄齡等撰：《晉書‧皇甫謐列傳》卷51（北京：中華書局，2006年3月），頁1409。

〔註46〕 〔清〕秦榮光撰：《補晉書藝文志》卷1，收入二十五史刊行委員會編：《二十五史補編》第3冊（北京：中華書局，1998年2月），頁3800。

〔註47〕 〔唐〕魏徵等撰：《隋書‧經籍志》卷32「小學類」（北京：中華書局，2006年3月），頁942。

〔註48〕 〔清〕秦榮光撰：《補晉書藝文志》卷1，收入二十五史刊行委員會編：《二十

是以有所謬誤。至於丁、吳、黃等三家《補晉志》依循《隋志》著錄撰者爲「顧愷之」，〔註49〕故無所缺失。

（三）古今異字而誤

1. 「眒」、「晜」例

就劉眒撰《方言》三卷而論，僅丁、秦二家《補晉志》收錄，餘吳、文、黃等三家《補晉志》則未著錄此書。此書未見於《經典釋文・序錄》、《隋志》、《兩唐志》，然據《魏書・劉眒列傳》記載：

> 劉眒……著《略記》百三十篇、八十四卷，《涼書》十卷，《敦煌實錄》二十卷，《方言三卷》，《靖恭堂銘》一卷……〔註50〕

可知其撰有此書，然非晉朝文獻，理應不錄。此外，見秦榮光根據《魏書》著錄該書撰者爲「劉眒」，〔註51〕故無缺失。然丁國鈞則著錄撰者爲「劉晜」，〔註52〕將古今異字「眒」誤作「晜」，是以有所謬誤。

2. 「沈」、「沉」例

就謝沈撰《毛詩釋義》十卷而論，丁、吳、文、黃、秦等五家《補晉志》收錄。此書未見於《經典釋文・序錄》、《新唐志》，然據《隋志》著錄「又《毛詩釋義》十卷，謝沈撰」，〔註53〕《舊唐志》則著錄「《毛詩釋義》十卷，謝沈撰」。〔註54〕茲查丁、吳、文、秦等四家《補晉志》著錄撰者「謝沈」撰有

五史補編》第 3 冊（北京：中華書局，1998 年 2 月），頁 3808。

〔註49〕　上述三處分見丁國鈞撰：《補晉書藝文志》卷 1，收入二十五史刊行委員會編：《二十五史補編》第 3 冊（北京：中華書局，1998 年 2 月），頁 3661；吳士鑑撰：《補晉書經籍志》卷 1，收入二十五史刊行委員會編：《二十五史補編》第 3 冊（北京：中華書局，1998 年 2 月），頁 3859；黃逢元撰：《補晉書藝文志》卷 1，收入二十五史刊行委員會編：《二十五史補編》第 3 冊（北京：中華書局，1998 年 2 月），頁 3910。

〔註50〕　〔北齊〕魏收撰：《魏書・劉眒列傳》卷 52（北京：中華書局，2006 年 3 月），頁 1160。

〔註51〕　〔清〕秦榮光撰：《補晉書藝文志》卷 1，收入二十五史刊行委員會編：《二十五史補編》第 3 冊（北京：中華書局，1998 年 2 月），頁 3809。

〔註52〕　丁國鈞撰：《補晉書藝文志》卷 1，收入二十五史刊行委員會編：《二十五史補編》第 3 冊（北京：中華書局，1998 年 2 月），頁 3697。

〔註53〕　〔唐〕魏徵等撰：《隋書・經籍志》卷 32「詩類」（北京：中華書局，2006 年 3 月），頁 916。

〔註54〕　〔後晉〕劉昫等撰：《舊唐書・經籍志》卷 46「詩類」（北京：中華書局，2006 年 3 月），頁 1971。

「《毛詩釋義》」，〔註55〕故無缺失。另見黃逢元著錄爲「謝沉」，〔註56〕將古今異字「沈」誤作「沉」，故與其他四家《補晉志》有別。

（四）偏旁相近而誤

1.「惇」、「淳」例

就江惇撰《毛詩音》而論，丁、吳、文、黃、秦等五家《補晉志》皆收錄。此書未見於《隋志》、《兩唐志》，亦未見其本傳，然據《經典釋・序錄》記載：

> 爲《詩音》者九人，……江惇……字思俊，河內人，東晉徵士。〔註57〕

可見確有此書。吳、文、黃、秦等四家《補晉志》皆從陸德明著錄撰者爲「江惇」，〔註58〕無所缺失。然見丁國鈞著錄撰者爲「江淳」，〔註59〕則將偏旁相近之「惇」誤作「淳」，故與其他四家《補晉志》有別。

2.「劭」、「邵」例

就陳劭撰《周官禮異同評》十二卷而論，丁、文、黃、秦等四家《補晉

〔註55〕 上述四處分見丁國鈞撰：《補晉書藝文志》卷1，收入二十五史刊行委員會編：《二十五史補編》第3冊（北京：中華書局，1998年2月），頁3655；吳士鑑撰：《補晉書經籍志》卷1，收入二十五史刊行委員會編：《二十五史補編》第3冊（北京：中華書局，1998年2月），頁3853；〔清〕文廷式撰：《補晉書藝文志》卷1，收入二十五史刊行委員會編：《二十五史補編》第3冊（北京：中華書局，1998年2月），頁3706；〔清〕秦榮光撰：《補晉書藝文志》卷1，收入二十五史刊行委員會編：《二十五史補編》第3冊（北京：中華書局，1998年2月），頁3803。

〔註56〕 黃逢元撰：《補晉書藝文志》卷1，收入二十五史刊行委員會編：《二十五史補編》第3冊（北京：中華書局，1998年2月），頁3900。

〔註57〕 〔唐〕陸德明撰：《經典釋文・序錄》，收入孔子文化大全編輯部編輯：《孔子文化大全》（濟南：山東友誼書社，1991年10月），頁48。

〔註58〕 上述四處分見吳士鑑撰：《補晉書經籍志》卷1，收入二十五史刊行委員會編：《二十五史補編》第3冊（北京：中華書局，1998年2月），頁3854；〔清〕文廷式撰：《補晉書藝文志》卷1，收入二十五史刊行委員會編：《二十五史補編》第3冊（北京：中華書局，1998年2月），頁3706；黃逢元撰：《補晉書藝文志》卷1，收入二十五史刊行委員會編：《二十五史補編》第3冊（北京：中華書局，1998年2月），頁3900；〔清〕秦榮光撰：《補晉書藝文志》卷1，收入二十五史刊行委員會編：《二十五史補編》第3冊（北京：中華書局，1998年2月），頁3803。

〔註59〕 丁國鈞撰：《補晉書藝文志》卷1，收入二十五史刊行委員會編：《二十五史補編》第3冊（北京：中華書局，1998年2月），頁3656。

志》收錄，僅吳本未著錄該書。此書未見於《經典釋文·序錄》，然根據《隋志》著錄「《周官禮異同評》十二卷，晉司空長史陳劭撰」，〔註60〕《舊唐志》著錄「《周官論評》十二卷，陳邵駮，傅玄評」，〔註61〕《新唐志》則著錄「傅玄《周官論評》十二卷，陳邵駮」，〔註62〕朱彝尊《經義考》則著錄「傅氏玄《周官論評》」，「陳氏邵《周官禮異同評》」，故應有二書。〔註63〕由此亦可知，《兩唐志》與《經義考》皆將偏旁相近之「劭」誤作「邵」。茲見秦氏《補晉志》依循《隋志》著錄撰者爲「陳劭」，〔註64〕故無缺失。然丁、文、黃等三家《補晉志》皆取法《兩唐志》著錄撰者爲「陳邵」，〔註65〕將「劭」誤爲「邵」，是以有所訛誤。

3.「遊」、「游」例

就崔遊撰《喪服圖》一卷而論，丁、吳、文、黃、秦等五家《補晉志》收錄。根據《晉書·崔遊列傳》著錄：

> 崔遊字子相，上黨人也。少好學，儒術甄明，恬靖謙退，自少及長，口未嘗語及財利。魏末，察孝廉，除相府舍人，出爲氐池長，甚有惠政。以病免，遂爲廢疾。泰始初，武帝錄敘文帝故府僚屬，就家拜郎中。年七十餘，猶敦學不倦，撰《喪服圖》，行於世。及劉元海（案：劉淵）僭位，命爲御史大夫，固辭不就。卒於家，時年九十三。〔註66〕

〔註60〕〔唐〕魏徵等撰：《隋書·經籍志》卷 32「禮類」（北京：中華書局，2006 年 3 月），頁 919。

〔註61〕〔後晉〕劉昫等撰：《舊唐書·經籍志》卷 46「禮類」（北京：中華書局，2006 年 3 月），頁 1972。

〔註62〕〔宋〕歐陽修等撰：《新唐書·藝文志》卷 57「禮類」（北京：中華書局，2006 年 3 月），頁 1431。

〔註63〕〔清〕朱彝尊撰：《經義考》卷 121「周禮」（北京：中華書局，1998 年 11 月），頁 648。

〔註64〕〔清〕秦榮光撰：《補晉書藝文志》卷 1，收入二十五史刊行委員會編：《二十五史補編》第 3 冊（北京：中華書局，1998 年 2 月），頁 3803。

〔註65〕上述三處分見丁國鈞撰：《補晉書藝文志》卷 1，收入二十五史刊行委員會編：《二十五史補編》第 3 冊（北京：中華書局，1998 年 2 月），頁 3656；〔清〕文廷式撰：《補晉書藝文志》卷 1，收入二十五史刊行委員會編：《二十五史補編》第 3 冊（北京：中華書局，1998 年 2 月），頁 3707；黃逢元撰：《補晉書藝文志》卷 1，收入二十五史刊行委員會編：《二十五史補編》第 3 冊（北京：中華書局，1998 年 2 月），頁 3901。

〔註66〕〔唐〕房玄齡等撰：《晉書·儒林列傳崔遊》卷 91（北京：中華書局，2006 年

可知其撰有此書。另據《隋志》著錄「《喪服圖》一卷，崔逸撰」，〔註67〕《舊唐志》著錄「《喪服圖》一卷，崔遊撰」，〔註68〕《新唐志》則著錄「崔游《喪服圖》一卷」，〔註69〕蓋「崔逸」、「崔游」、「崔遊」皆爲同一人，今則從本傳之著錄。茲查文、秦等二家《補晉志》依循《晉書》著錄撰者爲「崔遊」，〔註70〕無所缺失。然見丁、吳、黃等三家依循《新唐志》著錄撰者爲「崔游」，〔註71〕則誤將偏旁相近之「遊」誤作「游」，是以與其他二家《補晉志》有別。

4.「楊」、「揚」例

就韓楊撰《天文要集》四十卷而論，丁、吳、文、黃、秦等五家《補晉志》收錄。該書未見於《舊唐志》，然根據《隋志》著錄「《天文要集》四十卷，晉太史令韓楊撰」，〔註72〕《新唐志》則著錄「韓楊《天文要集》四十卷」。〔註73〕茲查秦榮光著錄撰者爲「韓揚」，〔註74〕將偏旁相近之「楊」誤作「揚」，故有所缺失。至於丁、吳、文、黃等四家皆依循史志著錄撰者爲「韓楊」，〔註75〕

3 月），頁 2352。

〔註67〕 〔唐〕魏徵等撰：《隋書・經籍志》卷 32「禮類」（北京：中華書局，2006 年 3 月），頁 921。

〔註68〕 〔後晉〕劉昫等撰：《舊唐書・經籍志》卷 46「禮類」（北京：中華書局，2006 年 3 月），頁 1973。

〔註69〕 〔宋〕歐陽修等撰：《新唐書・藝文志》卷 57「禮類」（北京：中華書局，2006 年 3 月），頁 1432。

〔註70〕 上述二處分見〔清〕文廷式撰：《補晉書藝文志》卷 1，收入二十五史刊行委員會編：《二十五史補編》第 3 冊（北京：中華書局，1998 年 2 月），頁 3708；〔清〕秦榮光撰：《補晉書藝文志》卷 1，收入二十五史刊行委員會編：《二十五史補編》第 3 冊（北京：中華書局，1998 年 2 月），頁 3804。

〔註71〕 上述三處分見丁國鈞撰：《補晉書藝文志》卷 1，收入二十五史刊行委員會編：《二十五史補編》第 3 冊（北京：中華書局，1998 年 2 月），頁 3657；吳士鑑撰：《補晉書經籍志》卷 1，收入二十五史刊行委員會編：《二十五史補編》第 3 冊（北京：中華書局，1998 年 2 月），頁 3854；黃逢元撰：《補晉書藝文志》卷 1，收入二十五史刊行委員會編：《二十五史補編》第 3 冊（北京：中華書局，1998 年 2 月），頁 3901。

〔註72〕 〔唐〕魏徵等撰：《隋書・經籍志》卷 34「天文類」（北京：中華書局，2006 年 3 月），頁 1018。

〔註73〕 〔宋〕歐陽修等撰：《新唐書・藝文志》卷 59「天文類」（北京：中華書局，2006 年 3 月），頁 1544。

〔註74〕 〔清〕秦榮光撰：《補晉書藝文志》卷 3，收入二十五史刊行委員會編：《二十五史補編》第 3 冊（北京：中華書局，1998 年 2 月），頁 3828。

〔註75〕 上述四處分見丁國鈞撰：《補晉書藝文志》卷 3，收入二十五史刊行委員會編：《二十五史補編》第 3 冊（北京：中華書局，1998 年 2 月），頁 3679；吳士

是以無所謬誤。

四、「缺（增）字」對五家《補晉志》著錄撰者名稱造成的差異

　　丁、吳、文、秦等四家《補晉志》在著錄撰者姓名時，皆未見撰者之「字號」，然黃氏《補晉志》則增錄晉朝人物之字號，故與其他四家《補晉志》有別。茲舉例說明如下：

（一）〔晉〕張憑注《論語》十卷

　　丁、吳、文、黃、秦等四家《補晉志》收錄。該書未見於《經典釋文・序錄》、《兩唐志》，然根據《隋志》著錄「晉……司徒左長史張憑……注《論語》各十卷」，〔註76〕可知確有此書。今見丁、吳、文、秦等四家《補晉志》皆著錄撰者為「張憑」，〔註77〕僅黃逢元著錄撰者為「司徒左長史吳人張憑長宗注」，〔註78〕使讀者明其「字號」，故與四家《補晉志》有別。

（二）〔晉〕傅瑗撰《晉新定儀注》四十卷

　　丁、吳、文、黃、秦等五家《補晉志》收錄此書。該書未見於《隋志》、《舊唐志》，僅見《新唐志》著錄「傅瑗《晉新定儀注》四十卷」，〔註79〕可

　　鑑撰：《補晉書經籍志》卷3，收入二十五史刊行委員會編：《二十五史補編》第3冊（北京：中華書局，1998年2月），頁3883；〔清〕文廷式撰：《補晉書藝文志》卷4，收入二十五史刊行委員會編：《二十五史補編》第3冊（北京：中華書局，1998年2月），頁3757；黃逢元撰：《補晉書藝文志》卷3，收入二十五史刊行委員會編：《二十五史補編》第3冊（北京：中華書局，1998年2月），頁3940。

〔註76〕〔唐〕魏徵等撰：《隋書・經籍志》卷32「論語類」（北京：中華書局，2006年3月），頁936。

〔註77〕上述四處分見丁國鈞撰：《補晉書藝文志》卷1，收入二十五史刊行委員會編：《二十五史補編》第3冊（北京：中華書局，1998年2月），頁3660；吳士鑑撰：《補晉書經籍志》卷1，收入二十五史刊行委員會編：《二十五史補編》第3冊（北京：中華書局，1998年2月），頁3857；〔清〕文廷式撰：《補晉書藝文志》卷1，收入二十五史刊行委員會編：《二十五史補編》第3冊（北京：中華書局，1998年2月），頁3713；〔清〕秦榮光撰：《補晉書藝文志》卷1，收入二十五史刊行委員會編：《二十五史補編》第3冊（北京：中華書局，1998年2月），頁3807。

〔註78〕黃逢元撰：《補晉書藝文志》卷1，收入二十五史刊行委員會編：《二十五史補編》第3冊（北京：中華書局，1998年2月），頁3907。

〔註79〕〔宋〕歐陽修等撰：《新唐書・藝文志》卷58「儀注類」（北京：中華書局，2006年3月），頁1487。

知確有此書，然唐至後晉之間未見該書，直至宋朝始見著錄，則有可疑之處。茲查丁、吳、文、秦等四家《補晉志》皆著錄撰者爲「傅瑗」，〔註80〕僅黃逢元著錄撰者爲「安成太守北地傅瑗叔玉撰」，〔註81〕使讀者明其「字號」，故與四家《補晉志》有別。

（三）〔晉〕華譚撰《新論》十卷

丁、吳、文、黃、秦等五家《補晉志》收錄此書。該書根據《隋志》著錄爲「《新論》十卷，晉金紫光祿大夫華譚撰」，〔註82〕《舊唐志》著錄「《新論》十卷，華譚撰」，〔註83〕《新唐志》則著錄「華譚《新論》十卷」，〔註84〕可知確有此書，茲查丁、吳、文、黃等四家《補晉志》皆著錄撰者爲「華譚」。〔註85〕黃逢元則著錄爲「秘書監廣陵華譚令思撰」，〔註86〕使讀者明其「字號」，故與四家《補晉志》有別。

（四）〔晉〕宋岱撰《周易論》一卷

〔註80〕上述四處分見丁國鈞撰：《補晉書藝文志》卷2，收入二十五史刊行委員會編：《二十五史補編》第3冊（北京：中華書局，1998年2月），頁3668；吳士鑑撰：《補晉書經籍志》卷2，收入二十五史刊行委員會編：《二十五史補編》第3冊（北京：中華書局，1998年2月），頁3865；〔清〕文廷式撰：《補晉書藝文志》卷2，收入二十五史刊行委員會編：《二十五史補編》第3冊（北京：中華書局，1998年2月），頁3726；〔清〕秦榮光撰：《補晉書藝文志》卷2，收入二十五史刊行委員會編：《二十五史補編》第3冊（北京：中華書局，1998年2月），頁3824。

〔註81〕黃逢元撰：《補晉書藝文志》卷2，收入二十五史刊行委員會編：《二十五史補編》第3冊（北京：中華書局，1998年2月），頁3922。

〔註82〕〔唐〕魏徵等撰：《隋書‧經籍志》卷34「儒類」（北京：中華書局，2006年3月），頁999。

〔註83〕〔後晉〕劉昫等撰：《舊唐書‧經籍志》卷47「儒家類」（北京：中華書局，2006年3月），頁2025。

〔註84〕〔宋〕歐陽修等撰：《新唐書‧藝文志》卷59「儒家類」（北京：中華書局，2006年3月），頁1511。

〔註85〕上述四處分見丁國鈞撰：《補晉書藝文志》卷3，收入二十五史刊行委員會編：《二十五史補編》第3冊（北京：中華書局，1998年2月），頁3676；吳士鑑撰：《補晉書經籍志》卷3，收入二十五史刊行委員會編：《二十五史補編》第3冊（北京：中華書局，1998年2月），頁3873；〔清〕文廷式撰：《補晉書藝文志》卷4，收入二十五史刊行委員會編：《二十五史補編》第3冊（北京：中華書局，1998年2月），頁3749；〔清〕秦榮光撰：《補晉書藝文志》卷3，收入二十五史刊行委員會編：《二十五史補編》第3冊（北京：中華書局，1998年2月），頁3826。

〔註86〕黃逢元撰：《補晉書藝文志》卷3，收入二十五史刊行委員會編：《二十五史補編》第3冊（北京：中華書局，1998年2月），頁3934。

丁、吳、文、黃、秦等五家《補晉志》收錄。此書未見於《經典釋文·序錄》、《兩唐志》，然據《隋志》著錄「《周易論》一卷，晉荊州刺史宋岱撰」。〔註87〕可知確有此書。今查丁、吳、文、秦等四家《補晉志》皆著錄撰者爲「宋岱」，〔註88〕至於黃逢元則著錄「荊州刺史宋岱處宗撰」，〔註89〕使讀者明其「字號」，故與四家《補晉志》有別。

五、「改字」對五家《補晉志》著錄撰者名稱造成的差異

五家《補晉志》有時不明撰者爲何人，故有混淆之病。時而用他人之名，誤以爲是該書撰者，或以「字號」代替撰者之名，或著錄撰者親屬，而使讀者不明撰者之正確姓名，故有必要加以更正，還原古籍撰者之眞名，以明晰晉代人物之學思歷程與著作概況。茲舉例說明如下：

（一）以「字號」改名

1. 〔晉〕阮渾難、阮咸答《周易論》二卷

丁、吳、文、黃、秦等五家《補晉志》收錄。根據《隋志》著錄「《周易論》二卷，晉馮翊太守阮渾撰」，〔註90〕《舊唐志》著錄「《周易論》二卷，暨長成難、暨仲容答」，〔註91〕《新唐志》則著錄「阮長成、阮仲容《難答論》二卷」，〔註92〕可知三部史志皆指同一部書。根據《經典釋文·序錄》記載：

〔註87〕〔唐〕魏徵等撰：《隋書·經籍志》卷32「易類」（北京：中華書局，2006年3月），頁909。

〔註88〕上述四處分見丁國鈞撰：《補晉書藝文志》卷1，收入二十五史刊行委員會編：《二十五史補編》第3冊（北京：中華書局，1998年2月），頁3654；吳士鑑撰：《補晉書經籍志》卷1，收入二十五史刊行委員會編：《二十五史補編》第3冊（北京：中華書局，1998年2月），頁3852；〔清〕文廷式撰：《補晉書藝文志》卷1，收入二十五史刊行委員會編：《二十五史補編》第3冊（北京：中華書局，1998年2月），頁3704；〔清〕秦榮光撰：《補晉書藝文志》卷1，收入二十五史刊行委員會編：《二十五史補編》第3冊（北京：中華書局，1998年2月），頁3800。

〔註89〕黃逢元撰：《補晉書藝文志》卷1，收入二十五史刊行委員會編：《二十五史補編》第3冊（北京：中華書局，1998年2月），頁3897。

〔註90〕〔唐〕魏徵等撰：《隋書·經籍志》卷32「易類」（北京：中華書局，2006年3月），頁910。

〔註91〕〔後晉〕劉昫等撰：《舊唐書·經籍志》卷46「易類」（北京：中華書局，2006年3月），頁1969。

〔註92〕〔宋〕歐陽修等撰：《新唐書·藝文志》卷57「易類」（北京：中華書局，2006年3月），頁1425。

阮咸，字仲容，陳留人，籍之兄子。晉散騎常侍始平太守，爲《易義》。阮渾，字長成，籍之子。晉太子中庶子馮翊太守，爲《易義》。

〔註93〕

可知《兩唐志》以其「字」來著錄撰者，原有差異。此外，阮咸與阮渾所著《易義》，即爲二人難答之《周易論》，故撰者則應改爲「阮渾難、阮咸答」。茲查丁、吳、文、黃等四家《補晉志》皆著錄撰者爲「阮渾」，書名則爲「《周易論》二卷」，則撰者有所謬誤。〔註94〕至於秦榮光同時著錄「《易義》，阮渾撰」、「《周易論》二卷，阮渾撰」、「《周易難答論》二卷，阮長成、阮仲容撰」，〔註95〕三部實爲同一書，故有重出之缺失。此外，秦氏《補晉志》依循《兩唐志》著錄阮渾、阮咸之「字」，是以有所缺失，與其他四家《補晉志》有所差異。

2. 〔後蜀〕范長生注《周易》十卷

丁、吳、文、黃、秦等五家《補晉志》收錄。根據《經典釋文·序錄》著錄：

蜀才注十卷。《七錄》云「不詳何人」，《七志》云「是王弼後人」。

案：《蜀李書》云：「姓范名長生，一名賢，隱居青城山，自號『蜀才』，李雄以爲丞相」。〔註96〕

可知「范長生」、「蜀才」原爲同一人。根據《隋志》著錄「《周易》十卷，蜀才注」，〔註97〕《舊唐志》著錄「《周易》……又十卷，蜀才注」，〔註98〕

〔註93〕〔唐〕陸德明撰：《經典釋文·序錄》，收入孔子文化大全編輯部編輯：《孔子文化大全》（濟南：山東友誼書社，1991年10月），頁31。

〔註94〕上述四處分見丁國鈞撰：《補晉書藝文志》卷1，收入二十五史刊行委員會編：《二十五史補編》第3冊（北京：中華書局，1998年2月），頁3654；吳士鑑撰：《補晉書經籍志》卷1，收入二十五史刊行委員會編：《二十五史補編》第3冊（北京：中華書局，1998年2月），頁3852；〔清〕文廷式撰：《補晉書藝文志》卷1，收入二十五史刊行委員會編：《二十五史補編》第3冊（北京：中華書局，1998年2月），頁3704；黃逢元撰：《補晉書藝文志》卷1，收入二十五史刊行委員會編：《二十五史補編》第3冊（北京：中華書局，1998年2月），頁3897。

〔註95〕〔清〕秦榮光撰：《補晉書藝文志》卷1，收入二十五史刊行委員會編：《二十五史補編》第3冊（北京：中華書局，1998年2月），頁3800。

〔註96〕〔唐〕陸德明撰：《經典釋文·序錄》，收入孔子文化大全編輯部編輯：《孔子文化大全》（濟南：山東友誼書社，1991年10月），頁31。

〔註97〕〔唐〕魏徵等撰：《隋書·經籍志》卷32「易類」（北京：中華書局，2006年3月），頁910。

〔註98〕〔後晉〕劉昫等撰：《舊唐書·經籍志》卷46「易類」（北京：中華書局，2006年3月），頁1967。

《新唐志》則著錄「蜀才注十卷」，〔註99〕則三部史志皆以其范長生之「號」著錄撰者之名。茲查吳氏《補晉志》著錄撰者之名爲「范長生」，〔註100〕則還原撰者之名，爲其優點。然見丁、文、黃、秦等四家《補晉志》皆依循《隋志》、《兩唐志》著錄撰者爲「蜀才」，〔註101〕以「號」改名，是以有所謬誤。

（二）以撰者親屬繫聯

1.〔晉〕宋氏傳《周官音義》

丁、吳、文、黃、秦等五家《補晉志》收錄。該書未見於《經典釋文・序錄》、《隋志》、《兩唐志》，然根據《晉書・列女列傳韋逞母宋氏》記載：

> 韋逞母宋氏，不知何郡人也，家世以儒學稱。宋氏幼喪母，其父躬自養之。及長，授以《周官音義》，謂之曰：「吾家世學《周官》，傳業相繼，此又周公所制，經紀典誥，百官品物，備於此矣。吾今無男可傳，汝可受之，勿令絕世。」屬天下喪亂，宋氏諷誦不輟。〔註102〕

且其歷經石季龍、苻堅，可知爲晉朝時人，且確有此書。茲見文廷式著錄撰者爲「宋氏」，〔註103〕並於小注略提其爲韋逞之母，體例無誤。至於丁國鈞未題撰者，僅於小注以爲該書爲「韋逞母宋氏傳」。〔註104〕至於吳、黃、秦等三

〔註99〕〔宋〕歐陽修等撰：《新唐書・藝文志》卷57「易類」（北京：中華書局，2006年3月），頁1424。

〔註100〕吳士鑑撰：《補晉書經籍志》卷1，收入二十五史刊行委員會編：《二十五史補編》第3冊（北京：中華書局，1998年2月），頁3852。

〔註101〕上述四處分見丁國鈞撰：《補晉書藝文志》卷1，收入二十五史刊行委員會編：《二十五史補編》第3冊（北京：中華書局，1998年2月），頁3654；〔清〕文廷式撰：《補晉書藝文志》卷1，收入二十五史刊行委員會編：《二十五史補編》第3冊（北京：中華書局，1998年2月），頁3704；黃逢元撰：《補晉書藝文志》卷1，收入二十五史刊行委員會編：《二十五史補編》第3冊（北京：中華書局，1998年2月），頁3897；〔清〕秦榮光撰：《補晉書藝文志》卷1，收入二十五史刊行委員會編：《二十五史補編》第3冊（北京：中華書局，1998年2月），頁3801。

〔註102〕〔唐〕房玄齡等撰：《晉書・列女列傳韋逞母宋氏》卷96（北京：中華書局，2006年3月），頁2521。

〔註103〕〔清〕文廷式撰：《補晉書藝文志》卷1，收入二十五史刊行委員會編：《二十五史補編》第3冊（北京：中華書局，1998年2月），頁3707。

〔註104〕丁國鈞撰：《補晉書藝文志・附錄存疑類》，收入二十五史刊行委員會編：《二十五史補編》第3冊（北京：中華書局，1998年2月），頁3696。

家《補晉志》則逕自題傳授者爲「韋逞母宋氏」，〔註105〕不似文氏《補晉志》
於小注另作說明，故有所差異。

2.〔晉〕謝道韞撰《論語贊》

吳、文二家《補晉志》收錄，餘丁、黃、秦等三家則未著錄。該書未見
於《經典釋文·序錄》、《隋志》、《兩唐志》，吳、文二人則援引《藝文類聚》
著錄此書。文廷式著錄撰者爲「王凝之妻謝氏」，〔註106〕以親屬繫聯而未言其
名。吳士鑑則著錄爲「謝道韞」，〔註107〕較能一目了然。

3.〔晉〕陳○撰《元日冬至進見儀》

丁、吳、文、秦等四家《補晉志》收錄，僅黃逢元未見該書。此書未見
於《隋志》、《兩唐志》，根據《晉書·列女列傳劉臻妻陳氏》記載：

> 劉臻妻陳氏者，亦聰辯能屬文。嘗正旦獻《椒花頌》，其詞曰：「旋
> 穹周迴，三朝肇建。青陽散輝，澄景載煥。標美靈葩，爰採爰獻。
> 聖容映之，永壽於萬。」又撰元日及冬至進見之儀，行於世。〔註108〕

故四部《補晉志》皆依此著錄該書。丁、吳、文、秦等四家《補晉志》皆著
錄撰者爲「劉臻妻陳氏」，〔註109〕而未詳其名。茲查《隋志·集部·別集類》

〔註105〕上述三處分見吳士鑑撰：《補晉書經籍志》卷1，收入二十五史刊行委員會編：
《二十五史補編》第3冊（北京：中華書局，1998年2月），頁3855；黃逢
元撰：《補晉書藝文志》卷1，收入二十五史刊行委員會編：《二十五史補編》
第3冊（北京：中華書局，1998年2月），頁3903；〔清〕秦榮光撰：《補晉
書藝文志》卷1，收入二十五史刊行委員會編：《二十五史補編》第3冊（北
京：中華書局，1998年2月），頁3803。

〔註106〕〔清〕文廷式撰：《補晉書藝文志》卷1，收入二十五史刊行委員會編：《二
十五史補編》第3冊（北京：中華書局，1998年2月），頁3714。

〔註107〕吳士鑑撰：《補晉書經籍志》卷1，收入二十五史刊行委員會編：《二十五史
補編》第3冊（北京：中華書局，1998年2月），頁3858。

〔註108〕〔唐〕房玄齡等撰：《晉書·列女列傳劉臻妻陳氏》卷96（北京：中華書局，
2006年3月），頁2517。

〔註109〕上述四處分見丁國鈞撰：《補晉書藝文志》卷2，收入二十五史刊行委員會編：
《二十五史補編》第3冊（北京：中華書局，1998年2月），頁3668；吳士
鑑撰：《補晉書經籍志》卷2，收入二十五史刊行委員會編：《二十五史補編》
第3冊（北京：中華書局，1998年2月），頁3866；〔清〕文廷式撰：《補晉
書藝文志》卷2，收入二十五史刊行委員會編：《二十五史補編》第3冊（北
京：中華書局，1998年2月），頁3727；〔清〕秦榮光撰：《補晉書藝文志》
卷2，收入二十五史刊行委員會編：《二十五史補編》第3冊（北京：中華書
局，1998年2月），頁3824。

著錄「晉海西令劉臻妻《陳○集》七卷」，〔註110〕藉此可知劉臻妻確切之名，然《補晉志》僅以親屬繫聯，則有所不足。

（三）擅自改名

1.〔晉〕宣舒撰《通易象論》一卷

丁、吳、文、黃、秦等五家《補晉志》收錄此書。該書未見於《隋志》，然據《經典釋文・序錄》著錄：

　　宣舒，字幼驥，陳郡人。晉宜城令，為《通知來藏往論》。〔註111〕

另據《舊唐志》著錄「《通易象論》一卷，宣聘撰」，〔註112〕《新唐志》則著錄「宣聘《通易象論》一卷」，〔註113〕朱彝尊《經義考》則指出《經典釋文・序錄》之「《通知來藏往論》」即為「宣氏舒《通易象論》」，〔註114〕由此可知，此二者原為同一書。茲查黃逢元著錄「《通易象論》一卷，宣舒幼驥撰」，〔註115〕故無缺失。然見丁、吳、文、秦等四家《補晉志》皆著錄撰者「宣舒」曾撰「《通知來藏往論》」，文、秦等二家又另著錄撰者「宣聘」曾撰「《通易象論》一卷」，則除有重出之外，尚且沿襲《兩唐志》擅自將「宣舒」更名為「宣聘」，是以有所謬誤。〔註116〕

〔註110〕〔唐〕魏徵等撰：《隋書・經籍志》卷35「別集類」（北京：中華書局，2006年3月），頁1071。

〔註111〕〔唐〕陸德明撰：《經典釋文・序錄》，收入孔子文化大全編輯部編輯：《孔子文化大全》（濟南：山東友誼書社，1991年10月），頁31。

〔註112〕〔後晉〕劉昫等撰：《舊唐書・經籍志》卷46「易類」（北京：中華書局，2006年3月），頁1969。

〔註113〕〔宋〕歐陽修等撰：《新唐書・藝文志》卷57「易類」（北京：中華書局，2006年3月），頁1425。

〔註114〕〔清〕朱彝尊撰：《經義考》卷11「易」（北京：中華書局，1998年11月），頁71。

〔註115〕黃逢元撰：《補晉書藝文志》卷1，收入二十五史刊行委員會編：《二十五史補編》第3冊（北京：中華書局，1998年2月），頁3898。

〔註116〕上述四處分見丁國鈞撰：《補晉書藝文志》卷1，收入二十五史刊行委員會編：《二十五史補編》第3冊（北京：中華書局，1998年2月），頁3655；吳士鑑撰：《補晉書經籍志》卷1，收入二十五史刊行委員會編：《二十五史補編》第3冊（北京：中華書局，1998年2月），頁3852；〔清〕文廷式撰：《補晉書藝文志》卷1，收入二十五史刊行委員會編：《二十五史補編》第3冊（北京：中華書局，1998年2月），頁3704～3750；〔清〕秦榮光撰：《補晉書藝文志》卷1，收入二十五史刊行委員會編：《二十五史補編》第3冊（北京：中華書局，1998年2月），頁3801。

2.〔晉〕范氏撰《擬周易說》八卷

丁、文、秦等三家《補晉志》收錄此書，餘吳、黃等二家則未著錄。該書未見於《經典釋文・序錄》、《兩唐志》，然據《隋志》著錄「梁有《擬周易說》八卷，范氏撰」，〔註117〕而未言明其確切之名。姚振宗《隋書經籍志考證》則指出，此「范氏」或為「范宣」、「范寧」、「范輯」等人，然無法確知，「故《七錄》總題范氏也」。〔註118〕茲見文、秦等二家《補晉志》皆著錄撰人為「范氏」，〔註119〕故無缺失。然丁國鈞著錄撰者為「范宣」，其理由為「撰次干寶書上，蓋亦宣書也」，立證薄弱，略有妄題撰者姓名之謬誤。〔註120〕

六、「互倒」對五家《補晉志》著錄撰者名稱造成的差異

就上一章可知，抄錄與撰寫古籍時，容易產生謬誤的情形尚有「互倒」，除使書名產生差異之外，撰者姓名也會產生類似的謬誤。今略舉數例說明並詳加考證，以知五家《補晉志》著錄撰者而產生互倒之差異。

（一）〔晉〕王長文撰《約禮記》十篇

本論文於「第四章五家補晉書藝文志分類比較研究」曾提及該書，丁、吳、文、黃、秦等五家《補晉志》皆收錄。根據《晉書・王長文列傳》可知其名應為「長文」，見吳、文、黃三家《補晉志》則著錄為「王長文」，〔註121〕故無缺失。然見丁、秦二家則著錄為「王文長」，〔註122〕將「長文」互倒為「文

〔註117〕〔唐〕魏徵等撰：《隋書・經籍志》卷 32「易類」（北京：中華書局，2006年 3 月），頁 910。

〔註118〕〔清〕姚振宗：《隋書經籍志考證》卷 1，收入二十五史刊行委員會編：《二十五史補編》第 4 冊，頁 5066～5067。

〔註119〕上述二處分見〔清〕文廷式撰：《補晉書藝文志》卷 1，收入二十五史刊行委員會編：《二十五史補編》第 3 冊（北京：中華書局，1998 年 2 月），頁 3705；〔清〕秦榮光撰：《補晉書藝文志》卷 1，收入二十五史刊行委員會編：《二十五史補編》第 3 冊（北京：中華書局，1998 年 2 月），頁 3802。

〔註120〕丁國鈞撰：《補晉書藝文志》卷 1，收入二十五史刊行委員會編：《二十五史補編》第 3 冊（北京：中華書局，1998 年 2 月），3654。

〔註121〕上述三處分見吳士鑑撰：《補晉書經籍志》卷 1，收入二十五史刊行委員會編：《二十五史補編》第 3 冊（北京：中華書局，1998 年 2 月），頁 3855；〔清〕文廷式撰：《補晉書藝文志》卷 1，收入二十五史刊行委員會編：《二十五史補編》第 3 冊（北京：中華書局，1998 年 2 月），頁 3709；黃逢元撰：《補晉書藝文志》卷 1，收入二十五史刊行委員會編：《二十五史補編》第 3 冊（北京：中華書局，1998 年 2 月），頁 3902。

〔註122〕上述二處分見丁國鈞撰：《補晉書藝文志》卷 1，收入二十五史刊行委員會編：

長」，是以有所謬誤。

（二）〔晉〕殷叔道注《孝經》一卷

丁、吳、文、黃、秦等五家《補晉志》收錄此書。該書未見於《經典釋文・序錄》，根據《隋志》著錄「晉陵太守殷叔道，丹陽尹車胤，孔光各注《孝經》一卷」，〔註123〕《舊唐志》著錄「《孝經》……又一卷，殷叔道注」，〔註124〕《新唐志》則著錄「《孝經》……殷叔道注一卷」。〔註125〕茲查丁、吳、文、秦等四家《補晉志》皆著錄撰者為「殷叔道」，〔註126〕故無缺失。然見黃逢元著錄撰者為「殷道叔」，〔註127〕則將「叔道」誤倒為「道叔」，是以有所謬誤。

（三）〔晉〕姜處道撰《論釋》一卷

吳、黃等二家《補晉志》收錄此書，餘丁、文、秦等三家則未收錄。該書未見於《經典釋文・序錄》、《兩唐志》，根據《隋志》著錄「姜處道《論釋》一卷」，〔註128〕可知確有此書。今見黃逢元著錄撰者為「姜道處」，〔註129〕將「處道」誤倒為「道處」，是以有所謬誤。至於吳士鑑將依循《隋志》將撰

《二十五史補編》第 3 冊（北京：中華書局，1998 年 2 月），頁 3657；〔清〕秦榮光撰：《補晉書藝文志》卷 1，收入二十五史刊行委員會編：《二十五史補編》第 3 冊（北京：中華書局，1998 年 2 月），頁 3804。

〔註123〕〔唐〕魏徵等撰：《隋書・經籍志》卷 32「孝經類」（北京：中華書局，2006年 3 月），頁 934。

〔註124〕〔後晉〕劉昫等撰：《舊唐書・經籍志》卷 46「孝經類」（北京：中華書局，2006 年 3 月），頁 1980。

〔註125〕〔宋〕歐陽修等撰：《新唐書・藝文志》卷 57「孝經類」（北京：中華書局，2006 年 3 月），頁 1442。

〔註126〕上述四處分見丁國鈞撰：《補晉書藝文志》卷 1，收入二十五史刊行委員會編：《二十五史補編》第 3 冊（北京：中華書局，1998 年 2 月），頁 3659；吳士鑑撰：《補晉書經籍志》卷 1，收入二十五史刊行委員會編：《二十五史補編》第 3 冊（北京：中華書局，1998 年 2 月），頁 3857；〔清〕文廷式撰：《補晉書藝文志》卷 1，收入二十五史刊行委員會編：《二十五史補編》第 3 冊（北京：中華書局，1998 年 2 月），頁 3713；〔清〕秦榮光撰：《補晉書藝文志》卷 1，收入二十五史刊行委員會編：《二十五史補編》第 3 冊（北京：中華書局，1998 年 2 月），頁 3806。

〔註127〕黃逢元撰：《補晉書藝文志》卷 1，收入二十五史刊行委員會編：《二十五史補編》第 3 冊（北京：中華書局，1998 年 2 月），頁 3906。

〔註128〕〔唐〕魏徵等撰：《隋書・經籍志》卷 32「論語類」（北京：中華書局，2006年 3 月），頁 936。

〔註129〕黃逢元撰：《補晉書藝文志》卷 1，收入二十五史刊行委員會編：《二十五史補編》第 3 冊（北京：中華書局，1998 年 2 月），頁 3908。

者著錄爲「姜處道」，〔註130〕則無所缺失。

第二節　著錄撰者之數量統計

　　丁國鈞等五位學者除文廷式之外，對於自身書目有大略的統計，至於晉朝撰者之數量也有粗略的計算。今查丁、吳、黃、秦等四家《補晉志》對於著錄撰者之統計數字有所誤差，且計算之單位有別，爲求得知晉朝文獻之撰者多寡，有必要對其進行系統性的考證。此外，五家《補晉志》對於自身撰者數量統計本已略嫌不足，且與實際著錄撰者之數量有極大差異，故有少數學者對其進行統計，然亦非確切晉代人物之數字。本論文有鑑於此，將五家《補晉志》著錄之撰者繪製成表格以供比較，更可較爲精確統計晚清學者對於晉代文獻著錄撰者之數量。

一、五家《補晉志》對於自身著錄撰者之統計不盡詳實

（一）丁國鈞對於自身《補晉志》著錄撰者數量之統計舉證

　　丁氏《補晉志》之〈序例〉未見撰者數量，然其於各部類下則仔細著錄撰者之數量，如丁國鈞於《甲部經錄‧小學類》著錄有：

1. 郭璞撰《三蒼注》三卷。
2. 陸機撰《吳章》二卷。
3. 王義撰
　（1）《小學篇》一卷。
　（2）《文字要記》三卷。
4. 楊方撰《少學》九卷。
5. 束皙撰《發蒙記》一卷。
6. 顧愷之撰
　（1）《啓蒙記》三卷。
　（2）《啓疑記》三卷。
7. 李彤撰
　（1）《字指》二卷。

〔註130〕吳士鑑撰：《補晉書經籍志》卷 1，收入二十五史刊行委員會編：《二十五史補編》第 3 冊（北京：中華書局，1998 年 2 月），頁 3858。

（2）《單行字》四卷。

（3）《字偶》五卷。

8. 殷仲堪撰《常用字訓》一卷。

9. 呂靜撰《韻集》六卷。

10. 王延撰

（1）《文字音》七卷。

（2）《翻真語》一卷。

11. 衛恆撰《四體書勢》一卷。

12. 葛洪撰《要用字苑》一卷。

13. 呂忱撰《字林》七卷。

14. 李虔撰《續通俗文》二卷。

15. 索靖撰《草書狀》。

16. 慕容皝撰《太上章》。

17. 成公綏撰《隸勢》。

18. 索靖撰《月儀書》。

19. 王羲之撰《月儀書》。〔註131〕

故其著錄「右小學類存十九家」計算正確。丁國鈞並於各部之後著錄該部撰者數量，如《乙部史錄》之後註明：

　　凡史之所記，存二百七十家，失名二百五十九家，六百一部。〔註132〕

可知除計入撰者之名，失名者亦在總數之列。除此之外，更在六部書目之末著錄晉朝撰者之總數量：

　　大凡四部及釋道合存七百八十六家，失名二百八十八家……〔註133〕

是以體例嚴謹，使吾人能知曉《補晉志》撰者總數概況。

然經本論文計算，丁氏《補晉志》於各部類之統計仍略有謬誤，如：《甲部經錄・論語類》應有四十六家，其中姓名確切者四十四家與失名者二家（包括盈氏《論語注》十卷、徐氏《古論語義注譜》一卷），然丁氏《補晉志》則

〔註131〕丁國鈞撰：《補晉書藝文志》卷 1，收入二十五史刊行委員會編：《二十五史補編》第 3 冊（北京：中華書局，1998 年 2 月），頁 3662。

〔註132〕丁國鈞撰：《補晉書藝文志》卷 1，收入二十五史刊行委員會編：《二十五史補編》第 3 冊（北京：中華書局，1998 年 2 月），頁 3675。

〔註133〕丁國鈞撰：《補晉書藝文志》卷 4，收入二十五史刊行委員會編：《二十五史補編》第 3 冊（北京：中華書局，1998 年 2 月），頁 3694。

著錄「存四十五家失名一家」，〔註134〕則有所謬誤。此外，其雖在各部末統計撰人總數，亦有缺失，以《甲部經錄》爲例：

1. 易類存四十八家。
2. 書類存九家。
3. 詩類存十五家。
4. 禮類存四十二家。
5. 樂類存四家。
6. 春秋類存四十家。
7. 孝經類存十二家，失名五家。
8. 論語類存四十五家，失名一家。
9. 讖緯類存三家。
10. 小學類存十九家。〔註135〕

則總計有二百三十七家而失名者則有六家，然丁國鈞則統計總數爲「二百四十家」，〔註136〕是以缺少三家，有所謬誤。除此之外，丁氏《補晉志》在統計經、史、子、集、釋、道等六部撰者總數方面亦有所誤差：

1. 《甲部經錄》存二百四十家，失名六家。
2. 《乙部史錄》存二百七十家，失名二百五十九家。
3. 《丙部子錄》存一百六十五家，失名四家。
4. 《丁部集錄》存四百四十七家，失名二十家。
5. 釋家存三十七家。
6. 道家存五家。〔註137〕

則四部總計撰者應爲一千一百二十二家，失名者則有二百八十九家，然丁國鈞卻著錄爲「凡四部經籍合存七百四十四家，失名二百八十八家」，則其統計有所謬誤，不知其如何推算？此外，丁氏又將四部與釋、道合計爲「七

〔註134〕丁國鈞撰：《補晉書藝文志》卷 1，收入二十五史刊行委員會編：《二十五史補編》第 3 冊（北京：中華書局，1998 年 2 月），頁 366。

〔註135〕丁國鈞撰：《補晉書藝文志》卷 1，收入二十五史刊行委員會編：《二十五史補編》第 3 冊（北京：中華書局，1998 年 2 月），頁 3655～3662。

〔註136〕丁國鈞撰：《補晉書藝文志》卷 1，收入二十五史刊行委員會編：《二十五史補編》第 3 冊（北京：中華書局，1998 年 2 月），頁 3662。

〔註137〕丁國鈞撰：《補晉書藝文志》卷 1～卷 4，收入二十五史刊行委員會編：《二十五史補編》第 3 冊（北京：中華書局，1998 年 2 月），頁 3662、3675.3681、3692、3694。

百八十六家，失名二百八十八家」，〔註138〕然本論文未一一計算，僅以丁氏《補晉志》著錄之撰者數量統計，則有一千一百六十四家二百八十九家，與丁氏統計之數字有別，因此丁國鈞對於自身《補晉志》著錄撰者數量之統計不甚精詳。

（二）吳士鑑對於自身《補晉志》著錄撰者數量之統計舉證

荓查吳氏《補晉志》之〈序〉未著錄撰者總數量之統計，然其於各類之後則見著錄撰者之數字，如《甲部經錄・詩類》著錄：

1. 謝沈撰
　（1）《毛詩注》二十卷。
　（2）《毛詩釋義》十卷。
　（3）《毛詩義疏》十卷。
　（4）《毛詩譜鈔》一卷。
　（5）《毛詩外傳》。
2. 袁喬撰《詩注》。
3. 江熙撰《毛詩注》二十卷。
4. 孫毓撰《毛詩異同評》十卷。
5. 陳統撰
　（1）《難孫氏毛詩評》四卷。
　（2）《毛詩表隱》二卷。
6. 楊乂撰
　（1）《毛詩辯異》三卷。
　（2）《毛詩異義》二卷。
　（3）《毛詩雜義》五卷。
7. 郭璞撰《毛詩拾遺》一卷。
8. 蔡謨撰《毛詩疑字議》。
9. 虞喜撰《釋毛詩略》。
10. 殷仲堪撰《毛詩雜義》四卷。
11. 干寶撰《毛詩音隱》一卷。
12. 徐邈等撰

〔註138〕丁國鈞撰：《補晉書藝文志》卷 4，收入二十五史刊行委員會編：《二十五史補編》第 3 冊（北京：中華書局，1998 年 2 月），頁 3694。

（1）《毛詩音》十六卷。

（2）《毛詩音》二卷。

13. 舒援撰《毛詩義疏》二十卷。

14. 李軌撰《毛詩音》。

15. 阮侃撰《毛詩音》。

16. 江惇撰《毛詩音》。

17. 袁準撰《詩傳》。

18. 徐廣撰《毛詩背隱義》二卷。〔註 139〕

故其著錄「詩類十八家」計算正確。此外，亦著錄失名者，如《乙部史錄・編年類》「十三家，失姓名一家」即爲其例。〔註 140〕然見各部之後與四部之末未有書籍總數之統計，則略有缺失。

吳士鑑對於各類之撰者雖有統計數字，然部分不盡精確。如《甲部經錄・易類》著錄：

1. 薛貞撰《歸藏注》十三卷。

2. 王廙撰《周易注》十卷。

3. 干寶撰

（1）《周易注》十卷。

（2）《周易宗塗》四卷。

（3）《周易爻義》一卷。

（4）《周易問難》二卷。

（5）《周易元品》二卷。

（6）《易音》。

4. 黃穎撰《周易注》十卷。

5. 范長生撰《周易注》十卷。

6. 郭琦注《京氏易》。

7. 張璠撰

（1）《周易注》十卷。

〔註 139〕 吳士鑑撰：《補晉書經籍志》卷 1，收入二十五史刊行委員會編：《二十五史補編》第 3 冊（北京：中華書局，1998 年 2 月），頁 3853～3854。

〔註 140〕 吳士鑑撰：《補晉書經籍志》卷 2，收入二十五史刊行委員會編：《二十五史補編》第 3 冊（北京：中華書局，1998 年 2 月），頁 3861。

（2）《周易略論》一卷。

8. 劉兆撰《周易訓注》。

9. 桓玄撰《繫辭注》二卷。

10. 謝萬撰《繫辭注》二卷。

11. 韓康伯撰《繫辭注》二卷。

12. 袁悅之撰

（1）《繫辭注》。

（2）《周易音》。

13. 徐邈撰《周易音》一卷。

14. 李軌撰《周易音》一卷。

15. 欒肇撰《周易象論》三卷。

16. 阮籍撰《通易論》一卷。

17. 嵇康撰《周易言不盡意論》一篇。

18. 裴秀撰《易論》。

19. 楊乂撰《周易卦序論》一卷。

20. 應貞撰《明易論》一卷。

21. 阮渾撰《周易論》二卷。

22. 孫盛撰《易象妙于見形論》一篇。

23. 宣舒撰《通知來藏往論》。

24. 殷融撰《象不盡意論》一篇。

25. 宋岱撰《周易論》一卷。

26. 鄒湛撰《周易統略》一卷。

27. 袁宏撰《周易略譜》一卷。

28. 皇甫謐撰《易解》。

29. 袁準撰《易傳》。

30. 李充撰《周易旨》六篇。

31. 李顒撰《周易卦象數旨》六卷。

32. 王濟撰《易義》。

33. 荀煇撰《周易注》十卷。

34. 庾運撰《易義》。

35. 衛瓘撰《易義》。

36. 王宏撰《易義》。

37. 向秀撰《易義》。

38. 張輝撰《易義》。

39. 杜育撰《易義》。

40. 楊瓚撰《易義》。

41. 張軌撰《易義》。

42. 邢融撰《易義》。

43. 裴藻撰《易義》。

44. 許適撰《易義》。

45. 楊藻撰《易義》。

46. 范宣撰《易論難》。

47. 顧夷等撰《周易難王輔嗣義》一卷。

48. 沈熊撰

（1）《周易譜》一卷。

（2）《雜音》三卷。

49. 郭璞撰《周易髓》十卷。〔註 141〕

由是可知，吳氏《補晉志》收錄易類之撰者著作應有四十九家，然其著錄爲「右易類四十八家」，則略有統計不詳實之嫌。

（三）文廷式對於自身《補晉志》著錄撰者數量之統計舉證

文氏《補晉志》未對各部類著錄撰者進行統計數字，僅著錄各部之類目，是以編纂體例疏略，自然無從由第一手資料得知其收錄晉代人物之總數量。

（四）黃逢元對於自身《補晉志》著錄撰者數量之統計舉證

茲未見黃氏《補晉志》於〈序例〉中著錄撰者之數量，僅見其於〈目錄〉著錄：

> 《甲部經錄》十家，二百五十部，一千三百五十二卷，無卷數者六十八家。……《乙部史錄》十三家，三百二十一部，四千五百八十九卷，無卷數者一百四十八家。……《丙部子錄》十四家，二百六十三部，一千九百九十三卷，無卷數者四十四家。……《丁部集錄》

〔註 141〕吳士鑑撰：《補晉書經籍志》卷 1，收入二十五史刊行委員會編：《二十五史補編》第 3 冊（北京：中華書局，1998 年 2 月），頁 3851～3853。

三類，四百五十四部，四千三十卷，無卷數者一十九家。〔註142〕
一般對於撰者統計之單位爲「家」，然見黃逢元將經、史、子集三部之類著錄
爲「家」，如「《甲部經錄》十家」，理應著錄爲「《甲部經錄》十『類』」，見
其最後另著錄「《丁部集錄》三『類』」，而非「《丁部集錄》三『家』」。然則
其缺失有三：其一，將單位「類」改爲「家」，有所謬誤；其二，經、史、子、
集四部之「類」單位名稱有別，故體例不一；其三，「家」本用以計算撰者單
位，黃逢元僅於「無卷數者」有「某某家」時，方爲撰者之數量，然則其它
的著錄單位有誤，或將《漢志》中小類的「家」與作者的「家」混淆，無法
據此直接得知黃氏《補晉志》收錄晉代人物之數量。

（五）秦榮光對於自身《補晉志》著錄撰者數量之統計舉證

茲未見秦氏《補晉志》於〈序例〉言明其收錄撰者數量之統計，至於內
文中僅見著錄書目之數量，故亦無法自其中獲取其收錄晉代人物之總數量，
是以體例較爲疏略。

二、前人對於五家《補晉志》撰者數量之統計不盡精確

（一）姚名達《中國目錄學史》著錄《補晉志》撰者數量之統計

姚名達指出吳士鑑《補晉書經籍志》有「二千一百二十六家，部數在此
數之上」，〔註143〕然明確著錄其它四家《補晉志》之書目總數而未言明撰者數
量，疑其依據吳士鑑統計各類之撰者而成。但茲依據吳氏《補晉志》自行著
錄各類撰者數據推算，《甲部經錄》有「二百五十八家」，《乙部史錄》有「八
百五十家」，《丙部子錄》有「三百九十八家」，《丁部集錄》有「四百六十七
家」，則總計僅有「一千九百七十三家」，未若姚名達統計之多。且姚氏統計
「撰者數量」爲「二千一百二十六家」，與本論文於第五章統計吳氏《補晉志》
著錄「書目數量」爲「二千二百七十五部」相近，故疑其將「書目」與「撰
者」數目混淆，是以亦未對五家《補晉志》著錄之撰者做出系統化的計算。

（二）廖吉郎〈六十年來晉書之研究〉著錄《補晉志》撰者數量之

〔註142〕黃逢元撰：《補晉書藝文志・目錄》，收入二十五史刊行委員會編：《二十五史
　　　　補編》第 3 冊（北京：中華書局，1998 年 2 月），頁 3896。
〔註143〕姚名達撰：《中國目錄學史・史志篇・三國、晉、南北朝藝文志之補撰》（臺
　　　　北：臺灣商務印書館股份有限公司，1988 年 2 月），頁 212。

統計

廖吉郎先生於〈六十年來《晉書》之研究‧第三章 有關晉書志之撰作〉著錄丁、黃等三家《補晉志》之圖書總數量之外，也提及丁國鈞著錄撰者之數量：

> 總甲乙丙丁四部合存一千一百二十二家，失名二百八十九家……大凡四部及釋道總計存一千一百六十四家，失名二百八十九家……
>
> 〔註 144〕

廖教授根據丁氏《補晉志》著錄的撰者數量加以統計，與丁氏著錄之數字的有別：

> 凡四部經傳合存七百四十四家，失名二百八十八家……
>
> 大凡四部及釋道合存七百八十六家，失名二百八十八家……〔註 145〕

可指正丁國鈞之謬誤，爲其優點。然似未經一一計算，故仍略有所失。

（三）韓格平《魏晉全書‧前言》著錄《補晉志》撰者數量之統計

韓格平先生繪製表格著錄五家《補晉志》之書目數量，然見其著錄吳士鑑的書目總數爲：

作者及書名	經部	史部	子　部	集　部	佛　教 道　教	合　計
吳士鑑 《補晉書經籍志》	259	850	398 （含佛教道教）	467		1974

另本論文根據吳氏《補晉志》於各類末著錄撰者之數量統計爲：《甲部經錄》二百五十八家、《乙部史錄》八百五十家、《丙部子錄》三百九十八家、《丁部集錄》四百六十七家約略相合，僅見其著錄經部書目爲「二百五十九」有所差異。〔註 146〕然則韓先生或將撰者人數誤以爲是吳氏《補晉志》所收錄之書目總數量，是以略有缺失。

〔註 144〕廖吉郎撰：〈六十年來《晉書》之研究〉，收入程發軔主編：《六十年來國學》（臺北：正中書局，1974 年 5 月），頁 132。

〔註 145〕丁國鈞撰：《補晉書藝文志》卷 4，收入二十五史刊行委員會編：《二十五史補編》第 3 冊（北京：中華書局，1998 年 2 月），頁 3692、3694。

〔註 146〕韓格平編：《魏晉全書 1》（長春：吉林文史出版社，2006 年 1 月），頁 2「前言」。

三、五家《補晉志》著錄撰者確切之統計

由「五家《補晉志》對於自身著錄撰者之統計不盡詳實」與「前人對於五家《補晉志》撰者數量之統計不盡精確」二處可知，五位學者大抵未能對其著作有精確性的統計，至於前人較著重書目之統計數量，故對於晉代人物之多寡亦較少注意。因此，本論文一一根據五家《補晉志》之各部類加以計算，進而繪製表格統計各家收錄之撰者數目，以得知五家《補晉志》較為確切的各部類撰者數量。

（一）經部著錄撰者數量之統計比較

茲根據《補晉志》經部內容，以繪製五家《補晉志》經部撰者數量統計表比較如下：

史志類目	丁　本甲部經錄	吳　本甲部經錄	文　本經　部	黃　本甲部經錄	秦　本經　部
易	易類 54 家	易類 49 家	易類 56 家	易 43 家	易類 87 家
書	書類 9 家	書類 10 家	書類 12 家	尚書 9 家	書類 13 家
詩	詩類 21 家	詩類 18 家	詩類 23 家	詩 20 家	詩類 27 家
禮	禮類 50 家	禮類 43 家	禮類 52 家	禮 45 家	禮類 60 家
樂	樂類 4 家	樂類 4 家	樂類 11 家	樂 5 家	樂類 6 家
春秋	春秋類 43 家	春秋類 39 家	春秋類 42 家	春秋 38 家	春秋類 44 家
孝經	孝經類 19 家	孝經類 21 家	孝經類 14 家	孝經 17 家	孝經類 20 家
論語	論語類 46 家	論語類 39 家	論語類 34 家	論語 38 家	論語類 43 家
		經解類 8 家	五經類 7 家	經解 7 家	五經總義類 10 家
讖緯	讖緯類 3 家		（經緯類 0 家）		
小學	小學類 19 家	小學類 22 家	小學類 17 家	小學 18 家	小學類 23 家
總計	268 家	253 家	268 家	240 家	333 家

其中以秦氏《補晉志》最多，黃氏《補晉志》最寡。

（二）史部著錄撰者數量之統計比較

茲根據《補晉志》經部內容，以繪製五家《補晉志》經部撰者數量統計表比較如下：

史志 類目	丁 本 乙部史錄	吳 本 乙部史錄	文 本 史 部	黃 本 乙部史錄	秦 本 史 部
正史	正史類 31 家	正史類 28 家	正史類 31 家	正史 23 家	正史類 13 家
古史	編年類 14 家	編年類 13 家	編年類 17 家	編年 14 家	編年類 31 家
雜史	雜史類 39 家	雜史類 37 家	雜史類 27 家	雜史 29 家	雜史類 57 家
霸史	霸史類 39 家	霸史類 39 家	霸史類 23 家	偽史 23 家	載記類 83 家
起居注	起居注類 26 家	起居注類 47 類	起居注類 26 家	起居注 52 家	
舊事	舊事類 25 家	舊事類 28 家	故事類 31 家	舊事 30 家	
職官	職官類 32 家	職官類 35 家	職官類 30 家	職官 33 家	職官類 25 家
儀注	儀制類 37 家	儀注類 35 家	儀注類 22 家	儀注 27 家	政書類 65 家
刑法	刑法類 12 家	刑法類 11 家	刑法類 11 家	刑法 10 家	
雜傳	雜傳類 242 家	雜傳類 208 家	雜傳類 207 家	雜傳 64 家	傳記類 301 家
地理	地理類 72 家	地理類 66 家	地志類 107 家	地理 57 家	地理類 88 家
譜系	譜系類 10 家	譜系類 11 家	譜系類 64 家	譜系 9 家	
簿錄	簿錄類 14 家	簿錄類 10 家	目錄類 13 家	簿錄 12 家	目錄類 17 家/ （附錄：石刻類 103 家）
					別史類 30 家
					詔令奏議類 48 家
					史鈔類 7 家
					時令類 2 家
					史評類 3 家
總計	593 家	568 家	609 家	383 家	含石刻共 873 家

　　秦氏《補晉志》即便不含石刻類之文獻，亦有七百七十家之多，仍為五家《補晉志》收錄撰者最多者。至於黃氏《補晉志》僅三百多家，遠不及餘四家之多。

（三）子部著錄撰者數量之統計比較

　　茲根據《補晉志》經部內容，以繪製五家《補晉志》經部撰者數量統計表比較如下：

史志 類目	丁 本 丙部子錄	吳 本 丙部子錄	文 本 子 部	黃 本 丙部子錄	秦 本 子 部
儒	儒家類 35 家	儒家類 36 家	儒家類 35 家	儒家 33 家	儒家類 29 家
道	道家類 44 家	道家類 47 家	道家類 56 家	道家 46 家	道家類 85 家
法	法家 5 家	法家類 4 家	法家類 6 家	法家 4 家	法家類 5 家

名	名家 1 家	名家類 2 家	名家類 1 家		
墨	墨家 1 家	墨家類 1 家	墨家類 1 家	墨家 1 家	
從橫	縱橫家 1 家	縱橫家類 1 家	縱橫家類 1 家	從橫家 1 家	
雜	雜家類 28 家	雜家類 24 家	雜家類 18 家	雜家 24 家	雜家類 73 家
農			農家類 7 家	農家 4 家	
小說	小說類 12 家	小說類 9 家	小說家類 24 家	小說家 13 家	小說家 19 家
兵	兵家類 10 家	兵家類 7 家	兵家類 7 家	兵書 6 家	兵家類 9 家
天文	天文類 7 家	天文類 9 家	天文類 14 家	天文 10 家	天文算法類 32 家
曆數	曆數類 18 家	曆數類 12 家	曆算家 12 家	曆數 14 家	
五行	五行類 7 家	五行類 12 家	五行家類 31 家	五行 18 家	術數類 23 家
醫方	醫方類 14 家	醫方類 11 家	醫家類 24 家	醫方 13 家	醫家類 25 家
		雜藝術類 5 家	雜藝家類 17 家	雜藝術 9 家	藝術類 25 家
					譜錄類 5 家
					類書類 2 家
		釋家類 141 家	釋家類 92 家		釋家類 65 家
			神仙家類 110 家		
總計	183 家	321 家	456 家	196 家	397

　　子部所收錄撰者數量，以文氏《補晉志》最多，丁氏《補晉志》最寡，有別於其它部類。

（四）集部著錄撰者數量之統計比較

　　茲根據《補晉志》經部內容，以繪製五家《補晉志》經部撰者數量統計表比較如下：

史志　　類目	丁　本 丁部集錄	吳　本 丁部集錄	文　本 集　部	黃　本 丁部集錄	秦　本 集　部
楚辭	楚辭類 2 家	楚辭類 2 家	楚辭類 2 家	楚辭 2 家	楚辭類 2 家
別集	別集類 392 家	別集類 388 家	別集類 394 家	別集 381 家	別集類 439 家
總集	總集類 90 家	總集類 68 家	總集類 93 家	總集 69 家	總集類 57 家
總計	484 家	458 家	489 家	452 家	498 家

　　集部所收錄撰者數量大抵皆為四百多家，顯示五家《補晉志》在查詢古籍時，該部所援用之資料雷同性頗高，故收錄撰者最多之秦氏《補晉志》與收錄撰者最寡者之黃氏《補晉志》數量之差異性不似經、史、子三部多達數百部之上。

（五）道經部著錄撰者數量之統計比較

茲根據《補晉志》經部內容，以繪製五家《補晉志》經部撰者數量統計表比較如下：

類目＼史志	丁 本附 錄				
道經部	2 道家 6 家				
總計	6 家				

本論文將吳、文、黃、秦等四家《補晉志》所收錄之釋、道二類歸入子部計算，至於丁國鈞列於附錄，則置於此處。然回歸子部比較表中之道家（即文廷式之「神仙家」）數量，可知丁氏《補晉志》遠不及餘四家之多。

（六）佛經部著錄撰者數量之統計比較

茲根據《補晉志》經部內容，以繪製五家《補晉志》經部撰者數量統計表比較如下：

類目＼史志	丁 本附 錄				
佛經部	1 釋家 35 家				
總計	35 家				

同上所述，回歸子部釋家類的比較，可知黃逢元未收錄佛教文獻，自然為最寡者。其中以吳士鑑收錄之佛門著作之撰者數量最多。

藉由以上六個統計表可歸納五家《補晉志》著錄晉代書目文獻總數量之統計表如下：

部類＼史志	丁 本	吳 本	文 本	黃 本	秦 本
經部	268 家	253 家	268 家	240 家	333 家
史部	593 家	568 家	609 家	383 家	含石刻共 873 家
子部	183 家	321 家	456 家	196 家	397 家
集部	484 家	458 家	489 家	452 家	498 家
道經部	35 家				
佛經部	6 家				
總計	1569 家	1600 家	1822 家	1271 家	2101 家

　　藉由此表可知，秦榮光收錄撰者甚多，且自經、史、子、集、釋、道各部逐一觀察，秦本亦大抵爲五家家之冠。僅少數子部、釋家等相關書籍爲文廷式、吳士鑑兩位學者收錄較多，故五家《補晉志》各有優劣。

第七章　五家《補晉書藝文志》援引資料比較研究

　　前幾章提及五家《補晉志》的分類、收錄書目與撰者之比較，可知其中雖有部分差異與缺失，然對於還原晉代文獻貢獻依舊功不可沒。晉代文獻流傳至今者甚少，保留其大量書目名稱者大抵以《隋志》、《兩唐志》為主，五家《補晉志》在擷取這三部官修史志之餘，也對收錄晉代經書的《經典釋文·序錄》加以參考，其餘能見存的晉代書籍與後世流傳的文獻資料，也在五家《補晉志》的引用之列。

　　諸多資料的援引與使用，促使《補晉志》能編纂完成，且逐一還原晉朝當代圖書目錄之樣貌。然而，丁國鈞等五位學者對於援引資料的體例著錄方式有所差異，而使小注呈現的樣貌有所不同。至於五家《補晉志》對於文獻資料的取捨也有所差異，此為造成各家學者著錄書目多寡不等的重要原因之一，故本論文針對《補晉志》之「經部」加以分析，藉此觀察五位學者對於援引資料取捨之差異性。

　　除此之外，丁國鈞等人在援引資料時，尚且能就諸多材料加以取捨，並進行運用與考證，對於書目不明者或撰者大略事蹟亦略能進行簡介。然五家《補晉志》對於小注的繁簡著錄不一，故如秦榮光即對援引之資料甚少考證，僅以標明出處為主，甚至略而不提。但文廷式等人大抵能詳加考訂，黃逢元更於各類之末著錄該類之學術淵源與流變，除使讀者能知曉每筆書目的資料來源之外，更能得知該類文獻在前朝的流傳情形與類目分合，為五家《補晉志》中著錄資料來源較為詳實者。

第一節　著錄援引資料的體例比較

　　五家《補晉志》著錄資料來源的體例不一，故影響收錄書目、撰者之多寡，今試探究如下：

一、丁氏《補晉志》著錄援引資料體例的方式

　　丁國鈞將資料來源著錄在「撰者」之下，除《甲部經錄・易類》首部書「《歸藏注》十三卷」之下著錄：

> 謹按見《隋書・經籍志》（下皆省稱《隋志》）。〔註1〕

之後所著錄的《兩唐志》等援引資料，亦大抵以著錄「簡稱」爲主，如《甲部經錄》於「《周易爻義》」之下著錄：

> 謹按見《隋志》。是書《新唐書・藝文志》、《舊唐書・經籍志》（下省稱《新舊唐志》或《兩唐志》不一律）咸佚不載，而《中興書目》、尤氏《遂初堂書目》有之。蓋宣和四年蔡攸同寶《周易注》上於朝（本元胡一桂《學易啓蒙翼傳説》），故得據以著錄也。〔註2〕

由此可知，丁國鈞對於資料來源著錄簡稱方式不一，但仍務求簡名扼要。且自此段引文可見丁氏蒐羅資料眾多，如未見於史志，即搜尋相關文獻，使讀者可知該部書目之有無。至於援引《晉書》者，皆稱「本書」，如言及李充撰「《周易旨》六篇」時，則著錄：

> 謹按見本書充傳，朱氏《經義考》誤作《周易音》。〔註3〕

則諸多援引資料大抵以簡稱著錄。至於「補遺」、「附錄」、「刊誤」之著錄方式，亦與此相同。

二、吳氏《補晉志》著錄援引資料體例的方式

　　吳士鑑在著錄書目之後，以「○」將資料來源與書目隔開，再著錄援引出處之說明，其說明內容較丁國鈞多。以《甲部經錄・易類》著錄之「薛貞

〔註1〕丁國鈞撰：《補晉書藝文志》卷1，收入二十五史刊行委員會編：《二十五史補編》第3冊（北京：中華書局，1998年2月），頁3653。

〔註2〕丁國鈞撰：《補晉書藝文志》卷1，收入二十五史刊行委員會編：《二十五史補編》第3冊（北京：中華書局，1998年2月），頁3653。

〔註3〕丁國鈞撰：《補晉書藝文志》卷1，收入二十五史刊行委員會編：《二十五史補編》第3冊（北京：中華書局，1998年2月），頁3654。

《歸藏注》十三卷」爲例，丁氏僅著錄「出處」爲「《隋志》」，然吳氏則進一步指出：

> 見《隋志》、《通考》引《崇文總目》云：「晉太尉參軍薛正注」，《隋書》有「十三篇」，今但存〈初經〉、〈齊母〉、〈本齊〉三篇。貞，宋人避嫌名作「正」。《直齋書錄解題》、《宋志》均作「三卷」，《通志略》作「十卷」。〔註4〕

然則吳士鑑雖亦指明出處爲《隋志》，但對於宋人爲求避諱而改名之事亦詳加著錄。至於後代如有著錄薛貞之相關目錄書者，亦能加以徵引，使讀者在回溯資料來源時，能知曉該書於各朝代的流傳情形。由是可知，此種方式絕非丁國鈞簡易之著錄所能比擬。然於著錄資料來源之初，即以簡稱代替原書名，亦爲與丁氏《補晉志》相異之處。

三、文氏《補晉志》著錄援引資料體例的方式

文廷式在著錄撰者官職之後，即標明該書目之資料來源。如《經部·易類》著錄薛貞所撰《歸藏注》十三卷（太尉參軍）之後指明：

> 《隋書·經籍志》云：「《歸藏》，漢初已亡，《晉中經簿》有之。唯載卜筮，不似聖人之旨，以本卦尚存，故取貫《周易》之首，以備殷易之缺」。明人《世善堂書目》尚著錄。（《左傳》襄九年《正義》曰：世有《歸藏易》者，僞妄之書，非《殷易》也。）〔註5〕

可知其勝於丁氏《補晉志》簡略之著錄，但與吳氏《補晉志》相較，則參考資料較少。然而文廷式能指出該書之淵源，且進一步將吳士鑑僅止於「羅列出處」之方式加以衍申，呈現古籍對於該書之考證資料，使讀者檢索時更能深入瞭解前人對於該書的評價。

四、黃氏《補晉志》著錄援引資料體例的方式

黃逢元在著錄撰者之後，即著錄援引資料之出處。如《甲部經錄·易類》記載薛貞所注《歸藏》十三卷著錄：

〔註4〕 吳士鑑撰：《補晉書經籍志》卷1，收入二十五史刊行委員會編：《二十五史補編》第3冊（北京：中華書局，1998年2月），頁3851。

〔註5〕 〔清〕文廷式撰：《補晉書藝文志》卷1，收入二十五史刊行委員會編：《二十五史補編》第3冊（北京：中華書局，1998年2月），頁3703。

本《隋志》、《新舊唐志》卷同，均誤作司馬膺注，宋《崇文目》存
「三卷」，《中興目》卷同。仁宗名「禎」，諱薛貞作「薛正」。《宋志》
存一卷，今存王謨輯本一卷。〔註6〕

然查《隋志》著錄注者爲「薛貞」，〔註7〕《兩唐志》則著錄爲「司馬膺」，
〔註8〕則黃逢元指出三部史志皆誤作注者爲「司馬膺」有所謬誤。觀此段文
章可知，丁、吳、文三家《補晉志》在薛貞之書時僅著錄《隋志》的資料，
但對《兩唐志》略而不提，略有缺失。此外，黃氏《補晉志》與吳士鑑皆著
錄該書於宋代避諱之例，更提出今雖無原本，然仍有輯本可供參酌，爲其著
錄之優點。

五、秦氏《補晉志》著錄援引資料體例的方式

秦榮光在著錄撰者之後，即標明資料出處。如《經部‧易類》著錄薛貞
撰《歸藏注》十三卷指出：

案：《隋志敘》云：《歸藏》，《晉中經》有之。《崇文總目》作「薛正
三卷」，《中興書目》云：今但存〈初經〉、〈齊母〉、〈本蓍〉三篇，
文多闕亂，不可訓釋。《通志略》曰：言占筮事，其辭質其義古。三
《易》皆始乎八，成乎六十四。有八卦，即有六十四卦，非至周而
備也。但法之所立，數之所起，皆不相爲用。《連山》用三十六策，
《歸藏》用四十五策，《周易》用四十九策。〔註9〕

其援引資料較丁氏廣博，然未若吳士鑑之多。其雖不如文廷式著錄考證相關
文獻，不似吳、黃二家指出宋代有避諱之實，且未註明見存之輯本。然說明
《連山》、《歸藏》、《周易》的相異之處，並指出「易」之淵源流變，因此亦
有其優點。

〔註6〕 黃逢元撰：《補晉書藝文志》卷1，收入二十五史刊行委員會編：《二十五史補
編》第3冊（北京：中華書局，1998年2月），頁3897。

〔註7〕 〔唐〕魏徵等撰：《隋書‧經籍志》32「易類」（北京：中華書局，2006年3
月），頁909。

〔註8〕 上述二處分見〔後晉〕劉昫等撰：《舊唐書‧經籍志》卷46「易類」（北京：
中華書局，2006年3月），頁1966；〔宋〕歐陽修等撰：《新唐書‧藝文志》
卷57「易類」（北京：中華書局，2006年3月），頁1423。

〔註9〕 〔清〕秦榮光撰：《補晉書藝文志》卷1，收入二十五史刊行委員會編：《二十
五史補編》第3冊（北京：中華書局，1998年2月），頁3801。

第二節　援引資料的類別比較──以「經部」爲例

〔註10〕

　　本論文針對五家《補晉志》之「經部」進行援引資料的分析，查得「共同的援引資料」有二十三部，至於「相異的援引資料」則有一百二十二部，二者合計則有一百五十部。藉由這些材料，我們可得知五位學者如何編纂出《補晉志》，並使晉朝一代著述能爲後人所知曉。

一、五家《補晉志》經部共同的援引資料

　　五家《補晉志》經部援引相同資料的書目共有二十三部，其中包括：

（一）援引經部資料

1. 易類

（1）〔唐〕孔穎達等撰：《周易正義》。

2. 春秋類

（1）〔唐〕楊士勛撰：《春秋穀梁傳注疏》。

3. 經總義類

（1）〔唐〕陸德明撰：《經典釋文》。

4. 四書類

（1）〔梁〕皇侃撰：《論語義疏》。

（二）援引史部資料

1. 正史類

（1）〔唐〕司馬貞撰：《史記索隱》。

（2）〔唐〕張守節撰：《史記正義》。

（3）〔晉〕陳壽等撰：《三國志》。

（4）〔唐〕房玄齡等撰：《晉書》。

（5）〔梁〕沈約撰：《宋書》。

（6）〔唐〕魏徵等撰：《隋書》。

（7）〔後晉〕劉昫等撰：《舊唐書》。

（8）〔宋〕歐陽修等撰：《新唐書》。

〔註10〕五家《補晉志》經部援引之資料，本論文皆依《四庫全書總目》之分類方式加以歸納。

（9）〔元〕脫脫等撰：《宋史》。

2. 別史類

（1）〔宋〕鄭樵撰：《通志》。

3. 載記類

（1）〔晉〕常璩撰：《華陽國志》。

4. 目錄類

（1）〔梁〕阮孝緒撰：《七錄》。

（2）〔清〕馬國翰撰：《玉函山房輯佚書》。

（三）援引子部資料

1. 類書類

（1）〔唐〕徐堅等撰：《初學記》。

（2）〔宋〕王欽若等編：《冊府元龜》。

（3）〔宋〕李昉等編：《太平御覽》。

2. 雜家類

（1）〔北齊〕顏之推撰：《顏氏家訓》。

3. 小說家類

（1）〔劉宋〕劉義慶等編：《世說新語》。

（四）援引集部資料

1. 總集類

（1）〔梁〕蕭統等撰，〔唐〕李善注：《昭明文選》。

　　由此可知，五家《補晉志》編纂經部書目所共同使用之資料來源，遍及經、史、子、集四部，而不侷限於經部古籍的檢索與整理。除此之外，晉代文獻雖大抵亡佚，然藉由上述二十三部引用資料亦可得當時古籍隻字片語，五位學者即能加以擷取相關書目。如就《隋志・經部・詩類》所著錄的「《毛詩異義》二卷，楊乂撰」，〔註11〕丁氏《補晉志》《甲部經錄・詩類》則於其小注著錄「謹按見《隋志》」，〔註12〕吳氏《補晉志》則著錄「見《隋志》」，〔註13〕黃氏《補

〔註11〕　〔唐〕魏徵等撰：《隋書・經籍志》卷32「易類」（北京：中華書局，2006年3月），頁917。

〔註12〕　丁國鈞撰：《補晉書藝文志》卷1，收入二十五史刊行委員會編：《二十五史補編》第3冊（北京：中華書局，1998年2月），頁3656。

〔註13〕　吳士鑑撰：《補晉書經籍志》卷1，收入二十五史刊行委員會編：《二十五史補

晉志》著錄「見《隋志》」，[註14] 至於文、秦二家《補晉志》則未註明出處，[註15] 蓋《隋志》爲必定使用之史志，故加以省略之。因此，《晉書》雖未設立「藝文志」，然而自五位學者擷取的資料中，尚能還原當代部分著述。

二、五家《補晉志》經部相異的援引資料

　　丁國鈞等五位學者除有二十三部相同的援引資料外，尚有一百二十二部文獻爲諸家所採用。然諸家取材有別，故援引資料自然有所不同。今繪製表格以明其差異如下（以「○」表示該《補晉志》是否援引使資料）：

援引資料　　　　　　　　　　　　史志	丁本 42 部	吳本 44 部	文本 59 部	黃本 41 部	秦本 27 部
1　〔漢〕班固《漢書》	○			○	○
2　〔漢〕何休《公羊傳注疏》			○		
3　〔魏〕何晏《論語集解》		○			○
4　〔晉〕張璠《周易張氏集解》	○				
5　〔晉〕《荀氏家傳》	○	○			
6　〔晉〕常璩《蜀李書》	○	○			
7　〔晉〕荀勖《文章敘錄》	○	○			
8　〔晉〕袁宏《竹林名士傳》	○				
9　〔晉〕葛洪《神仙傳》	○				
10　〔晉〕杜預《春秋釋例》	○				
11　〔晉〕范寧《春秋穀梁傳集解》	○	○			
12　〔晉〕江熙《論語江氏集解》	○		○		
13　〔晉〕孫盛《晉陽秋》					○
14　〔晉〕《蓮社高賢傳》					○
15　〔劉宋〕王儉《元徽四部書目》		○			

　　　　編》第 3 冊（北京：中華書局，1998 年 2 月），頁 3854。
[註14]黃逢元撰：《補晉書藝文志》卷 1，收入二十五史刊行委員會編：《二十五史補編》第 3 冊（北京：中華書局，1998 年 2 月），頁 3900。
[註15]上述二處分見〔清〕文廷式撰：《補晉書藝文志》卷 1，收入二十五史刊行委員會編：《二十五史補編》第 3 冊（北京：中華書局，1998 年 2 月），頁 3706；〔清〕秦榮光撰：《補晉書藝文志》卷 1，收入二十五史刊行委員會編：《二十五史補編》第 3 冊（北京：中華書局，1998 年 2 月），頁 3803。

16	〔劉宋〕王儉《七志》		○	○	○	○
17	〔劉宋〕《袁氏世紀》	○	○			
18	〔劉宋〕何法聖《晉中興書》	○	○			
19	〔劉宋〕裴駰《史記集解》		○	○		○
20	〔劉宋〕范曄《後漢書》				○	
21	〔梁〕劉昭《續漢書》			○		
22	〔梁〕劉勰《文心雕龍》			○		
23	〔梁〕釋慧皎《高僧傳》				○	
24	〔梁〕蕭子顯《南齊書》	○				
25	〔梁〕顧野王《玉篇》			○		
26	〔後魏〕酈道元《水經注》	○		○	○	
27	〔後魏〕崔鴻《十六國春秋》		○			
28	〔北齊〕魏收《魏書》			○	○	○
29	〔隋〕杜臺卿《玉燭寶典》	○	○			
30	〔隋〕宇文愷《明堂議表》			○		
31	〔唐〕吳兢《樂府古題要解》			○		
32	〔唐〕杜牧《三朝行禮樂制議》			○		
33	〔唐〕李百藥《北齊書》				○	
34	〔唐〕馬總《意林》				○	
35	〔唐〕李鼎祚《周易集解》			○	○	
36	〔唐〕封演《聞見記》		○	○		
37	〔唐〕白居易《白孔六帖》		○		○	
38	〔唐〕釋元應《一切經音義》		○	○		
39	〔唐〕歐陽詢《藝文類聚》		○	○		○
40	〔唐〕裴孝源《貞觀公私畫史》		○	○	○	
41	〔唐〕李延壽《南史》		○	○	○	
42	〔唐〕杜佑《通典》	○	○	○	○	
43	〔唐〕虞世南《北堂書鈔》	○	○	○	○	
44	〔唐〕孔穎達《禮記正義》	○	○	○	○	
45	〔唐〕孔穎達《左傳正義》		○	○	○	○
46	〔唐〕孔穎達《毛詩正義》			○	○	
47	〔唐〕唐玄宗《孝經注》	○	○		○	○

48	〔唐〕李林甫《唐六典》	○	○			
49	〔唐〕張懷瓘《書斷》	○	○	○		○
50	〔唐〕釋慧苑《華嚴經音義》		○	○		
51	〔唐〕林寶《元和姓纂》			○	○	○
52	〔唐〕成伯瑪《毛詩指說》			○		
53	〔唐〕顏師古《匡謬正俗》			○		
54	〔唐〕張彥遠《歷代名畫記》			○		
55	〔唐〕令狐德棻《周書》			○		
56	〔唐〕劉知幾《史通》			○		
57	〔唐〕姚思廉《梁書》			○		
58	〔宋〕郭忠恕《汗簡》			○	○	
59	〔宋〕郭忠恕《佩觿》	○				
60	〔宋〕宋庠《國語補音》			○		
61	〔宋〕《三朝國史》		○			
62	〔宋〕樂史《太平寰宇記》		○			
63	〔宋〕趙汝楳《周易輯聞》		○			
64	〔宋〕朱長文《墨池編》	○				
65	〔宋〕李燾《說文解字五音韻譜》	○				
66	〔宋〕李燾《續資治通鑑長編目錄》					○
67	〔宋〕邢昺《孝經正義》	○	○	○		
68	〔宋〕《中興館閣書目》	○	○		○	○
69	〔宋〕尤袤《遂初堂書目》	○		○		
70	〔宋〕王堯臣《崇文總目》	○		○	○	○
71	〔宋〕陳振孫《直齋書錄解題》	○	○	○		○
72	〔宋〕晁公武《郡齋讀書志》	○	○		○	○
73	〔宋〕王應麟《玉海》	○	○	○		○
74	〔宋〕王應麟《困學紀聞》				○	
75	〔宋〕丁度《集韻》			○		
76	〔宋〕毛居正《六經正誤》			○		
77	〔宋〕陳彭年《廣韻》	○				
78	〔宋〕賈昌朝《群經音辨》		○			
79	〔宋〕李昉《太平廣記》					○

80	〔宋〕司馬光《資治通鑑》					○
81	〔宋〕《宣和畫譜》					○
82	〔宋〕衛湜《禮記集說》			○		
83	〔遼〕釋希麟《續一切經音義》			○		
84	〔元〕程瑞學《春秋本義》		○			
85	〔元〕胡一桂《易啓蒙翼傳說》	○	○			
86	〔元〕馬端臨《文獻通考》		○	○	○	
87	〔明〕陳第《世善堂藏書目錄》			○		
88	〔明〕解縉《永樂大典》				○	
89	〔明〕陳榮《漢魏叢書》				○	
90	〔明〕張溥輯《阮步兵集》	○				
91	〔明〕凌迪知《萬姓統譜》				○	
92	〔明〕楊愼《楊愼集》					○
93	〔明〕黃岡樊《鹽邑志林》			○		
94	〔清〕王謨《漢魏遺書鈔》			○		
95	〔清〕陳澧《東塾讀書記》			○	○	
96	〔清〕臧鏞堂《爾雅漢注》	○	○			
97	〔清〕朱彝尊《經義考》	○		○	○	○
98	〔清〕朱彝尊《竹垞文類》	○				
99	〔清〕紀昀等《四庫全書》				○	
100	〔清〕紀昀等《四庫全書總目》	○			○	○
101	〔清〕侯康《三國藝文志補》	○				○
102	〔清〕余蕭客《古經解鉤沈》	○	○			○
103	〔清〕嚴可均《全晉文》	○			○	
104	〔清〕盧文弨《抱經堂叢書》	○				
105	〔清〕盧文弨《經典釋文考證》				○	○
106	〔清〕梁玉繩《瞥記》		○			
107	〔清〕陳壽祺《左海文集》		○	○		
108	〔清〕董氏《藏書志》		○			
109	〔清〕黃奭學《漢學堂叢書》				○	
110	〔清〕張澍《二酉堂叢書》				○	
111	〔清〕張澍《蜀典》			○		

112	〔清〕阮元《詩經正義》校勘記				○	
113	〔清〕阮元《穀梁傳注疏校勘記》				○	
114	〔清〕孔繼汾《闕里文獻考》				○	
115	〔清〕任大椿《字林考逸》				○	
116	〔清〕張惠言《易義別錄》			○		
117	〔清〕謝啟昆《小學考》			○		
118	〔清〕柳興宗《穀梁大義述》			○		
119	〔清〕錢大昕《十駕齋養新錄》			○		
120	〔清〕岑建功《舊唐書校勘記》			○		
121	〔清〕鄭珍《汗簡箋正》			○		
122	（日本）《日本國見在書目錄》			○		

　　五家《補晉志》對於引用書籍名稱大抵使用簡稱，本論文逕自加以還原其繁稱。如就馬國翰《玉函山房輯佚書》而言，丁國鈞將其著錄為「馬氏國翰輯是書」，〔註 16〕吳士鑑著錄「近人馬國翰輯佚書」，〔註 17〕此二者較為簡略；至於文廷式雖著錄「馬國翰集此書……」亦為簡稱，然後文出現「馬國翰《玉函山房輯佚書》」，推測其為行文流暢，而有所差異；〔註 18〕至於黃逢元則著錄「馬國翰《玉函山房輯本》」，以「輯本」二字代替「輯佚書」，雖非原名，然尚能知曉為何書；秦榮光則著錄「馬國翰《玉函山房叢書》」，〔註 19〕則與原書名略有差距。凡此種種，本論文於該表格皆將其改定為原書名，以便於比較五家《補晉志》是否援引該資料。

　　除此之外，《補晉志》對於援引資料之撰者人名如有訛誤者，亦將以訂正，如就唐張懷瓘《書斷》而論，丁國鈞援引之並將其著錄為「張瓌《書斷》」，〔註 20〕吳士鑑著錄為「張懷瓘《書斷》」，〔註 21〕文廷式著錄「張懷瓘《書

〔註 16〕丁國鈞撰：《補晉書藝文志》卷 1，收入二十五史刊行委員會編：《二十五史補編》第 3 冊（北京：中華書局，1998 年 2 月），頁 3655。
〔註 17〕吳士鑑撰：《補晉書經籍志》卷 1，收入二十五史刊行委員會編：《二十五史補編》第 3 冊（北京：中華書局，1998 年 2 月），頁 3854。
〔註 18〕〔清〕文廷式撰：《補晉書藝文志》卷 1，收入二十五史刊行委員會編：《二十五史補編》第 3 冊（北京：中華書局，1998 年 2 月），頁 3703。
〔註 19〕〔清〕秦榮光撰：《補晉書藝文志》卷 1，收入二十五史刊行委員會編：《二十五史補編》第 3 冊（北京：中華書局，1998 年 2 月），頁 3803。
〔註 20〕丁國鈞撰：《補晉書藝文志》卷 1，收入二十五史刊行委員會編：《二十五史補編》第 3 冊（北京：中華書局，1998 年 2 月），頁 3662。

斷・下》」，〔註22〕秦榮光則著錄「張瓘《書斷》」。〔註23〕由此可知，僅吳、文二家《補晉志》無所謬誤，然丁、秦二家則同時有缺字（缺「懷」字）與形近而誤（將「瓘」誤作「瓌」）之疏失，本論文亦一併加以改正。

自此表之統整可知，文氏《補晉志》使用之直接材料最多，且因其曾於朝廷擔任要職，後至日本遊歷故又能取得《日本國見在書目錄》以資參考，是以援引資料較爲豐富。至於秦氏《補晉志》援引資料僅二十七部，然查其經部書目數量爲五家中最多者，可知大抵引用間接材料，較少自原始文獻中汲取晉朝之相關文獻。此外，五家《補晉志》雖大量取材唐朝以前之文獻，然在一百二十二部相異資料中，即有二十八部爲清朝學者輯佚與考證之相關書籍，占 22.95％之多。是以《補晉志》之所以能編纂完成，除了依靠唐朝官修史書與少數殘留的文獻之外，清朝輯佚學、考據學之蓬勃發展更是主要的原因之一。

三、五家《補晉志》經部援引資料之總數量

由上述兩點可知五家《補晉志》共同援引資料與相異資料之數目，可統整一表得知其經部直接資料之總數量如下：

	丁　本	吳　本	文　本	黃　本	秦　本
共同援引資料數量	23 部	23 部	23 部	23 部	23 部
相異援引資料數量	42 部	44 部	59 部	41 部	27 部
總數	65 部	67 部	82 部	64 部	50 部

自五家《補晉志》經部援引資料之數量，可推知史、子、集、道經、佛經之取材大抵概況。除此之外，更可知曉五位學者爲編纂晉朝之藝文志，蒐羅相當多的古籍，尤以文廷式最爲淵博，其鉅細靡遺地閱覽文獻，以求擷取

〔註21〕 吳士鑑撰：《補晉書經籍志》卷 1，收入二十五史刊行委員會編：《二十五史補編》第 3 冊（北京：中華書局，1998 年 2 月），頁 3859。

〔註22〕 〔清〕文廷式撰：《補晉書藝文志》卷 1，收入二十五史刊行委員會編：《二十五史補編》第 3 冊（北京：中華書局，1998 年 2 月），頁 3715。

〔註23〕 〔清〕秦榮光撰：《補晉書藝文志》卷 1，收入二十五史刊行委員會編：《二十五史補編》第 3 冊（北京：中華書局，1998 年 2 月），頁 3808。

較為完備之晉朝書目，足為後人敬佩。然其他四家《補晉志》亦有援引文廷式未取用之文獻，如：丁國鈞在《甲部經錄・小學類》著錄王義的《小學篇》一卷，引用郭忠恕《佩觿》之語，則為其他四家《補晉志》所無，是較為特殊的引用資料。〔註24〕

第三節　援引資料的使用方式

本論文於此章第一節概略介紹五家《補晉志》著錄資料體例，提及部分使用資料之方式，茲於該節則更深入探討丁國鈞等五位學者對於資料的使用方法。除可知曉該部書目依據何種古籍而來，亦可對部分撰者生平事蹟、書籍篇幅、考證資料等等有所了解。凡此種種，皆可使讀者明白該部《補晉志》收錄書目皆徵引有據，絕非憑空而得。

一、直接註明收錄書目之出處

五家《補晉志》對於援引資料的直接使用方式，即為註明該書目之出處。這是較為簡易且基本的著錄原則。

如：丁氏《補晉志》《乙部史錄・雜史類》著錄：

《漢尚書》十卷，孔衍。謹按見《兩唐志》。

《漢春秋》十卷，孔衍。謹按見《兩唐志》。

《後漢尚書》六卷，孔衍。謹按見《兩唐志》。

《後漢春秋》六卷，孔衍。謹按見《兩唐志》。

《後魏春秋》九卷，孔衍。謹按見《兩唐志》。

《春秋時國語》十卷，孔衍。謹按見《新唐志》。〔註25〕

則於這些書目之小注謹能見其出處之簡稱，而無其他考證或篇幅等相關資料。

其他四家《補晉志》亦有同樣的著錄方式，如吳氏《補晉志》於《乙部史錄・譜系類》著錄：

華嶠《譜序》○見《三國志》裴注。

庾氏《譜》○見《三國志・管寧傳》注。

〔註24〕丁國鈞撰：《補晉書藝文志》卷1，收入二十五史刊行委員會編：《二十五史補編》第3冊（北京：中華書局，1998年2月），頁3661。

〔註25〕丁國鈞撰：《補晉書藝文志》卷2，收入二十五史刊行委員會編：《二十五史補編》第3冊（北京：中華書局，1998年2月），頁3664。

《晉世譜》○《世說·言語篇/政事篇》注。

潘岳《潘氏家譜》○《元和姓纂》。

《嵇氏譜》○《水經·淮水》注。〔註26〕

其僅爲求註明出處，故簡明扼要。

再如文氏《補晉志》《子部·道家類》著錄：

徐邈《莊子音》三卷、《莊子集音》三卷。《文選》二十六注引之。……

王坦之《廢莊論》。本傳。〔註27〕

其將《昭明文選》簡省爲《文選》，將《晉書·王坦之列傳》簡省爲「本傳」，僅著錄出處，而未將資料來源之引文一併附上。

此種著錄方式僅爲求徵引有據，使讀者知曉出處，可供查詢。然未能提供該出處之原文，故作用較少。

二、註明該部文獻之年限

註明該部文獻的纂修或完工年限，以佛經或石刻爲主。如秦氏《補晉志》附錄〈石刻類〉著錄之碑刻文獻：

僞趙浮圖澄遺像碑。光初五年，即晉永昌元年。

宣城內史陸嗜碑。咸和七年。

廣昌長暨遜碑。咸和中。

老父嚴氏碑。咸康五年。

僞趙橫山神李君碑。建武六年，即晉咸康六年。〔註28〕

藉由秦榮光的著錄，可知該石刻的確切年代，使我們能清楚得知碑文的內容大略的時代背景。

至於佛教文獻，則有著錄翻譯的確切時間，如文氏《補晉志》於《子部·釋家類》著錄：

《光讚經》十卷。太康七年譯。

《賢劫經》七卷。元康元年譯。

〔註26〕 吳士鑑撰：《補晉書藝文志》卷2，收入二十五史刊行委員會編：《二十五史補編》第3冊（北京：中華書局，1998年2月），頁3872。

〔註27〕 〔清〕文廷式撰：《補晉書藝文志》卷4，收入二十五史刊行委員會編：《二十五史補編》第3冊（北京：中華書局，1998年2月），頁3752。

〔註28〕 〔清〕秦榮光撰：《補晉書藝文志》卷4，收入二十五史刊行委員會編：《二十五史補編》第3冊（北京：中華書局，1998年2月），頁3848。

　　《正法華經》十卷。太康七年譯。

　　《普耀經》八卷。永嘉二年譯。

　　《大哀經》七卷。元康元年譯。

　　《度世品經》六卷。元康元年譯。〔註29〕

此爲文廷式著錄佛教書目資料來源之特色，爲其他《補晉志》所無。丁國鈞等人大抵只能見該佛經之出處，未似文廷式之詳盡著錄翻譯年份。

三、註明收錄撰者之相關背景

　　部分書目之撰者相關事蹟會被五家《補晉志》一併著錄在資料來源之下，如丁氏《補晉志》《甲部經錄・易類》記載：

　　　《周易庾氏義》，庾運。謹按張璠《集解》引，見《釋文敍錄》。陸
　　　德明云：「運字玄度，新野人，官至尚書」。

　　　《周易張氏義》，張輝。謹按張氏《集解》引，見《釋文敍錄》，陸
　　　德明曰：「輝字義元，梁國人，晉侍中平陵亭侯」。〔註30〕

讀者雖未見《經典釋文》，然藉由丁國鈞將陸德明著錄庾運與張輝之相關資料使用在《補晉志》中，即可使其背景爲讀者一目了然。

　　其他四家《補晉志》亦有類似的情形，如黃氏《補晉志》《甲部經錄・易類》提及蜀才注《周易》十卷，其藉由諸多資料來源以推求撰者之時代背景與相關事蹟：

　　　（《周易》）又十卷，僞蜀丞相涪陵蜀才注。本《隋志》、《釋文序錄》，
　　　卷同注云。《七錄》云：「不詳何人」。《七志》云：「是王弼後人」。
　　　案：《蜀李書》云：「姓范名長生，一名賢，隱居青城山，自號蜀才，
　　　李雄以爲丞相」。〔註31〕

然則藉由《七錄》、《七志》、《蜀李書》等材料指出此「蜀才」之生平事蹟，並指出應爲「范長生」，蜀才非其原名。是以藉由資料的蒐羅與著錄，可初步得知晉人的相關背景，而使查閱檢索《補晉志》者能獲取豐富的文獻訊息。

〔註29〕〔清〕文廷式撰：《補晉書藝文志》卷5，收入二十五史刊行委員會編：《二十五史補編》第3冊（北京：中華書局，1998年2月），頁3763。

〔註30〕丁國鈞撰：《補晉書藝文志》卷1，收入二十五史刊行委員會編：《二十五史補編》第3冊（北京：中華書局，1998年2月），頁3655。

〔註31〕黃逢元撰：《補晉書藝文志》卷1，收入二十五史刊行委員會編：《二十五史補編》第3冊（北京：中華書局，1998年2月），頁3897。

此外，吳氏《補晉志》《甲部經錄·詩類》著錄：

> 江熙《毛詩注》二十卷○《釋文序錄》云：「熙字太和，濟陽人，東
> 晉衷州別駕」。〔註32〕

該資料來源之著錄，亦爲提供撰者時代背景與官職例子之一。

四、註明書目之內容與成書背景

五家《補晉志》對於收錄書目的內容，少數會進行大致的介紹，以明其
性質概況。如秦氏《補晉志》於《經部·易類》收錄《易象妙於見形論》，雖
指出「據本書傳」而得，然又援引《玉海》：

> 案：《玉海》引論曰：「聖人知觀器不足以達變，故表圓應於著龜，
> 圓應不可爲典要，故寄妙迹於六爻。」〔註33〕

則可略知該書之性質爲何。

至於其他四家《補晉志》亦有類似的例子，其中亦不乏陳述該書編纂過
程的情形。如文氏《補晉志》於〈子部·釋家類〉著錄：

> 《大般泥洹經》六卷，義熙十三年道場寺譯。
>
> 《方等泥洹經》二卷。
>
> 《摩訶僧祇律》四十卷。
>
> 《僧祇比邱戒本》一卷。
>
> 《雜阿毗曇新論》十二卷。
>
> 《雜藏經》一卷。
>
> 《佛游天竺記》一卷。《初學記》二十九引作《釋法顯佛游本記》。
>
> 《出三藏集記》，右六部（當作七部）凡六十三卷，晉安帝時沙門釋
> 法顯以隆安三年遊西域，於中天竺師子國得梵本，歸京都住道場寺，
> 就天竺禪師佛馱跋陀羅共譯出。〔註34〕

由此可知，這些佛經爲釋法顯與佛馱跋陀羅合力翻譯而得，文廷式更交代原
佛經之出處爲「中天竺」。凡此種種，皆爲成書背景之重要紀錄。故文氏《補

〔註32〕吳士鑑撰：《補晉書經籍志》卷1，收入二十五史刊行委員會編：《二十五史補
編》第3冊（北京：中華書局，1998年2月），頁3853。

〔註33〕〔清〕秦榮光撰：《補晉書藝文志》卷1，收入二十五史刊行委員會編：《二十
五史補編》第3冊（北京：中華書局，1998年2月），頁3802。

〔註34〕〔清〕文廷式撰：《補晉書藝文志》卷5，收入二十五史刊行委員會編：《二十
五史補編》第3冊（北京：中華書局，1998年2月），頁3768。

－296－

晉志》對於諸多佛經之翻譯過程能加以介紹，遠非其他《補晉志》所能比擬。

五、註明篇幅之多寡

一般對於書目的卷數皆在書名之間，然吳士鑑在諸多佛經之下，仍註明其紙張數量，則爲其他《補晉志》所無，如：

> 釋法顯譯《大般泥洹經》六卷○《閱藏知津》二十五，共覺賢譯。
>
> （釋法顯）又《大般涅槃經》三卷，《雜藏經》○八紙餘……
>
> 聶承遠譯《超日明三昧經》二卷，《佛說越難經》○一紙半……
>
> （帛遠譯）又《佛說菩薩逝經》○三紙餘。
>
> （帛遠譯）又《佛說大愛道般涅槃經》○六紙餘。
>
> （帛遠譯）又《佛般泥洹經》二卷，《佛說賢者五福經》○一紙欠，
>
> 以上均見《閱藏知津》。〔註35〕

然則與除著錄出處之外，尚且將佛經篇幅加以紀錄，與其他《補晉志》有別。

如丁氏《補晉志》對於所有佛經皆僅著錄資料來源：

> 《三十二相解》一卷，道安。謹按見《大唐內典目錄》。
>
> 《三界混然諸僞雜錄》一卷，道安。謹按見《大唐內典目錄》。
>
> 《答法將難》一卷，道安。謹按見《大唐內典目錄》。
>
> 《大品經序》一卷，道安。謹按見《隋衆經目錄》。〔註36〕

由此可知，丁國鈞對於資料的使用較爲簡略，且未能著錄詳實，是以如欲得知較爲豐富的佛經篇幅，應以吳氏《補晉志》作爲參考之用。

六、註明輯本有無

五家《補晉志》大抵著錄收錄書目輯本之有無，只是未必每部書皆能加以註記。但若有註明輯本有無的晉代文獻，後人即可依此線索去查閱該書的內容，便於整理與研究，使《補晉志》發揮目錄學最大之效益。

如丁氏《補晉志》《甲部經錄‧禮類》著錄吳商所撰之《雜議》十二卷，提

〔註35〕吳士鑑撰：《補晉書經籍志》卷3，收入二十五史刊行委員會編：《二十五史補編》第3冊（北京：中華書局，1998年2月），頁3875。

〔註36〕丁國鈞撰：《補晉書經籍志》卷4，收入二十五史刊行委員會編：《二十五史補編》第3冊（北京：中華書局，1998年2月），頁3693。

及馬國翰《玉函山房輯佚書》曾輯此書；〔註37〕吳氏《補晉志》《甲部經錄・詩類》著錄舒援所撰之《毛詩義疏》二十卷，提及「馬國翰輯佚書列入」；〔註38〕文氏《補晉志》於《經部・易類》著錄蜀才《易注》十卷，提及「張澍《蜀典》」亦有「集本」。〔註39〕凡此種種，皆爲註明輯本有無之例子。然這些《補晉志》僅著錄少數輯本，不似黃逢元較爲周全。

黃氏《補晉志》著錄書目是否有輯本者數量甚多，遠非其他《補晉志》所能比擬。其《甲部經錄・易類》有四十七部書籍，即有七部晉代文獻註明現存之輯本：

1. 《歸藏》十三卷，太尉參軍薛貞注：今存王謨輯本一卷。

2. 《周易》十卷，廣州儒林從事南港黃穎注：今存馬國翰玉函山房輯本一卷，又黃奭《漢學堂叢書》輯存一卷。

3. 《周易》三卷，驃騎將軍琅琊王廙世將注：馬國翰輯存一卷，又黃奭漢學堂輯存。

4. 《周易》十卷，僞蜀丞相涪陵蜀才注：今存張澍二酉堂輯本一卷，馬國翰又加補校，又黃奭漢學堂輯存。

5. 《周易》十卷，散騎常侍新蔡干寶令升注：今存馬國翰輯本三卷。

6. 《周易》十卷，著作郎安定張璠注：今存馬國翰輯本一卷，又黃奭漢學堂輯存。

7. 《周易音》一卷，太子前率東莞徐邈仙民撰：馬國翰輯存一卷。〔註40〕

由此可知，黃逢元對於晉代書目著錄較爲嚴謹，除可交代資料來源之外，尚能對每部古籍加以搜尋是否有輯本，實爲其極大之優點。

七、註明該書或該類目之學術淵源

黃氏《補晉志》在各類之後加以註明其學術淵源，爲諸家所無。除可讓

〔註37〕丁國鈞撰：《補晉書藝文志》卷1，收入二十五史刊行委員會編：《二十五史補編》第3冊（北京：中華書局，1998年2月），頁3657。

〔註38〕吳士鑑撰：《補晉書經籍志》卷1，收入二十五史刊行委員會編：《二十五史補編》第3冊（北京：中華書局，1998年2月），頁3854。

〔註39〕〔清〕文廷式撰：《補晉書藝文志》卷1，收入二十五史刊行委員會編：《二十五史補編》第3冊（北京：中華書局，1998年2月），頁3704。

〔註40〕上述「1」～「7」點由黃氏《補晉志》所整理，參見黃逢元撰：《補晉書藝文志》卷1，收入二十五史刊行委員會編：《二十五史補編》第3冊（北京：中華書局，1998年2月），頁3897～3898。

我們得知該書與此類關係之外，尚能對該類之學術流變能有概括的認知，類
似《四庫全書總目》對於各部類提要式的說明。

　　如黃逢元於《丙部子錄・法家》著錄「《蔡司徒難論》五卷」、「《刑名》
二篇」、「《慎子注》」之後指出：

　　　　太史公曰：「法家不別親疏，不疏貴賤，一斷於法」，然其流蓋出於
　　　　理官。晉之律令，賈充、杜預修而明之，藏諸官府，本志史部已具
　　　　錄矣。茲輯私人撰著以存一家學派。〔註41〕

則此提要雖附於法家之後，卻同時將「律令」相關資料交代著錄於史部之類，
足以展現「法家」與「法律」攸戚相關之程度，亦爲黃氏《補晉志》最大的
優點之一。

〔註41〕黃逢元撰：《補晉書藝文志》卷1，收入二十五史刊行委員會編：《二十五史補
　　　　編》第3冊（北京：中華書局，1998年2月），頁3937。

第八章 結 論

第一節 總評五家《補晉志》之優劣

一、分類之優劣

　　五家《補晉志》大抵依循《隋志》之分類將晉朝書目文獻作一統整，秦榮光則完全依循《四庫全書總目》方式著錄，因此與四家《補晉志》有極大之差別。然而《晉書》與《隋書》編纂之時間相近，且當代對於圖書之分類有不同的見解，故秦氏《補晉志》之分類雖能與時俱進，且大量收錄石刻類之相關文獻，然無以反映晉朝對於圖書目錄之界定與類目概況。

　　除此之外，其它《補晉志》亦有諸多與《隋志》相左之處。如吳、文、黃等三家《補晉志》將《隋志》之論語類區分爲三：其一保留「論語類」，其二將《爾雅》相關書目移至「小學類」，其三則是別立「五經總義」爲一類。然當時皆視《爾雅》、五經總義等書爲《論語》之附庸，吳、文、黃、秦之分類方式雖符合後代分類之需求，然對於晉朝文獻而言，卻非恰當的作法。

　　至於各個《補晉志》皆有書目重出互見與歸類不當之例，故許多書目能需加以考證。雖大陸學者許司東先生以爲五家《補晉志》雖皆有歸類不當之處，而尤以「吳《志》歸類較爲精當，強於其它四《志》」，〔註1〕然未經一一考證五家《補晉志》所收錄之書目，尚難斷定何者歸類謬誤較多，何者重出

〔註1〕許司東撰：〈補《晉書》藝文志五家優劣論〉，《山東圖書館季刊》1996年第2期，頁14。

互見者爲少。然若是針對分類之取捨而言，應以丁氏《補晉志》較佳，且其將道經、佛經各另立一部，更足以反映當代重視宗教思維之風氣，故爲其它四家《補晉志》所不能及。

二、著錄書目之優劣

就書目著錄之體例而論，丁、黃、秦等三家《補晉志》能依循鄭樵《通志》「以人類書」之方式來編纂補史目錄，較爲可取，至於吳、文二家《補晉志》幾乎採用「以書類人」之方式進行編纂工作，而無以使吾人明晰學術源流，因此較有缺失。

至於五家《補晉志》對於著錄書目的名稱皆有差異，且都犯有「避諱」、「書寫習慣」、「缺（增）字」、「改字」、「互倒」等造成書名之謬誤，故若能進一步考證五家《補晉志》各個書目，更能得知其謬誤之多寡而可判定孰之優劣。

此外，本論文對五家《補晉志》進行書目之統計，發現秦本最多，文本次之，其次則爲吳本、丁本、黃本。是以若不論收錄書目之正確與否，當以秦榮光之用力最勤，其所收錄二千七百三十二部書目，足以涵括晉代大部分文獻。然秦氏《補晉志》收書較不嚴謹，如非亡於晉代之人物著作，亦在收錄之列，是以仍有缺失。

三、著錄撰者之優劣

五家《補晉志》在著錄撰者方面，時而未加考察，故造成同一撰者有相異之姓名。著錄書目所犯之「避諱」、「書寫習慣」、「缺（增）字」、「改字」、「互倒」等缺失，亦在著錄撰者時產生。

另外，五家《補晉志》對於「斷限年代」的取捨有別，是造成晉朝補史目錄收錄書目差異甚大的重要原因之一。丁、吳、文、秦等四家《補晉志》對於斷限之取捨較爲寬大，未卒於晉朝的阮籍、嵇康、傅嘏、鍾會、鄧艾、韋昭、朱育、張儼等人，大抵在收錄之列，是以較有缺失。尤以秦榮光較有疏失，其「以『心』爲定評，亦以時爲限斷，故並錄其書」，因此「心乎晉者」皆可收錄《補晉志》中，而不論其是否亡於晉代。〔註2〕然則秦氏《補晉

〔註 2〕 〔清〕秦榮光撰：《補晉書藝文志・凡例》，收入二十五史刊行委員會編：《二十五史補編》第 3 冊（北京：中華書局，1998 年 2 月），頁 3797。

志》收錄書目雖多，卻有主觀意識過重之嫌。

　　至於本論文統計五家《補晉志》收錄撰者之數量，自然以秦榮光二千一百○一家為最多，其次為文本，次之為吳本、丁本、黃本。然就收錄撰者之嚴謹程度而論，應以黃逢元較為可取。其指出：

　　　　嵇康、阮籍仕本曹魏，徐廣、陶潛卒在劉宋，《晉書》雖立專傳，本
　　　　《志》代斷其撰著，皆不收錄，遵《隋志》也。〔註3〕

可見不似其它四家《補晉志》濫收，故王重民先生對黃氏《補晉志》亦多有讚許之意。

四、援引資料之優劣

　　五家《補晉志》對於文獻之使用方式，以丁國鈞較為簡略，然其著錄「補遺」、「刊誤」，並於附錄另立「存疑類」、「黜偽類」，則亦堪稱嚴謹。吳士鑑援引資料考證者甚少，然已較丁氏《補晉志》詳盡。至於文廷式蒐羅佚文，考證精詳，為其優點。黃逢元能註明各書目出處之外，尚可指出其現今是否有無輯本，並盡可能將各輯本之種類與卷數皆著錄清楚，實為難得。

　　本論文將以經部為例，仔細圈點五家《補晉志》所援引之資料，發現共同引用者有二十三部，至於相異者有一百二十二部之多。援引資料總數之統計尤以文本援引八十二部為最多，秦本著錄書目雖多然僅五十部為最寡者。由此可知，文廷式收錄書目雖二千四百五十八部，僅次於秦氏《補晉志》，然其援引資料甚多，考證精審，為秦榮光所不能及。

　　然則就上述四點可知，五家《補晉志》各有長短，未可互為取代。但就嚴謹性而論，應以黃氏《補晉志》為最佳。就考證精詳與收錄完備與否而論，則以文氏《補晉志》較佳。

第二節　研究成果

一、蒐羅一百○五部補史目錄

　　本論文第二章提及，歷來對於補史目錄的蒐集有限，多有不足之處，加

〔註3〕黃逢元撰：《補晉書藝文志・序例》，收入二十五史刊行委員會編：《二十五史補編》第3冊（北京：中華書局，1998年2月），頁3895。

以新出土資料問世，或有學者另行編纂補史目錄，而使補史目錄增加數十部以上。故本論文蒐羅一百○五部補史目錄，或可提供學術界做為參考之用，此為研究成果之一。

二、開創補史目錄研究之方向

綜觀研究史志目錄者，皆以《漢志》、《隋志》、《兩唐志》等正史既有者為主。然對於補史目錄之研究者，僅見少數單篇論文可供參酌，甚少以專書、學位論文、升等論文之型態深入研究者，故本論文研究五家《補晉志》之後，或可促使其它朝代之補史目錄亦有相關研究之問世，此為研究成果之二。

三、明晰五位學者之生平事蹟

文廷式已有翁淑卿《文廷式詞學研究》與郭哲任《文廷式之生平思想與政治際遇》等二部碩士論文有詳盡之研究，並有許多單篇期刊論文有相關的探討。然丁國鈞、吳士鑑、黃逢元、秦榮光等四位學者則未見有專門研究之單篇論文或著錄，故本論文於第三章極力蒐集資料，以求還原其生平事蹟，並盡力繪製五家《補晉志》之世系表，相信足以使五位學者之學思歷程能較為明確，此為研究成果之三。

四、考究各《補晉志》間部類之分合與特色

五家《補晉志》依循四分法而加以區隔書目之部類，大抵以《隋志》為本，僅秦榮光完全取法《四庫全書總目》。本論文將各書目以表格方式加以比較，可知五家《補晉志》對於部類分合的歧異性，更可藉此得知學者編纂補史目錄之特色。是以本論文在第四章針對五家《補晉志》之分類進行比較研究，或可使其部類分合之特色較為明確，更可讓學術界肯定五位學者秉持「辨章學術，考鏡源流」之貢獻，此為研究成果之四。

五、統計五家《補晉志》收錄書目、撰者之多寡

丁國鈞等五位學者對於自身所收錄之書目與撰者有概略性的統計，然不甚精確。部分前人於單篇研究論文或著作中提及五家《補晉志》收錄書目與撰者數量之統計，然限於篇幅或研究之性質，多未能仔細計算。本論文根據

附錄之六大表格，於第五章、第六章分別加以統計，得知各《補晉志》之收錄書目與撰者之確切數字，除使吾人明晰五位學者編纂之多寡外，更可讓晉朝書目與人物有較爲明確的數目，此爲研究成果之五。

六、瞭解五家《補晉志》對於資料之運用方式

《晉書》未有藝文志，然在其成書之前即有《隋志》之問世。故丁國鈞等五位學者勢必蒐羅許多資料，方能擷取晉代書目而成補史目錄。對於資料的取捨，五家《補晉志》雖有部分歧異性，然仍有著錄相同之書目。除此之外，運用資料方式有別，更使《補晉志》之間考證精詳與否形成極大的差異。本論文藉由比較其援引資料，更進而瞭解五家《補晉志》運用方式之不同，足以使吾人依此得知其間之得失優劣，此爲研究成果之六。

第三節　回顧與展望

本論文雖盡可能將五加《補晉志》加以比較研究，然仍有不足之處。至於未來仍有相關之補史目錄可繼續延伸探討，更爲本論文所致力之方向。

一、晉朝書目之考證

本論文曾於前文提及，如非經由考證各《補晉志》所收錄之諸多書目，甚難確切得知其產生謬誤之比例。因此，本論文之比較研究僅能就附錄之六大表格與五家《補晉志》之內容作概略性之探討。然而，唯有建立一套晉代著述考證，方能對五家《補晉志》收錄書目有系統性、精確性的評析。是以此種工作，爲本論文不足之處，亦爲必須付諸實行的重要研究。

二、補史目錄之研究

歷代補史目錄有一百〇五部之多，除本論文研究之五家《補晉志》之外，尚有數十部見存於世者亟需研究。如能對各朝代之補史目錄加以研究，則中國歷代圖書文獻則能明確地爲吾人所知曉，是以此爲未來延伸研究之一。

三、《中國歷代藝文總志》之編纂

國立中央圖書館（今更名爲國家圖書館）曾編纂《中國歷代藝文總志》，

然目前僅見「經部」、「子部」、「集部」，而「史部」則遲遲未能問世。本論文以為，如能蒐羅一百○五部補史目錄並加以研究，除可編纂《中國歷代藝文總志・史部》一書，尚能針對前三部不盡詳實之處加以補足，則可還原歷代書目之面貌，並可讓學術研究有較為便利與檢索之參考工具書。

參考書目

一、古　籍

（一）經　部

1. 〔漢〕孔安國傳、〔唐〕孔穎達等正義：《尚書正義》（臺北：藝文印書館，1997 年 8 月，據〔清〕阮元校刻十三經注疏本影印）。

2. 〔漢〕毛公傳、〔漢〕鄭玄箋、〔唐〕孔穎達等正義：《毛詩正義》（臺北：藝文印書館，1997 年 8 月，據〔清〕阮元校刻十三經注疏本影印）。

3. 〔漢〕鄭玄注、〔唐〕賈公彥疏：《周禮注疏》（臺北：藝文印書館，1997 年 8 月，據〔清〕阮元校刻十三經注疏本影印）。

4. 〔漢〕鄭玄注、〔唐〕賈公彥疏《儀禮注疏》（臺北：藝文印書館，1997 年 8 月，據〔清〕阮元校刻十三經注疏本影印）。

5. 〔漢〕鄭玄注、〔唐〕孔穎達等正義：《禮記正義》（臺北：藝文印書館，1997 年 8 月，據〔清〕阮元校刻十三經注疏本影印）。

6. 〔漢〕何休解詁、〔唐〕徐彥疏：《春秋公羊傳注疏》（臺北：藝文印書館，1997 年 8 月，據〔清〕阮元校刻十三經注疏本影印）。

7. 〔漢〕趙岐注、〔宋〕孫奭疏：《孟子注疏》（臺北：藝文印書館，1997 年 8 月，據〔清〕阮元校刻十三經注疏本影印）。

8. 〔魏〕王弼、〔晉〕韓康伯注、〔唐〕孔穎達等正義：《周易正義》（臺北：藝文印書館，1997 年 8 月，據〔清〕阮元校刻十三經注疏本影印）。

9. 〔魏〕何晏集解、〔宋〕邢昺疏：《論語注疏》（臺北：藝文印書館，1997 年 8 月，據〔清〕阮元校刻十三經注疏本影印）。

10. 〔晉〕范甯集解、〔唐〕楊士勛疏：《春秋穀梁傳注疏》（臺北：藝文印書館，1997 年 8 月，據〔清〕阮元校刻十三經注疏本影印）。

11. 〔晉〕杜預集解、〔唐〕孔穎達等正義：《春秋左傳正義》（臺北：藝文印

書館，1997 年 8 月，據〔清〕阮元校刻十三經注疏本影印）。

12. 〔晉〕郭璞注、〔宋〕邢昺疏：《爾雅注疏》（臺北：藝文印書館，1997 年 8 月，據〔清〕阮元校刻十三經注疏本影印）。

13. 〔唐〕陸德明撰：《經典釋文》，收入孔子文化大全編輯部編輯：《孔子文化大全》（濟南：山東友誼書社，1991 年 10 月）。

14. 〔唐〕李隆基注、〔宋〕邢昺疏：《孝經注疏》（臺北：藝文印書館，1997 年 8 月，據〔清〕阮元校刻十三經注疏本影印）。

15. 〔宋〕朱熹注：《四書章句集注》（北京：中華書局，1983 年 10 月）。

16. 〔清〕朱彝尊撰：《經義考》（北京：中華書局，1998 年 11 月，據中華書局 1936 年版《四部備要》縮印）。

（二）史 部

1. 〔漢〕司馬遷撰、〔劉宋〕裴駰集解、〔唐〕司馬貞索隱、〔唐〕張守節正義：《史記三家注》（北京：中華書局廿四史點校本，2006 年 3 月）。

2. 〔漢〕班固撰、〔唐〕顏師古注：《漢書》（北京：中華書局廿四史點校本，2006 年 3 月）。

3. 〔劉宋〕范曄撰、〔唐〕李賢等注：《後漢書》（北京：中華書局廿四史點校本，2006 年 3 月）。

4. 〔晉〕陳壽撰、〔劉宋〕裴松之注：《三國志》（北京：中華書局廿四史點校本，2006 年 3 月）。

5. 〔唐〕房玄齡等撰：《晉書》（北京：中華書局廿四史點校本，2006 年 3 月）。

6. 〔梁〕沈約撰：《宋書》（北京：中華書局廿四史點校本，2006 年 3 月）。

7. 〔梁〕蕭子顯撰：《南齊書》（北京：中華書局廿四史點校本，2006 年 3 月）。

8. 〔唐〕姚思廉撰：《梁書》（北京：中華書局廿四史點校本，2006 年 3 月）。

9. 〔唐〕姚思廉撰：《陳書》（北京：中華書局廿四史點校本，2006 年 3 月）。

10. 〔北齊〕魏收撰：《魏書》（北京：中華書局廿四史點校本，2006 年 3 月）。

11. 〔唐〕李百藥撰：《北齊書》（北京：中華書局廿四史點校本，2006 年 3 月）。

12. 〔唐〕令狐德棻等撰：《周書》（北京：中華書局廿四史點校本，2006 年 3 月）。

13. 〔唐〕魏徵等撰：《隋書》（北京：中華書局廿四史點校本，2006 年 3 月）。

14. 〔唐〕李延壽等撰：《南史》（北京：中華書局廿四史點校本，2006 年 3 月）。

15. 〔唐〕李延壽等撰:《北史》(北京:中華書局廿四史點校本,2006 年 3 月)。

16. 〔後晉〕劉昫等撰:《舊唐書》(北京:中華書局廿四史點校本,2006 年 3 月)。

17. 〔宋〕歐陽修、〔宋〕宋祁等撰:《新唐書》(北京:中華書局廿四史點校本,2006 年 3 月)。

18. 〔宋〕薛居正等撰:《舊五代史》(北京:中華書局廿四史點校本,2006 年 3 月)。

19. 〔宋〕歐陽修撰:《新五代史》(北京:中華書局廿四史點校本,2006 年 3 月)。

20. 〔元〕脫脫等撰:《宋史》(北京:中華書局廿四史點校本,2006 年 3 月)。

21. 〔元〕脫脫等撰:《遼史》(北京:中華書局廿四史點校本,2006 年 3 月)。

22. 〔元〕脫脫等撰:《金史》(北京:中華書局廿四史點校本,2006 年 3 月)。

23. 〔宋〕宋濂等撰:《元史》(北京:中華書局廿四史點校本,2006 年 3 月)。

24. 〔清〕張廷玉等撰:《明史》(北京:中華書局廿四史點校本,2006 年 3 月)。

25. 〔梁〕阮孝緒撰:《七錄·序》,收入袁詠秋、曾季光主編:《中國歷代圖書著錄文選》(北京:北京大學出版社,1997 年 12 月)。

26. 〔晉〕常璩撰:《華陽國志》,收入劉曉東等點校:《二十五別史》(濟南:齊魯書社,2000 年 5 月)。

27. 〔唐〕杜佑撰:《通典》(北京:中華書局,2003 年 5 月)。

28. 〔宋〕鄭樵撰、王樹民點校:《通志二十略》(北京:中華書局,1995 年 11 月)。

29. 〔宋〕陳振孫撰:《直齋書錄解題》(上海:上海古籍出版社,2005 年 9 月)。

30. 〔宋〕確庵、耐庵編,崔文印箋證:《靖康稗史箋證》(北京:中華書局,1988 年 9 月)。

31. 〔元〕馬端臨撰:《文獻通考》(北京:中華書局,2003 年 12 月)。

32. 〔清〕杭世駿撰:《金史補》(稿本)。

33. 〔清〕洪用勲等編:《洪北江(亮吉)先生遺集》(臺北:華文書局股份有限公司,1969 年 4 月,據光緒 3 年授經堂重刊本影印)。

34. 〔清〕陳鱣撰:《續唐書經籍志》,收入楊家駱主編:《唐書經籍藝文合志》(臺北:世界書局,1976 年 12 月)。

35. 〔清〕龔顯曾撰:《金史藝文志補錄》,收入楊家駱主編:《遼金元藝文志》上冊(臺北:世界書局,1976 年 12 月)。

36. 〔清〕張景筠撰:《元史藝文志補》收入楊家駱主編:《遼金元藝文志》下冊（臺北:世界書局,1976 年 12 月）。

37. 楊家駱主編:《明史藝文志廣編》（臺北:世界書局,1976 年 12 月）。

38. 〔清〕徐鼐撰:《清敝帚齋主人徐鼐自訂年譜》（臺北:臺灣商務印書館股份有限公司,1978 年 12 月,據排印本影印）。

39. 〔清〕傅維鱗撰:《明書》,收入《叢書集成初編》（北京:中華書局,1985年,據畿輔叢書本排印）。

40. 〔清〕瞿世瑛撰:《清吟閣書目》,收入王德毅主編:《叢書集成續編》第5 冊（臺北:新文豐出版公司,1989 年 7 月,據松鄰叢書排印）。

41. 〔清〕姚振宗撰:《漢書藝文志拾補》,收入二十五史刊行委員會編:《二十五史補編》第 2 冊（北京:中華書局,1998 年 2 月,據快閣師石山房稿本排印）。

42. 〔清〕錢大昭撰:《補續漢書藝文志》,收入二十五史刊行委員會編:《二十五史補編》第 2 冊（北京:中華書局,1998 年 2 月,據廣雅書局刊本排印）。

43. 〔清〕顧櫰三撰:《補後漢書藝文志》,收入二十五史刊行委員會編:《二十五史補編》第 2 冊（北京:中華書局,1998 年 2 月,據蔣氏順脩書屋排印金陵叢書本排印）。

44. 〔清〕侯康撰:《補後漢書藝文志》,收入二十五史刊行委員會編:《二十五史補編》第 2 冊（北京:中華書局,1998 年 2 月,據嶺南遺書本排印）。

45. 〔清〕姚振宗撰:《後漢藝文志》,收入二十五史刊行委員會編:《二十五史補編》第 2 冊（北京:中華書局,1998 年 2 月,據快閣師石山房稿本排印）。

46. 〔清〕侯康撰:《補三國藝文志》,收入二十五史刊行委員會編:《二十五史補編》第 3 冊（北京:中華書局,1998 年 2 月,據嶺南遺書本排印）。

47. 〔清〕姚振宗撰:《三國藝文志》,收入二十五史刊行委員會編:《二十五史補編》第 3 冊（北京:中華書局,1998 年 2 月,據快閣師石山房稿本排印）。

48. 〔清〕文廷式撰:《補晉書藝文志》,收入二十五史刊行委員會編:《二十五史補編》第 3 冊（北京:中華書局,1998 年 2 月,據宣統元年湖南排印本排印）。

49. 〔清〕秦榮光撰:《補晉書藝文志》,收入二十五史刊行委員會編:《二十五史補編》第 3 冊（北京:中華書局,1998 年 2 月,據民國 19 年排印本影印）。

50. 〔清〕姚振宗撰:《隋書經籍志考證》,收入二十五史刊行委員會編:《二十五史補編》第 4 冊（北京:中華書局,1998 年 2 月,據快閣師石山房

稿本排印）。

51. 〔清〕汪士鐸撰：《南北史補志》，收入二十五史刊行委員會編：《二十五史補編》第 5 冊（北京：中華書局，1998 年 2 月，據淮南書局本排印）。

52. 〔清〕顧櫰三撰：《補五代史藝文志》，收入二十五史刊行委員會編：《二十五史補編》第 6 冊（北京：中華書局，1998 年 2 月，據金陵叢書本排印）。

53. 〔清〕倪燦撰、〔清〕盧文弨校正：《宋史藝文志補》，收入二十五史刊行委員會編：《二十五史補編》第 6 冊（北京：中華書局，1998 年 2 月，據抱經堂刊群書拾補本排印）。

54. 〔清〕錢大昕撰：《補元史藝文志》，收入二十五史刊行委員會編：《二十五史補編》第 6 冊（北京：中華書局，1998 年 2 月，據潛研堂集本排印）。

55. 〔清〕倪燦撰、〔清〕盧文弨校正：《補遼金元藝文志》，收入二十五史刊行委員會編：《二十五史補編》第 6 冊（北京：中華書局，1998 年 2 月，據抱經堂刊群書拾補本排印）。

56. 〔清〕金門詔撰：《補三史藝文志》，收入二十五史刊行委員會編：《二十五史補編》第 6 冊（北京：中華書局，1998 年 2 月，據八史經籍志本排印）。

57. 〔清〕吳騫撰：《四朝經籍志補》，收入〔清〕黃虞稷撰、瞿鳳起、潘景鄭整理：《千頃堂書目》（上海：上海古籍出版社，2001 年 7 月）。

58. 〔清〕魏源撰：《元史新編》，收入《續修四庫全書》編委會編：《續修四庫全書》第 315 冊（上海：上海古籍出版社，2002 年 3 月，據光緒 31 年邵陽魏氏慎微堂刻本影印）。

59. 〔清〕錢泰吉撰：《甘泉鄉人稿》，收入《續修四庫全書》編委會編：《續修四庫全書》第 1519 冊（上海：上海古籍出版社，2002 年 3 月，據華東師範大學圖書館藏同治 11 年刻光緒 11 年增修本影印）。

60. 〔清〕陳鱣撰：《續唐書》，收入徐蜀編：《二十四史訂補：隋唐五代正史訂補文獻彙編》第 2 冊（北京：北京圖書館出版社，2004 年 4 月，據道光 4 年刻本影印）。

61. 〔清〕宋祖駿撰：《補五代史藝文志》，收入徐蜀編：《二十四史訂補：隋唐五代正史訂補文獻彙編》第 4 冊（北京：北京圖書館出版社，2004 年 4 月，據咸豐刻本影印）。

62. 〔清〕汪之昌撰：《補南唐藝文志》，收入徐蜀編：《二十四史訂補：隋唐五代正史訂補文獻彙編》第 4 冊（北京：北京圖書館出版社，2004 年 4 月，據光緒 25 年抄本影印）。

63. 〔清〕徐炯撰：《五代史補考》，收入徐蜀編：《二十四史訂補：隋唐五代正史訂補文獻彙編》第 4 冊（北京：北京圖書館出版社，2004 年 4 月，

據適園叢書本影印）。

64. 〔清〕厲鶚撰：《遼史拾遺》，收入徐蜀編：《二十四史訂補：宋遼金元正史訂補文獻彙編》第 2 冊（北京：北京圖書館出版社，2004 年 4 月，據振綺堂刊本影印）。

65. 〔清〕楊復吉撰：《遼史拾遺補》，收入徐蜀編：《二十四史訂補：宋遼金元正史訂補文獻彙編》第 2 冊（北京：北京圖書館出版社，2004 年 4 月，據振綺堂刊本影印）。

66. 〔清〕紀昀等撰：《欽定四庫全書總目》（臺北：藝文印書館股份有限公司，2004 年 10 月）。

67. 〔清〕馬國翰輯：《玉函山房輯佚書》（揚州：廣陵書社，2004 年 11 月，據光緒 10 年楚南湘遠堂刊本影印）。

68. 〔清〕吳之澄撰：《拜經樓書目》，收入林夕主編：《中國著名藏書家書目彙刊·明清卷》第 23 冊（北京：商務印書館，2005 年 10 月）。

69. 陶憲曾撰：〈侯康補後漢藝文志補〉，收入《靈華館叢稿》卷 4（光緒 31 年陶氏家塾刊本）。

70. 陶憲曾撰：〈侯康補三國藝文志補〉，收入《靈華館叢稿》卷 4（光緒 31 年陶氏家塾刊本）。

71. 不著撰人：《清史藝文志》（線裝書，現藏於中央研究院歷史語言研究所傅斯年圖書館）。

（三）子　部

1. 〔劉宋〕劉義慶撰，〔梁〕劉孝標注，余嘉錫箋疏：《世說新語箋疏》（臺北：華正書局有限公司，2002 年 8 月）。

2. 〔梁〕釋慧皎撰，湯用彤校注，湯一玄整理：《高僧傳》（北京：中華書局，2004 年 4 月）。

3. 〔唐〕徐堅等撰：《初學記》（北京：中華書局，2005 年 1 月）。

（四）集　部

1. 〔清〕嚴可均校輯：《全上古三代秦漢三國六朝文》（北京：中華書局，1999 年 6 月）。

二、專　書

1. 王仁俊撰：《補宋書藝文志》，收入《籀鄦誃雜著》第 7 冊（稿本）。
2. 王仁俊撰：《補梁書藝文志》，收入《籀鄦誃雜著》第 10 冊（稿本）。
3. 李正奮撰：《隋代藝文志》（民國間抄本）。
4. 黃逢元撰：《怡雲室文集》（湘鄂印刷局，1923 年）。
5. 黃兆枚撰：《芥滄館文集》（蔣文德堂刊本，1934 年）。

6. 梁子涵撰：《中國歷代書目總錄》（臺北：中華文化出版事業委員會，1953年3月）。

7. 金德建撰：《司馬遷所見書考》（上海：上海人民出版社，1963年2月）。

8. 鄭鶴聲編：《中國史部目錄學》（臺北：臺灣商務印書館，1966年）。

9. 彭國棟撰：《重修清史藝文志》（臺北：臺灣商務印書館股份有限公司，1968年6月）。

10. 蔣孝瑀撰：《明史藝文志史部補》（臺北：台聯國風出版社，1969年1月）。

11. 錢仲聯撰：《文芸閣先生年譜》，收入趙鐵寒編：《文廷式全集（一）》（臺北：大華印書館，1969年10月）。

12. 梁啟超撰：《圖書大辭典簿錄之部》，收入《飲冰室專集（六）》（臺北：臺灣中華書局，1972年）。

13. 沈嵩華撰：《補北史藝文志初稿》（臺北：文馨出版社，1975年3月）。

14. 黃慶萱撰：《魏晉南北朝易學書考佚》（臺北：幼獅文化事業公司，1975年11月）。

15. 孫德謙撰：《金史藝文略》，收入楊家駱主編：《遼金元藝文志》上冊（臺北：世界書局，1976年12月）。

16. （日）原富男撰：《補史記藝文志》（東京都：春秋社，1980年9月）。

17. 武作成編：《清史稿藝文志補編》，收入章鈺、武作成等編：《清史稿藝文志及補編（附索引）》上冊（北京：中華書局，1982年4月）。

18. 國立中央圖書館特藏組編：《中國歷代藝文總志·經部》（臺北：國立中央圖書館，1984年11月）。

19. 昌彼得、潘美月等撰：《中國目錄學》（臺北：文史哲出版社，1986年9月）。

20. 國立中央圖書館特藏組編：《中國歷代藝文總志·集部》（臺北：國立中央圖書館，1986年12月）。

21. 姚名達撰：《中國目錄學史》（臺北：臺灣商務印書館股份有限公司，1988年2月）。

22. 姚名達撰：《目錄學》（臺北：臺灣商務印書館股份有限公司，1988年5月）。

23. 國立中央圖書館特藏組編：《中國歷代藝文總志·子部》（臺北：國立中央圖書館，1989年12月）。

24. 羅爾綱撰：《太平天國史》（北京：中華書局，1991年9月）。

25. 汪叔子編：《文廷式集》（北京：中華書局，1993年1月）。

26. 丁國鈞撰：《晉書校證》，收入張舜徽主編：《二十五史三編》第五冊（長沙：嶽麓書社，1994年12月）。

27. 羅聯添、戴景賢、張蓓蓓、方介等撰:《國學導讀》(臺北:巨流圖書公司,1995 年 11 月)。

28. 張固也撰:《新唐書藝文志補》(長春:吉林大學出版社,1996 年 1 月)。

29. 楊殿珣編:《中國歷代年譜總錄(增訂本)》(北京:書目文獻出版社,1996 年 5 月)。

30. 南京師範大學古文獻整理研究所編:《江蘇藝文志·蘇州卷》(南京:江蘇人民出版社,1996 年 8 月)。

31. 王彥坤編:《歷代避諱字匯典》(鄭州:中州古籍出版社,1997 年 5 月)。

32. 孫啓治、陳建華編:《古佚書輯本目錄:附考證》(北京:中華書局,1997 年 8 月)。

33. 張舜徽撰:《中國古代史籍校讀法》(臺北:里仁書局,1997 年 9 月)。

34. 洪湛侯撰:《中國文獻學要籍解題》(杭州:杭州大學出版社,1997 年 11 月)。

35. 曾樸撰:《補後漢書藝文志并考》,收入二十五史刊行委員會編:《二十五史補編》第 2 冊(北京:中華書局,1998 年 2 月,據光緒 21 年刊本影印)。

36. 丁國鈞撰:《補晉書藝文志》,收入二十五史刊行委員會編:《二十五史補編》第 3 冊(北京:中華書局,1998 年 2 月,據子辰注丁氏叢書本排印)。

37. 黃逢元撰:《補晉書藝文志》,收入二十五史刊行委員會編:《二十五史補編》第 3 冊(北京:中華書局,1998 年 2 月,據長沙排印本排印)。

38. 吳士鑑撰:《補晉書經籍志》,收入二十五史刊行委員會編:《二十五史補編》第 3 冊(北京:中華書局,1998 年 2 月,據含嘉室舊著本排印)。

39. 聶崇岐撰:《補宋書藝文志》,收入二十五史刊行委員會編:《二十五史補編》第 3 冊(北京:中華書局,1998 年 2 月,據稿本排印)。

40. 陳述撰:《補南齊書藝文志》,收入二十五史刊行委員會編:《二十五史補編》第 3 冊(北京:中華書局,1998 年 2 月,據稿本排印)。

41. 張鵬一撰:《隋書經籍志補》,收入二十五史刊行委員會編:《二十五史補編》第 4 冊(北京:中華書局,1998 年 2 月,據排印本排印)。

42. 徐乃昌撰:《南北史補志未刊稿》,收入二十五史刊行委員會編:《二十五史補編》第 5 冊(北京:中華書局,1998 年 2 月,據原寫本排印)。

43. 徐崇撰:《補南北史藝文志》,收入二十五史刊行委員會編:《二十五史補編》第 5 冊(北京:中華書局,1998 年 2 月,據稿本排印)。

44. 王仁俊撰:《西夏藝文志》,收入二十五史刊行委員會編:《二十五史補編》第 6 冊(北京:中華書局,1998 年 2 月,據西夏文綴附刻本刻印)。

45. 繆荃孫撰:《遼藝文志》,收入二十五史刊行委員會編:《二十五史補編》第 6 冊(北京:中華書局,1998 年 2 月,據遼文存附刻本排印)。

46. 王仁俊撰：《遼史藝文志補證》，收入二十五史刊行委員會編：《二十五史補編》第 6 冊（北京：中華書局，1998 年 2 月，據遼文粹附刻本排印）。

47. 黃任恆撰：《補遼史藝文志》，收入二十五史刊行委員會編：《二十五史補編》第 6 冊（北京：中華書局，1998 年 2 月，據排印窠雜纂本排印）。

48. 余慶蓉、王晉卿撰：《中國目錄學思想史》（湖南：湖南教育出版社，1998 年 4 月）。

49. 秦錫田編：《顯考溫毅府君年譜》，收入北京圖書館編：《北京圖書館藏珍本年譜叢刊》第 176 冊（北京：北京圖書館出版社，1999 年 4 月，據民國 19 年鉛印本影印）。

50. 吳士鑑撰：《含嘉室自訂年譜》，收入北京圖書館編：《北京圖書館藏珍本年譜叢刊》第 192 冊（北京：北京圖書館出版社，1999 年 4 月，據民國間鉛印本影印）。

51. 北京大學圖書館編：《北京大學圖書館館藏古籍善本書目》（北京：北京大學出版社，1999 年 6 月）。

52. 雒竹筠遺稿、李新乾補編：《元史藝文志輯本》（北京：北京燕山出版社，1999 年 10 月）。

53. 郭靄春撰：《清史稿藝文志拾遺》（北京：華夏出版社，1999 年 11 月）。

54. 張撝之、沈起煒、劉德重等編：《中國歷代人名大辭典》（上海：上海古籍出版社，1999 年 12 月）。

55. 張之洞撰、范希曾補撰：《書目答問補正》（南京：江蘇古籍出版社，2000 年 5 月）。

56. 王紹曾撰：《清史稿藝文志拾遺》（北京：中華書局，2000 年 9 月）。

57. 沈秋雄撰：《三國兩晉南北朝《春秋左傳》學佚書考》（臺北：國立編譯館，2000 年 12 月）。

58. 王振澤撰：《饒宗頤先生學術年歷簡編》（汕頭：香港藝苑出版社，2001 年 5 月）。

59. 李靈年、楊忠主編：《清人別集總目》（合肥：安徽教育出版社，2001 年 7 月）。

60. 柯愈春撰：《清人詩文集總目提要》（北京：北京古籍出版社，2002 年 2 月）。

61. 劉兆祐撰：《中國目錄學》（臺北：五南圖書出版股份有限公司，2002 年 3 月）。

62. 姚名達撰：《中國目錄學史》（上海：上海古籍出版社，2002 年 6 月）。

63. 胡健國撰：《近代華人生卒簡歷表》（臺北：國史館，2003 年 12 月）。

64. 洪湛侯撰：《文獻學》（臺北：藝文印書館，2004 年 3 月）。

65. 丁國鈞撰：《晉書校文》，收入徐蜀編：《二十四史訂補：魏晉南北朝正史訂補文獻彙編》第 2 冊（北京：北京圖書館出版社，2004 年 4 月，據稿本影印）。

66. 陳鴻儒、高桂華、閻枕泉等撰：《補南齊書經籍志》，收入徐蜀編：《二十四史訂補：魏晉南北朝正史訂補文獻彙編》第 3 冊（北京：北京圖書館出版社，2004 年 4 月，據民國間藍印本、抄本影印）。

67. 李正奮撰：《補後魏書藝文志》，收入徐蜀編：《二十四史訂補：魏晉南北朝正史訂補文獻彙編》第 3 冊（北京：北京圖書館出版社，2004 年 4 月，據民國間抄本影印）。

68. 無名氏撰：《金史藝文略》，收入徐蜀編：《二十四史訂補：宋遼金元正史訂補文獻彙編》第 3 冊（北京：北京圖書館出版社，2004 年 4 月，據稿本影印）。

69. 張大可、趙生群等撰：《史記文獻與編纂學研究》，收入《史記研究集成》第 11 卷（北京：華文出版社，2005 年 1 月）。

70. 江慶柏編：《清代人物生卒年表》（北京：人民文學出版社，2005 年 12 月）。

71. 楊果霖撰：《新舊唐書藝文志研究》，收入潘美月、杜潔祥主編：《古典文獻研究輯刊·初編》第 14 冊（臺北：花木蘭工作坊，2005 年 12 月）。

72. 韓格平編：《魏晉全書》（長春：吉林文史出版社，2006 年 1 月）。

73. 鄧洪波編：《東亞歷史年表》（臺北：國立臺灣大學出版中心，2006 年 1 月）。

74. 陳垣撰：《史諱舉例》（北京：中華書局，2006 年 3 月）。

75. 王新華撰《避諱研究》（濟南：齊魯書社，2007 年 1 月）。

三、單篇論文

1. 何佑森撰：〈元史藝文志補注（卷一經類）〉，《新亞學報》第 2 卷第 2 期，1957 年 2 月，頁 115～270。

2. 高明撰：〈臺灣省立師範大學國文研究所創刊號·創刊號引言〉，《臺灣省立師範大學國文研究所創刊號》，1957 年 6 月，頁 1～2。

3. 李雲光撰：〈補梁書藝文志〉，《臺灣省立師範大學國文研究所創刊號》，1957 年 6 月，頁 1～118。

4. 楊壽彭撰：〈補陳書藝文志〉，《臺灣省立師範大學國文研究所創刊號》，1957 年 6 月，頁 119～133。

5. 蒙傳銘撰：〈補北齊書藝文志〉，《臺灣省立師範大學國文研究所創刊號》，1957 年 6 月，頁 135～153。

6. 賴炎元撰：〈補魏書藝文志〉，《臺灣省立師範大學國文研究所創刊號》，1957 年 6 月，頁 155～175。

7. 王忠林撰：〈補周書藝文志〉，《臺灣省立師範大學國文研究所創刊號》，1957年6月，頁177～194。

8. 何佑森撰：〈元史藝文志補注（卷二史類）〉，《新亞學報》第3卷第2期，1958年2月，頁231～304。

9. 楊家駱撰：〈兩漢遺籍輯存（上）〉，《學粹》第7卷第1期，1964年12月，頁14～19。

10. 楊家駱撰：〈兩漢遺籍輯存（下）〉，《學粹》第7卷第4期，1965年6月，頁11～15。

11. 楊家駱撰：〈南北朝遺籍輯存〉，《學粹》第7卷第5期，1965年8月，頁16～25。

12. 楊家駱撰：〈三國遺籍輯存〉，《學粹》第7卷第6期，1965年10月，頁14～19。

13. 楊家駱撰：〈兩晉遺書輯存〉（上），《學粹》第8卷第1期，1965年12月，頁13～17。

14. 楊家駱撰：〈兩晉遺書輯存〉（下），《學粹》第8卷第2期，1966年2月，頁15～21。

15. 楊家駱撰：〈唐代遺籍輯存〉，《學粹》第9卷第2期，1967年2月，頁8～15。

16. 楊家駱撰：〈唐代遺籍輯存（續）〉，《學粹》第9卷第3期，1967年4月，頁11～15。

17. 楊家駱撰：〈唐代遺籍輯存（續）〉，《學粹》第9卷第4期，1967年6月，頁14～16。

18. 楊家駱撰：〈唐代遺籍輯存（續）〉，《學粹》第9卷第5期，1967年8月，頁19～22。

19. 胡思敬撰：〈文廷式傳〉，收入趙鐵寒編：《文廷式全集（一）》（臺北：大華印書館，1969年10月），頁1。

20. 梁子涵撰：〈兩漢三國史志的研究成果〉，《圖書館學報》第10期，1969年12月，頁123～140。

21. 廖吉郎撰：〈六十年來晉書之研究〉，收入程發軔主編：《六十年來之國學》（臺北：正中書局，1974年5月），頁79～165。

22. 唐圭璋撰：〈南唐藝文志〉，收入《中華文史論叢》1979年第3輯（上海：上海古籍出版社，1979年9月），頁337～356。

23. 李櫻撰：〈試論補正史藝文志及其價值〉，《四川圖書館學報》1982年第3期，1982年8月，頁62～71。

24. 王重民撰：〈《補晉書藝文志》書後〉，收入《冷廬文藪》（上海：上海古籍出版社，1992年12月），頁371～373。

25. 王重民撰：〈《補晉書藝文志》〉，收入《冷廬文藪》（上海：上海古籍出版社，1992 年 12 月），頁 374。

26. 王巍撰：〈遼史藝文志訂補〉，《社會科學戰線》1994 年第 2 期，頁 262～269。

27. 喬衍琯撰：〈歷史藝文志漫談〉，《國立中央圖書館臺灣分館館刊》第 1 卷第 2 期，1994 年 12 月，頁 1～18。

28. 陳尚君撰：〈《新唐書·藝文志》補——集部別集類〉，收入榮新江主編：《唐研究·第一卷》（北京：北京大學出版社，1995 年 12 月），頁 169～194。

29. 許司東撰：〈補《晉書》藝文志五家優劣論〉，《山東圖書館季刊》1996 年第 2 期，頁 13～16。

30. 曹書傑撰：〈清代補史藝文志述評〉，《史學史研究》1996 年第 2 期，頁 60～68。

31. 張固也撰：〈也論《新唐書·藝文志》〉，《煙台師範學院學報》（哲社版）1998 年第 1 期，頁 58～62。

32. 侯文學撰：〈五家《補晉書·藝文（經籍）志》比較研究〉，《古籍整理研究學刊》1999 年第 1 期，頁 42～44。

33. 張麗春撰：〈文廷式抗戰思想評析〉，《山西大學學報（哲學社會科學版）》1999 年第 1 期，頁 48～51。

34. 喬衍琯撰：〈從梁任公的目錄學看官錄及史志〉，《國家圖書館館刊》1999 年第 1 期，1999 年 6 月，頁 155～167。

35. 朱雋撰：〈補《陳書·藝文志》〉，《文教資料》1999 年第 3 期，頁 110～116+94。

36. 陳尚君撰：〈《新唐書·藝文志》未著錄唐人別集輯存〉，收入《陳尚君自選集》（桂林：廣西師範大學出版社，2000 年 11 月），頁 88～113。

37. 陳尚君撰：〈石刻所見唐人著述輯考〉，收入《陳尚君自選集》（桂林：廣西師範大學出版社，2000 年 11 月），頁 114～133。

38. 趙飛鵬撰：〈唐以前正史藝文、經籍志之續補考證著作舉要〉，《成功大學學報（人文、社會篇）》第 35 卷，2000 年 11 月，頁 1～24。

39. 戴和冰撰：〈清代學者對正史藝文（經籍）志的增補〉，《圖書情報工作》2001 年第 1 期，2001 年 1 月，頁 83～84。

40. 杜文玉撰：〈南唐藝文志〉，收入《南唐史略》（西安：陝西人民教育出版社，2001 年 3 月），頁 237～246。

41. 王國良撰：〈漢魏六朝書目考——普通目錄篇〉，收入笠征教授華甲紀念論文集編輯委員會編：《笠征教授華甲紀念論文集》（臺北：臺灣學生書局，2001 年 12 月），頁 251～271。

42. 王余光撰：〈清以來史志書目補輯研究〉，《圖書館學研究》2002 年第 3 期，2002 年 3 月，頁 2～5+27。

43. 張子俠撰：〈史志目錄及其價值略論〉，《文獻》2002 年第 3 期，2002 年 7 月，頁 221～232。

44. 張興武撰：〈五代金石輯錄〉，收入《五代藝文考》（成都：巴蜀書社，2003 年 9 月），頁 353～399。

45. 張興武撰：〈新編五代藝文志〉，收入《五代藝文考》（成都：巴蜀書社，2003 年 9 月），頁 400～457。

46. 辛平撰：〈補正史藝文志揭示文獻的方法〉，《圖書與情報》2004 年第 4 期，2004 年 8 月，頁 27～29+44。

四、學位論文

（一）碩士論文

1. 翁淑卿撰：《文廷式詞學研究》（臺中：東海大學中文研究所碩士論文，1993 年 11 月）。

2. 郭哲任撰：《文廷式之生平思想與政治際遇》（臺北：臺灣師範大學歷史研究所碩士論文，1996 年 6 月）。

（二）博士論文

1. 劉兆祐撰：《宋史藝文志史部佚籍考》（臺北：臺灣師範大學中國文學研究所，1973 年 6 月）。

2. 陳仕華撰：《姚振宗《隋書經籍志考證》研究》（臺北：東吳大學中國文學研究所博士論文，2001 年 4 月）。

五、網　址

1. 中國國家圖書館・中國國家數字圖書館：http://www.nlc.gov.cn/service/yuedu.htm。

2. 中央研究院圖書館館藏目錄：http://las.sinica.edu.tw/。

3. 國家圖書館全球資訊網：http://www.ncl.edu.tw/。

4. 中央研究院漢籍電子文獻：http://www.sinica.edu.tw/~tdbproj/handy1/。

5. 寒泉：http://203.68.135.131/d1cgi/index.htm。

凡 例

一、附錄共六大表格

各部取法《隋志》之順序：

（一）「附錄一：五家《補晉書藝文志》『經部』著錄書目比較表」。

（二）「附錄二：五家《補晉書藝文志》『史部』著錄書目比較表」。

（三）「附錄三：五家《補晉書藝文志》『子部』著錄書目比較表」。

（四）「附錄四：五家《補晉書藝文志》『集部』著錄書目比較表」。

（五）「附錄五：五家《補晉書藝文志》『道經部』著錄書目比較表」。

（六）「附錄六：五家《補晉書藝文志》『佛經部』著錄書目比較表」。

二、各類著錄順序

各類取法《隋志》之順序，如遇《隋志》所無之類目，則依循《四庫全書總目》：

（一）「附錄一」

易類、書類、詩類、禮類、樂類、春秋類、孝經類、論語類、讖緯類、小學類等十種。

（二）「附錄二」

正史類、古史類、雜史類、霸史類、起居注類、舊事類、職官類、儀注類、刑法類、雜傳類、地理類、譜系類、簿錄類、別史類、詔令奏議類、史鈔類、時令類、史評類等十八種。

（三）「附錄三」

儒類、道類、法類、名類、墨類、從橫類、雜類、農類、小說類、

兵類、天文類、曆數類、五行類、醫方類、雜藝類、譜錄類、類書類等十七種。

（四）「附錄四」

楚辭類、別集類、總集類等三種。

（五）「附錄五」

道經部（僅一種）。

（六）「附錄六」

佛經部（僅一種）。

三、著錄五家《補晉志》之順序

本論文將五家《補晉志》刊行時間先後順序依次排列：丁本、吳本、文本、黃本、秦本。

四、著錄五家《補晉志》之數量

將五家《補晉志》各類加以統計，並在表格中標以各類之總數量，藉此得知各類收錄書目之多寡。

五、以秦氏《補晉志》為標準

五家《補晉志》以秦榮光收錄書目最多，故先輸入秦本資料，再將丁、吳、文、黃依次輸入，以比較同書目之相異著錄情形。

六、存佚情形

爲得知五家《補晉志》著錄書目今日之存佚情形，本論文將書目之後另列「存」、「殘」、「輯」、「佚」之四欄，並以「○」標示之。

附錄一：五家《補晉書藝文志》「經部」著錄書目比較表

一、易類著錄書目比較表

1 易類								
史志編號	丁本 1 易類 62 部	吳本 1 易類 57 部	文本 1 易類 60 部	黃本 1 易類 47 部	秦本 1 易類 85 部	存佚情形		
						存	殘	輯	佚
1	54《周易言不盡意論》，嵇康	24 嵇康《周易言不盡意論》一篇			1《周易言不盡意論》，嵇康撰				○
2	53《通易論》一卷，阮籍	23 阮籍《通易論》一卷			2《通易論》一卷，阮籍撰				○
3					3《周易無互體論》三卷，鍾會撰				○
4					4《周易盡神論》一卷，鍾會撰				○
5					5《周易論》四卷，鍾會撰				○
6			56《汲冢書易經》二篇		6《汲冢易經》二篇，本書束晳傳				○
7			57《易繇陰陽卦》二篇		7《汲冢易繇陰陽卦》二篇，本書束晳傳				○
8			58《卦下易經》一篇		8《汲冢卦下易經》一篇，本書束晳傳				○
9			59《公孫段》二篇		9《汲冢公孫段》二篇，本書束晳傳				○
10			13 阮咸《易義》		10《易義》，阮咸撰				○
11					11《易義》，阮渾撰				○

12	22《周易論》二卷，阮渾	28 阮渾《周易論》二卷	27 阮渾《周易論》二卷	13《周易論》二卷，阮渾長成撰	12《周易論》二卷，阮渾撰				○
13					13《周易難答論》二卷，阮長成、阮仲容撰				○
14	11《周易注》十卷，荀煇	40 荀煇《周易注》十卷	36 荀煇《周易注》十卷	2《周易》十卷，荀煇景文撰	14《易注》十卷，荀煇撰				○
15	33《易論》，裴秀	25 裴秀《易論》	46 裴秀《易論》	44《易論》，裴秀季彥撰	15《易論》，裴秀撰				○
16	40《周易衛氏義》，衛瓘	42 衛瓘《易義》	15 衛瓘《易義》	35《易義》，衛瓘伯玉撰	16《易義》，衛瓘撰				○
17	32《周易論》一卷，應貞	27 應貞《明易論》一卷	9 應貞《明易論》	14《周易論》一卷，應貞吉甫撰	17《明易論》一卷，應貞撰				○
18	38《周易王氏義》，王弘	43 王宏《易義》	12 王宏《易義》	33《易義》，王宏正宗撰	18《易義》，王宏撰				○
19					19《難易無互體論》，荀顗撰				○
20	52《周易解》，皇甫謐	35 皇甫謐《易解》			20《周易解》，皇甫謐撰				○
21					21《易義》八卷，皇甫謐撰				○
22					22《補註》三卷，皇甫謐撰				○
23					23《周易精微》三卷，皇甫謐撰				○
24	36《周易庾氏義》，庾運	41 庾運《易義》	10 庾運《易義》	31《易義》，庾運玄度撰	24《易義》，庾運撰				○
25	39《周易王氏義》，王濟	39 王濟《易義》	14 王濟《易義》	34《易義》，王濟武子撰	25《易義》，王濟撰				○
26	23《周易訓注》，劉兆	14 劉兆《周易訓注》	38 劉兆《周易訓注》	45《周易訓注》，劉兆延士撰	26《周易訓註》，劉兆撰				○
27	37《周易張氏義》，張輝	45 張輝《易義》	11 張輝《易義》	32《易義》，張輝義元撰	27《易義》，張輝撰				○
28	21《周易統略》五卷，鄒湛	33 鄒湛《周易統略》一卷	26 鄒湛《周易統略》五卷	21《周易統略》五卷，鄒湛潤甫撰	28《周易統略》五卷，鄒湛撰			○	
29	41《周易杜氏義》，杜育	46 杜育《易義》	16 杜育《易義》	36《易義》，杜育方叔撰	29《易義》，杜育撰				○
30	34《周易注》，向秀	44 向秀《易義》	8 向秀《易義》	30《易義》，向秀子期撰	30《易義》，向秀撰			○	

31	27《周易論》一卷，宋岱	32 宋岱《周易論》一卷	28 宋岱《周易論》一卷	15《周易論》一卷，宋岱處宗撰	31《周易論》一卷，宋岱撰			○
32	26《周易卦序論》一卷，楊乂	26 楊乂《周易卦序論》一卷	35 楊乂《周易卦序論》一卷	19《周易卦序論》一卷，楊乂玄舒撰	32《周易卦序論》一卷，楊乂撰		○	
33	20《周易象論》三卷，欒肇	22 欒肇《周易象論》三卷	25 欒肇《周易象論》三卷	17《周易象論》三卷，欒肇永初撰	33《周易象論》三卷，欒肇撰			○
34	42《周易楊氏義》，楊瓚	47 楊瓚《易義》	17 楊瓚《易義》	37《易義》，楊瓚撰	34《易義》，楊瓚撰			○
35	35《周易張氏義》，張軌	48 張軌《易義》	18 張軌《易義》	38《易義》，張軌士彥撰	35《易義》，張軌撰		○	
36	47《通知來藏往論》，宣舒	30 宣舒《通知來藏往論》	19 宣舒《通知來藏往論》		36《通知來藏往論》，宣舒撰			○
37			50 宣聘《通易象論》一卷	18《通易象論》一卷，宣舒幼驥撰	37《通易象論》一卷，宣聘撰			○
38	43《周易邢氏義》，邢融	49 邢融《易義》	20 邢融《易義》	39《易義》，邢融撰	38《易義》，邢融撰			○
39	44《周易裴氏義》，裴藻	50 裴藻《易義》	22 裴藻《易義》	40《易義》，裴藻撰	39《易義》，裴藻撰			○
40	45《周易許氏義》，許適	51 許適《易義》	21 許適《易義》	41《易義》，許適撰	40《易義》，許適撰			○
41	46《周易楊氏義》，楊藻	52 楊藻《易義》	23 楊藻《易義》	42《易義》，楊藻撰	41《易義》，楊藻撰			○
42	18《周易傳》，袁準	36 袁準《易傳》	41 袁準《易傳》	46《周易傳》，袁準孝尼撰	42《易傳》，袁準撰			○
43	12《周易注》十卷，蜀才	10 范長生《周易注》十卷	45 蜀才《易注》十卷	5《周易》十卷，蜀才注	43《易注》十卷，蜀才撰		○	
44	1《歸藏注》十三卷，薛貞	1 薛貞《歸藏注》十三卷	1 薛貞《歸藏注》十三卷	1《歸藏》十三卷，薛貞注	44《歸藏注》十三卷，薛貞撰			○
45	8《周易注》十卷，黃穎	9 黃穎《周易注》十卷	3 黃穎《周易注》十卷	3《周易》十卷，黃穎注	45《周易注》十卷，黃穎撰		○	
46	2《周易注》十卷，干寶	3 干寶《周易注》十卷	4 干寶《周易注》十卷	6《周易》十卷，干寶令升注	46《周易注》十卷，干寶撰		○	
47	6《周易宗塗》四卷，干寶	4 干寶《周易宗塗》四卷	29 干寶《周易宗塗》四卷	25《周易宗塗》四卷，干寶撰	47《周易宗塗》四卷，干寶撰			○
48	3《周易爻義》一卷，干寶	5 干寶《周易爻義》一卷	30 干寶《周易爻義》一卷	11《周易爻義》一卷，干寶撰	48《周易爻義》一卷，干寶撰			○

49	5《周易玄品》二卷，干寶	7 干寶《周易元品》二卷	31 干寶《周易元品》二卷		49《周易玄品》二卷，干寶撰		○
50	4《周易問難》二卷，干寶	6 干寶《周易問難》二卷	32 王氏《周易問難》二卷	22《周易問難》二卷，干寶撰	50《周易問難》二卷，干寶撰		○
51	附錄存疑類 62《周易髓》十卷，郭璞	57 郭璞《周易髓》十卷	37《易髓》八卷		51《周易髓》十卷，郭璞撰		○
52	9《周易注》十卷，王廙	2 王廙《周易注》十卷	5 王廙《周易注》十卷	4《周易》三卷，王廙世將注	52《周易注》十二卷，王廙撰	○	
53	30《周易略論》一卷，張璠	13 張璠《略論》一卷		20《周易略論》一卷，張璠撰	53《周易略論》一卷，張璠撰		○
54	10《周易注》十卷，張璠	12 張璠《周易注》十卷	7 張璠《周易注》十卷	7《周易》十卷，張璠注	54《周易集解》十二卷，張璠撰	○	
55	14《周易繫辭注》二卷，謝萬等	16 謝萬《繫辭注》二卷	49 謝萬等《周易繫辭注》二卷	9《周易繫辭》二卷，謝萬等注	55《周易繫辭注》二卷，謝萬撰		○
56	17《周易旨》六篇，李充	37 李充《周易旨》六篇	39 李充《周易旨》六篇	23《周易旨》六篇，李充弘度撰	56《周易旨注》六篇，李充撰		○
57	55《周易象不盡意論》，殷融	31 殷融《象不盡意論》一篇			57《象不盡意論》，殷融撰		○
58					58《大賢須易論》，殷融撰		○
59		55 沈熊《周易譜》一卷			59《周易譜》一卷，沈熊撰		○
60		56 沈熊《雜音》三卷			60《周易雜音》三卷，沈熊撰		○
61	50《周易音》一卷，李軌	21 李軌《周易音》一卷	53 李軌宏範《周易音》一卷	28《周易音》一卷，李軌宏範撰	61《周易音》一卷，李軌撰	○	
62	28《周易難王輔嗣義》一卷，顧夷等	54 顧夷等《周易難王輔嗣義》一卷	34 顧夷等《周易難王輔嗣義》一卷	12《周易難王輔嗣義》一卷，顧夷悅之等撰	62《周易難王輔嗣義》一卷，顧夷等撰		○
63	29《難王弼易義》四十餘條，顧悅之				63《難王弼易義》四十餘條，顧悅之撰		○
64			33 徐伯珍《周易問答》一卷		64《周易問答》一卷，徐伯珍撰		○
65	19《周易卦象數旨》六卷，李顒	38 李顒《周易卦象數旨》六卷	40 李顒《周易卦象數旨》六卷	24《周易卦象數旨》六卷，李顒長林撰	65《周易象卦數旨》六卷，李顒撰		○

66	7《京氏易注》，郭琦	11 郭琦注《京氏易》	42 郭琦注《京氏易注》	26《京氏易注》三卷，郭琦公偉撰	66《京氏易注》三卷，郭琦撰			○
67	31《周易譜》一卷，袁宏	34 袁宏《周易略譜》一卷	24 袁宏《周易略譜》一卷	27《周易略譜》一卷，袁宏彥伯撰	67《周易譜》一卷，袁宏撰			○
68					68《六象論》，何襄城撰			○
69					69《四象論》，蕭乂撰			○
70	48《易象妙于見形論》，孫盛	29 孫盛《易象妙于見形論》一篇	44 孫盛《易象妙於見形論》		70《易象妙於見形論》，孫盛撰		○	
71	49《周易音》一卷，徐邈	20 徐邈《周易音》一卷	52 徐邈《周易音》一卷	29《周易音》一卷，徐邈仙民撰	71《周易音》一卷，徐邈撰		○	
72	15《周易繫辭注》二卷，韓伯	17 韓康伯《繫辭注》二卷	2 韓伯《周易繫辭注》三卷	8《周易繫辭》二卷，韓伯康伯注	72《周易繫辭註》二卷，韓康伯撰	○		
73	51《周易音》，袁悅之	19 袁悅之《周易音》	48 袁悅之《易音》		73《周易音》，袁悅之撰			○
74	16《周易繫辭注》，袁悅之	18 袁悅之《繫辭注》	47 袁悅之《周易繫辭注》	47《繫辭注》，袁悅之元禮撰	74《周易繫辭注》，袁悅之撰			○
75	13《周易繫辭注》二卷，桓玄	15 桓玄《繫辭注》二卷	55 桓玄《周易繫辭注》二卷	10《周易繫辭》二卷，桓玄敬道撰	75《周易繫辭注》二卷，桓玄撰		○	
76					76《周易繫辭注》二卷，卞伯玉撰			○
77	25《周易說》八卷，范宣		54 范氏《擬周易說》八卷		77《擬周易說》八卷，范氏撰			○
78	24《周易論》四卷，范宣	53 范宣《易論難》		16《周易論》四卷，范氏撰	78《周易論》四卷，范氏撰			○
79	附錄存疑類 61《周易音》一卷，范氏				79《周易音》一卷，范氏撰			○
80					80《周易馬鄭二王集解》十卷，闕撰人名			○
81					81《周易集二王注》五卷，楊氏撰			○
82					82《易髓》八卷，晉人撰			○

編號	丁本	吳本	文本	黃本	秦本	存	殘	輯	佚
83					83《易注》六卷，尹濤撰				○
84	附錄類補遺 60《周易注》，劉昺				84《周易注》，劉昞撰			○	
85					85《王朗易傳注》，闞駰撰				○
86	補遺 56《周易音》，韓伯					○			
87	補遺 57《周易音》，王廙							○	
88	附錄類補遺 58《周易音》，王嗣宗								○
89	附錄類補遺 59《周易音》，江氏								○
90		8 干寶《易音》						○	
91			6 劉邠《易注》	43《周易注》，劉邠令元撰					○
92			43 翟子元《易義》					○	
93			51 九家集注《周易》十卷					○	
94			60《汲冢師春》一卷						○

二、書類著錄書目比較表

2書類									
史志編號	丁本2書類 13部	吳本2書類 14部	文本2書類 15部	黃本2尚書 13部	秦本2書類 18部	存佚情形			
						存	殘	輯	佚
1					1《古文尚書經文》，孔氏舊本				○
2	9《尚書義疏》四卷，伊說	11 伊說《尚書義疏》四卷	10 伊說《尚書義疏》四卷	5《尚書義疏》四卷，伊說撰	2《尚書義疏》四卷，伊說撰				○

3	8《尚書義》二卷，范順問、劉毅答				3《尚書義》二卷，劉毅答、吳太尉范順問				○
4	11《尚書義問》三卷，鄭玄、王肅及孔晁撰	12 孔晁《尚書義問》三卷	7 孔晁《尚書義問》三卷	6《尚書義問》三卷，孔晁撰	4《尚書義問》一卷，孔晁撰				○
5		13 裴秀《禹貢地域圖》十八篇			5《禹貢地域圖》十八篇，裴秀撰				○
6			15 梅賾奏上《古文尚書孔安國傳》十四卷		6《孔安國古文尚書傳》十三卷，枚賾奏上	○			
7	2《尚書注》十五卷，謝沈	1 謝沈《尚書注》十五卷	1 謝沈《尚書注》十五卷，《錄》一卷	1《尚書》十五卷，謝沉行思注	7《古文尚書注》十五卷，《錄》一卷，謝沈撰				○
8		10 李軌《古文尚書音》	6 李軌《尚書音》		8《尚書音》一卷，李軌撰				○
9	1《尚書注》，李充	2 李充《尚書注》	12 李充《尚書注》	13《尚書注》，李充撰	9《尚書注》，李充撰				○
10	3《尚書集解》十一卷，李顒	5 李顒《集解尚書》十一卷	2 李顒《集解尚書》十一卷	3《集解尚書》十一卷，李顒注	10《古文尚書集解》十一卷，李顒撰			○	
11	7《尚書要略》二卷，李顒	7 李顒《要略》二卷	9 李顒《尚書要略》二卷	8《尚書要略》二卷，李顒撰	11《尚書要略》二卷，李顒撰				○
12	6《尚書新釋》二卷，李顒	6 李顒《新釋》二卷	8 李顒《尚書新釋》二卷	7《尚書新釋》二卷，李顒撰	12《尚書新釋》二卷，李顒撰				○
13					13《尚書亡篇序》一卷，徐邈撰				○
14	10《尚書逸篇注》二卷，徐邈	8 徐邈注《逸篇》二卷	11 徐邈《尚書逸篇注》三卷	9《逸篇》三卷，徐邈注	14《尚書逸篇注》三卷，徐邈				○
15	13《古文尚書音》一卷，徐邈	9 徐邈《古文尚書音》一卷	5 徐邈《古文尚書音》一卷	11《古文尚書音》一卷，徐邈撰	15《古文尚書音》一卷，徐邈撰				○
16	4《尚書注》十卷，范寧	3 范寧《尚書注》十卷	3 范寧《古文尚書注》十卷	2《尚書》十卷，范寧武子注	16《尚書集解》十卷，范寧撰			○	

17	5《古文尙書舜典注》一卷,范寧	4 范寧《古文尙書舜典注》一卷	4 范寧《古文尙書舜典》一卷	4《古文尙書舜典》一卷,范寧注	17《古文尙書舜典注》一卷,范寧撰		○	
18					18《夏禹治水圖》,顧愷之撰			○
19	12《尙書音》五卷,孔安國、鄭玄、李軌、徐邈等撰				12《尙書音》五卷,孔安國、鄭玄、李軌、徐邈撰			○
20		14 孔安國《太誓注》						○
21		13《汲冢書雜書》十九篇						○
22		14《續咸汲冢古文釋》十卷						○
23				10《三墳書》一卷,阮咸注		○		

三、詩類著錄書目比較表

3 詩類									
史志編號	丁本 3 詩類 27 部	吳本 3 詩類 26 部	文本 3 詩類 31 部	黃本 3 詩類 28 部	秦本 3 詩類 33 部	存佚情形			
						存	殘	輯	佚
1	21《毛詩音》,阮侃	23 阮侃《毛詩音》	27 阮侃《詩音》	25《毛詩音》,阮侃德恕撰	1《毛詩音》,阮侃撰				○
2					2《毛詩答雜問》七卷,韋昭、朱育撰			○	
3	14《毛詩雜義》五卷,楊乂	13 楊乂《毛詩雜義》五卷	12 楊乂《毛詩雜義》五卷	6《毛詩雜義》五卷,楊乂撰	3《毛詩雜義》五卷,楊乂撰				○
4	12《毛詩辨異》三卷,楊乂	11 楊乂《毛詩辯異》三卷	10 楊乂《毛詩辯異》三卷	9《毛詩辯異》三卷,楊乂撰	4《毛詩辯異》二卷,楊乂撰				○
5	13《毛詩異義》二卷,楊乂	12 楊乂《毛詩異義》二卷	11 楊乂《毛詩異義》二卷	5《毛詩異義》二卷,楊乂撰	5《毛詩異義》二卷,楊乂撰				○

6	8《毛詩異同評》十卷，孫毓	8 孫毓《毛詩異同評》十卷	5 孫毓《毛詩異同評》十卷	10《毛詩異同評》十卷，孫毓休明撰	6《毛詩異同評》十卷，孫毓撰		○	
7	9《難孫氏毛詩評》四卷，陳統	9 陳統《難孫氏毛詩評》四卷	6 陳統《難孫氏毛詩評》四卷	11《難孫氏毛詩評》四卷，陳統元方撰	7《難孫氏毛詩評》四卷，陳統撰		○	
8	10《毛詩表隱》二卷，陳統	10 陳統《毛詩表隱》二卷	7 陳統《毛詩表隱》二卷	13《毛詩表隱》二卷，陳統撰	8《毛詩表隱》二卷，陳統撰			○
9	6《袁氏詩傳》，袁準	25 袁準《詩傳》	28 袁準《詩傳》	19《詩傳》，袁準撰	9《詩傳》，袁準撰			○
10			9 郭璞《毛詩略》四卷		10《毛詩略》四卷，郭璞撰			○
11	11《毛詩拾遺》一卷，郭璞	14 郭璞《毛詩拾遺》一卷	8 郭璞《毛詩拾遺》一卷	12《毛詩拾遺》一卷，郭璞景純撰	11《毛詩拾遺》一卷，郭璞撰		○	
12	3《毛詩釋義》十卷，謝沈	2 謝沈《毛詩釋義》十卷	3 謝沈《毛詩釋義》十卷	8《毛詩釋義》十卷，謝沉撰	12《毛詩釋義》十卷，謝沈撰			○
13	4《毛詩義疏》十卷，謝沈	3 謝沈《毛詩義疏》十卷	4 謝沈《毛詩義疏》十卷	3《毛詩義疏》十卷，謝沉撰	13《毛詩義疏》十卷，謝沈撰			○
14	1《毛詩注》二十卷，謝沈	1 謝沈《毛詩注》二十卷	2 謝沈《毛詩注》二十卷	1《毛詩》二十卷，謝沉注	14《毛詩注》二十卷，謝沈撰			○
15	15《毛詩釋略》，虞喜	16 虞喜《釋毛詩略》	15 虞喜《釋毛詩》	23《毛詩略》，虞喜仲寧撰	15《釋毛詩略》，虞喜撰			○
16	20《毛詩音》，江淳	24 江惇《毛詩音》	20 江惇《毛詩音》	27《毛詩音》，江惇思俊撰	16《毛詩音》，江惇撰			○
17	2《毛詩注》二十卷，江熙	7 江熙《毛詩注》二十卷	1 江熙《毛詩注》二十卷	2《毛詩》二十卷，江熙太和注	17《毛詩注》二十卷，江熙撰			○
18	19《毛詩音隱》一卷，干寶	18 干寶《毛詩音隱》一卷	19 干寶《毛詩音隱》一卷	14《毛詩音隱》一卷，干寶撰	18《毛詩音隱》一卷，干氏撰			○
19					19《毛詩音》，干寶撰			○
20	**附錄存疑類** 27《毛詩疑字議》，蔡謨	15 蔡謨《毛詩疑字議》		22《毛詩疑字議》，蔡謨明道撰	20《毛詩義字議》，蔡謨撰			○

21	7《袁氏詩注》,袁喬	6 袁喬《詩注》	16 袁喬《詩注》		21《詩註》,袁喬撰		○
22	補遺 23《毛詩音》,李軌	22 李軌《毛詩音》	21 李軌《詩音》	28《毛詩音》,李軌撰	22《毛詩音》,李軌撰		○
23		19 徐邈等《毛詩音》十六卷		16《毛詩音》十六卷,徐邈等撰	23《毛詩音》十六卷,徐邈等撰		○
24	18《毛詩音》二卷,徐邈	20 徐邈《毛詩音》二卷	22 徐邈《毛詩音》二卷	15《毛詩音》二卷,徐邈撰	24《毛詩音》二卷,徐邈撰	○	
25	16《毛詩雜義》四卷,殷仲堪	17 殷仲堪《毛詩雜義》四卷	13 殷仲堪《毛詩雜義》四卷	7《毛詩雜義》四卷,殷仲堪撰	25《毛詩雜義》四卷,殷仲堪撰		○
26	17《毛詩背隱義》二卷,徐廣	26 徐廣《毛詩背隱義》二卷	24 徐廣《毛詩背隱義》二卷		26《毛詩背隱義》二卷,徐廣撰		○
27	附錄存疑類 26《蔡氏毛詩首》		25 蔡氏《詩音》		27《毛詩音》,蔡氏撰		○
28	附錄存疑類 25《孔氏毛詩音》		26 孔氏《詩音》		28《毛詩音》,孔氏撰		○
29					29《鄭玄詩譜暢》二卷,徐整撰	○	
30					30《鄭玄詩譜隱》二卷,太叔裘撰		○
31	附錄存疑類 24《毛詩義疏》二十卷,舒援	21 舒援《毛詩義疏》二十卷		4《毛詩義疏》二十卷,舒援撰	31《毛詩義疏》二十卷,舒援撰	○	
32			17 周續之《詩序義》		32《詩序義》,周續之撰	○	
33					33《毛詩序義》二卷,雷次宗撰		○
34	5《毛詩譜鈔》一卷,謝沈	4 謝沈《毛詩譜鈔》一卷					○
35	補遺 22《毛詩音》,劉昌宗		23 劉昌宗《詩音》				○

36		5 謝沈《毛詩外傳》	20《毛詩外傳》，謝沉撰						○
37			14 張氏《毛詩義疏》五卷						○
38			18 周續之《毛詩注》					○	
39		29 衛協《毛詩北風圖》	17 衛協《毛詩北風圖》一卷						○
40		30 衛協《毛詩黍離圖》	18 衛協《毛詩黍離圖》一卷						○
41		31 晉明帝《毛詩圖》							○
42			21《毛詩義》，釋惠遠撰						○
43			24《毛詩音》，孫毓撰						○
44			26《毛詩音》，袁喬彥叔撰						○

四、禮類著錄書目比較表

4 禮類									
史志編號	丁本 4 禮類 69 部	吳本 4 禮類 66 部	文本 4 禮類 80 部	黃本 4 禮類 63 部	秦本 4 禮類 83 部	存佚情形			
						存	殘	輯	佚
1	1《周官禮注》十二卷，伊說	3 伊說《周官禮注》十二卷	3 伊說《周官禮注》十二卷	1《周官禮》十二卷，伊說注	1《周官禮》十二卷，伊說撰				○
2		10 傅玄《周官禮異同評》十二卷			2《周官論評》十二卷，傅玄撰				○
3	3《周官禮異同評》十二卷，陳邵		5 陳邵《周官禮異同評》十二卷	4《周官禮異同評》十二卷，陳邵節良撰	3《周官禮異同評》十二卷，陳劭撰			○	
4	6《周官寧朔新書》八卷，王懋約撰	1 琅邪王俿《周官寧朔新書》八卷	4 王懋約《周官寧朔新書》八卷	3《周官寧朔新書》八卷，王懋約注	4《周官寧朔新書》八卷，王懋約撰				○
5	7《周官傳》，袁準	18 袁準《周官傳》	2 袁準《周官傳》	53《周官傳》，袁準撰	5《周官傳》，袁準撰				○

6	2《周官禮注》十二卷，干寶	5 干寶《周官禮注》十二卷	1 干寶《周官禮注》十二卷	2《周官禮》十二卷，干寶注	6《周官禮註》十三卷，干寶撰			○	
7	4《周官禮駁難》四卷，孫略	6 干寶《答周官駁難》五卷	6 孫略《周官禮駁難》三卷	6《周官禮駁難》四卷，孫略撰	7《周官禮駁難》四卷，孫略撰				○
8	5《周官駁難》三卷，孫琦問、干寶駁、虞喜撰	7 干寶《周官駁難》三卷	7 虞喜《周官駁難》三卷	5《周禮駁難》三卷，孫琦問、干寶駁、虞喜撰	8《周官駁難》三卷，孫琦問、干寶駁、虞喜撰				○
9	49《周禮音》一卷，李軌	13 李軌《周禮音》一卷	10 李軌《周禮音》一卷	40《周禮音》一卷，李軌撰	9《周禮音》七卷，李軌撰			○	
10	48《禮音》三卷，劉昌宗		8 劉昌宗《周禮音》三卷		10《周禮音》三卷，劉昌宗撰			○	
11	47《周禮音》一卷，徐邈	11 徐邈《周禮音》一卷	11 徐邈《周禮音》一卷	39《周禮音》一卷，徐邈撰	11《周禮音》一卷，徐邈撰			○	
12	**附錄存疑類** 69《周官音義》	66 韋逞母宋氏《周官音義》	9 宋氏《周官音義》	63《周官音義》，韋逞母宋氏傳	12《周官音義》，韋逞母宋氏授				○
13	50《周禮音》一卷，聶熊	16 聶熊《周禮音》一卷	12《周禮聶氏音》	41《周禮音》一卷，聶熊撰	13《周禮音》一卷，聶氏撰			○	
14	8《喪服經傳注》一卷，袁準	20 袁準《喪服經傳注》一卷	14 袁準《喪服經傳》一卷	8《喪服經傳》一卷，袁準注	14《喪服經傳注》一卷，袁準撰			○	
15					15《儀禮注》一卷，袁準撰			○	
16	51《儀禮音》一卷，袁準	19 袁準《儀禮音》一卷		42《儀禮音》一卷，袁準撰	16《儀禮音》一卷，袁準撰				○
17	9《集注喪服經傳注》一卷，孔倫	22 孔倫《集注喪服經傳》一卷	15 孔倫《集注喪服經傳》一卷	10《集注喪服經傳》一卷，孔倫敬序撰	17《集註喪服經傳》一卷，孔倫撰			○	
18					18《儀禮注》一卷，孔倫撰			○	
19	52《儀禮音》一卷，劉昌宗		38 劉昌宗《儀禮音》一卷		19《儀禮音》一卷，劉昌宗撰				○
20	53《儀禮音》一卷，李軌	14 李軌《儀禮音》一卷	35 李軌《儀音》一卷	43《儀禮音》一卷，李軌撰	20《儀禮音》一卷，李軌撰				○

21					21《儀禮注》一卷，陳銓撰		○	
22	10《喪服經傳注》一卷，陳銓		16 陳銓《喪服經傳注》一卷	9《喪服經傳》一卷，陳銓注	22《喪服經傳》一卷，陳銓撰		○	
23			31 周續之《喪服注》		23《喪服注》，周續之撰		○	
24				54《喪服經講義》，釋惠遠撰	24《喪服經義疏》，釋慧遠授、雷次宗撰			○
25	24《喪服圖》一卷，崔游	35 崔游《喪服圖》一卷	27 崔遊《喪服圖》一卷	22《喪服圖》一卷，崔游子相撰	25《喪服圖》，崔遊撰			○
26	22《喪服圖》，譙周		34 譙周《縗服圖》	56《喪服圖》，譙周允南撰	26《雜喪服圖》，譙周撰			○
27	12《喪服儀》一卷，衛瓘	33 衛瓘《喪服儀》一卷	18 衛瓘《喪服儀》一卷	17《喪服儀》一卷，衛瓘撰	27《喪服儀》一卷，衛瓘撰			○
28	11《喪服要集》二卷，杜預	23 杜預《喪服要集議》三卷	19 杜預《喪服要集》二卷	11《喪服要集》二卷，杜預元凱撰	28《喪服集要議》三卷，杜預撰		○	
29	20《喪服釋疑論》，劉智	38 劉智《喪服釋疑論》	30 劉智《喪服釋疑》二十卷	7《喪服釋疑》二十卷，劉智子房撰	29《喪服釋疑論》，劉智撰		○	
30					30《通疑》，虞喜撰		○	
31	13《喪服要記》二卷，劉逵	34 劉逵《喪服要記》二卷	20 劉逵《喪服要記》二卷	14《喪服要記》二卷，劉逵淵林撰	31《喪服要記》二卷，劉逵撰			○
32	19《喪服變除》一卷，葛洪	36 葛洪《喪服變除》一卷	25 葛洪《喪服變除》一卷	13《喪服變除》一卷，葛洪稚川撰	32《喪服變除》一卷，葛洪撰		○	
33	25《凶禮》一卷，孔衍	44 孔衍《凶禮》一卷	26 孔衍《凶禮》一卷	20《凶禮》一卷，孔衍舒元撰	33《凶禮》一卷，孔衍撰		○	
34	16《喪服譜》一卷，賀循	29 賀循《喪服譜》一卷	22 賀循《喪服譜》一卷	18《喪服譜》一卷，賀循撰	34《喪服譜》一卷，賀循撰		○	
35	15《喪服要記》十卷，賀循	27 賀循《喪服要記》十卷	23 賀循《喪服要記》十卷	15《喪服要記》十卷，賀循彥先撰	35《喪服要記》十卷，賀循撰		○	

36	42《葬禮》，賀循	30 賀循《葬禮》	80 賀循《葬禮》	21《葬禮》一卷，賀循撰	36《葬禮》，賀循撰			○	
37	14《喪服要》六卷，賀循	28 賀循《喪服要集》六卷		16《喪服要》六卷，賀循撰	37《喪服要》六卷，賀循撰			○	
38			36 賀循《喪服圖》		38《喪服圖》，賀循撰				○
39	18《喪服要略》一卷，環濟	39 環濟《喪服要略》一卷	17 環濟《喪服要略》一卷	12《喪服要略》一卷，環濟撰	39《喪服要略》一卷，環濟撰				○
40	17《喪服譜》一卷，蔡謨	31 蔡謨《喪服譜》一卷	21 蔡謨《喪服譜》一卷	19《喪服譜》一卷，蔡謨撰	40《喪服譜》一卷，蔡謨撰				○
41			37 蔡謨《喪服圖》		41《喪服圖》，蔡謨撰				○
42		40 陳銓《喪服經傳注》一卷			42《喪服經傳注》一卷，陳銓撰			○	
43					43《喪服注》，王逡之撰			○	
44	23《喪服雜記》二十卷，伊說	4 伊說《喪服雜記》二十卷	29 伊氏《喪服雜記》二十卷		44《喪服雜記》二十卷，伊氏撰				○
45	21《喪紀禮式》，杜襲	37 杜襲《喪紀禮式》	33 杜襲《喪紀禮式》	55《喪紀禮式》，杜襲敬修撰	45《喪紀禮式》，杜襲撰				○
46	26《禮記寧朔新書注》二十卷，王懋約	2 琅邪王伷《禮記寧朔新書》二十卷	39 王懋約《禮記寧朔新書》二十卷	31《禮記寧朔新書》二十卷，王懋約注	46《禮記寧朔新書》二十卷，王懋約撰				○
47	60《禮記音》一卷，孫毓	48 孫毓《禮記音》一卷	51 孫毓《禮記音》一卷	44《禮記音》一卷，孫毓撰	47《禮記音》一卷，孫毓撰				○
48					48《劉儁禮記評》十一卷，虞喜撰				○
49	46《夏小正注》，郭璞	65 郭璞《夏小正注》			49《夏小正注》，郭璞撰				○
50					50《鄭玄禮記注解》二卷，曹躭撰				○
51	55《禮記音》二卷，曹躭	50 曹躭《禮記音》二卷	45 曹躭《禮記音》二卷	48《禮記音》二卷，曹躭愛道撰	51《禮記音》二卷，曹躭撰				○

52	56《禮記音》二卷，尹毅	52 尹毅《禮記音》二卷	46 尹毅《禮記音》二卷	49《禮記音》二卷，尹毅撰	52《禮記音》十卷，尹毅撰			○
53	61《禮記音》一卷，繆炳	49 繆炳《禮記音》一卷	44 繆炳《禮記音》一卷	45《禮記音》一卷，繆炳撰	53《禮記音》一卷，繆炳撰			○
54	57《禮記音》二卷，李軌	15 李軌《小戴禮記音》二卷	47 李軌《禮記音》二卷	52《禮記音》二卷，李軌撰	54《禮記音》三卷，李軌撰			○
55	64《禮記音》五卷，劉昌宗	17 劉昌宗《禮音》三卷	50 劉昌宗《禮記音》五卷		55《禮記音》五卷，劉昌宗撰	○		
56	58《禮記音》二卷，范宣	57 范宣《禮記音》二卷	48 范宣《禮記音》二卷	50《禮記音》一卷，范宣撰	56《禮記音》二卷，范宣撰	○		
57	59《禮記音》三卷，徐邈	12 徐邈《禮記音》三卷	49 徐邈《禮記音》三卷	51《禮記音》三卷，徐邈撰	57《禮記音》三卷，徐邈撰	○		
58	54《禮記音》二卷，蔡謨	32 蔡謨《禮記音》二卷	52 蔡謨《禮記音》二卷	47《禮記音》一卷，蔡謨撰	58《禮記音》二卷，蔡謨撰			○
59	62《禮記音》一卷，謝楨	51 謝楨《禮記音》一卷	43 謝楨《禮記音》一卷		59《禮記音》一卷，謝楨撰			○
60				46《禮記音》一卷，射貞撰	60《禮記音》一卷，射貞撰			○
61	63《禮記音義隱》一卷，謝氏				61《禮記音義隱》一卷，謝氏撰	○		
62	31《問禮俗》十卷，董勛	41 董勛《問禮俗》		25《問禮俗》十卷，董勛撰	62《問禮俗》十卷，董勛撰	○		
63	45《三禮吉凶宗紀》，范隆	46 范隆《二禮吉凶宗紀》	79 范隆《三禮吉凶宗紀》	57《三禮吉凶宗紀》，范隆玄嵩撰	63《三禮吉凶宗紀》，范隆撰			○
64	44《理通論》，董景道	61 董景道《禮通論》	53 董景道《禮通論》	60《禮通論》，董景道文博撰	64《禮通論》，董景道撰			○
65	28《禮雜問》十卷，范寧	53 范寧《禮問》九卷	61 范寧《禮雜問》十卷	23《禮雜問》十卷，范寧撰	65《禮雜問》十卷，范寧撰	○		
66	27《禮論答問》九卷，范寧	54 范寧《禮論答問》九卷		24《禮論答問》九卷，范寧撰	66《禮論答問》九卷，范寧撰	○		
67	30《雜議》十二卷，吳商	26 吳商《雜議》十二卷	58 吳商《雜議》十二卷	28《雜議》十二卷，吳商撰	67《禮雜議》十二卷，吳商撰	○		

68	29《禮難》十二卷，吳商	25 吳商《禮難》十二卷	57 吳商《禮難》十二卷	26《禮難》十二卷，吳商撰	68《禮難》十二卷，吳商撰				○
69	36《禮論難》，范宣	55 范宣《禮論難》	56 范宣《禮易論難》	27《禮論難》一卷，范宣撰	69《禮論難》，范宣撰				○
70	38《禮論答問》十三卷，徐廣	59 徐廣《禮論答問》十三卷	75 徐廣《禮論答問》十三卷		70《禮論答問》十二卷，徐廣撰			○	
71	37《禮論答問》八卷，徐廣	58 徐廣《禮論答問》八卷	74 徐廣《禮論答問》八卷		71《禮論答問》八卷，徐廣撰			○	
72	40《禮答問》十一卷，徐廣	60 徐廣《禮答問》十一卷	76 徐廣《禮答問》十一卷		72《禮答問》十一卷，徐廣撰			○	
73	39《禮答問》四卷，徐廣		77 徐廣《答問》四卷		73《答問》四卷，徐廣撰			○	
74	41《五禮駁》，孫毓	47 孫毓《五經駁》	69 孫毓《五禮駁》	61《五禮駁》，孫毓撰	74《五禮駁》，孫毓撰			○	
75	43《約禮記》十篇，王文長	64 王長文《約禮記》十篇	55 王長文《約禮》十篇	32《約禮記》十篇，王長文德儁撰	75《約禮記》十論，王文長撰				○
76	32《雜祭法》六卷，盧諶	62 盧諶《雜祭法》六卷	62 盧諶《雜祭法》六卷	35《雜祭法》六卷，盧諶子諒撰	76《雜祭法》六卷，盧諶撰			○	
77					77《喪紀禮式》，杜襲撰				○
78			71 干寶《七廟議》一卷	36《七廟議》一卷，干寶撰	78《七廟議》一卷，干寶撰				○
79	34《後養議》五卷，干寶	9 干寶《後養議》五卷	72 干寶《後養議》五卷	37《後養議》五卷，干寶撰	79《後養議》五卷，干寶撰			○	
80	33《祭典》三卷，范汪	63 范汪《祭典》三卷	65 范汪《祭典》三卷	34《祭典》三卷，范汪玄平撰	80《祭典》三卷，范汪撰			○	
81			60 吳商《喪雜事》二十卷	30《喪雜事》二十卷，吳商撰	81《喪雜事》二十卷，吳商撰				○
82			59 吳商《禮記雜義故事》十三卷	29《禮議雜記故事》十三卷，吳商撰	82《禮雜議記故事》十三卷，吳商撰				○

83				83《冠婚儀》四卷，不著撰人名		○
84	35《雜鄉射等議》三卷，庾亮	42 庾亮《雜鄉射等議》三卷	73 庾亮《雜鄉射等議》三卷	38《雜鄉射等議》三卷，庾亮元規撰		○
85	**補遺** 65《儀禮注》，劉兆	21 劉兆《儀禮注》	13 劉兆《儀禮注》			○
86	**補遺** 66《儀禮音》，范宣	56 范宣《儀禮音》				○
87	**補遺** 67《周禮音》，干寶	8 干寶《周官音》		62《周官音》，干寶撰	○	
88	**附錄類補遺** 68《禮記注》，司馬彪	43 司馬彪《禮記注》				○
89		24 杜預《薈問雜議》二卷		33《答問雜議》二卷，杜預撰		○
90		45 王堪《冠禮儀》一卷	32 王堪《冠禮儀》	59《冠儀》，王堪世胄撰		○
91			24 謝徽注《喪服要記》		○	
92			28 劉德明《喪服要問》六卷			○
93			40 淳于纂《禮記注》			○
94			41 曹述初《禮記注》			○
95			42 劉世明《禮記注》			○
96			54 周續之《禮論》			○
97			63 荀氏《四時列饌傳》			○
98			64 荀氏《祠制》			○
99			66 范汪《祠制》		○	
100			67 杜預《宗譜》			○

101			68 賀循《宗義》					○	
102			70 譙周《祭志》						○
103			78 裴頠《冠儀》						○
104			58《冠儀約制》，何禎元幹撰						○

五、樂類著錄書目比較表

5 樂類									
史志編號	丁本 5 樂類 4 部	吳本 5 樂類 7 部	文本 5 樂類 13 部	黃本 5 樂 8 部	秦本 9 樂類 9 部	存佚情形			
						存	殘	輯	佚
1	2《樂論》，阮籍	1 阮籍《樂論》	10 阮籍《樂論》		1《樂論》，阮籍撰				○
2	4《聲無哀樂論》，嵇康				2《聲無哀樂論》，嵇康撰	○			
3	3《樂論》，裴秀	2 裴秀《樂論》	9 裴秀《樂論》	8《樂論》，裴秀撰	3《樂論》，裴秀撰				○
4			8 荀勖《樂府歌辭》十卷		4《樂府歌詩》十卷，荀勖撰				○
5			7 荀勖《大樂歌辭》二卷	4《太樂歌辭》二卷，荀勖公曾撰	5《太樂歌辭》二卷，荀勖撰				○
6			6 荀勖《大樂雜歌辭》三卷	5《太樂雜歌辭》三卷，荀勖撰	6《太常雜歌辭》三卷，荀勖撰				○
7				6《晉讌樂歌辭》十卷，荀勖撰	7《燕樂歌辭》十卷，荀勖撰		○		
8	1《琴操》三卷，孔衍	3 孔衍《琴操》三卷	1 孔衍《琴操》三卷	1《琴操》三卷，孔衍撰	8《琴操》三卷，孔衍撰				○
9			2 戴氏《琴譜》四卷		9《琴譜》四卷，戴氏撰				○
10		4 阮咸《譜》一卷							○
11		5 阮咸《調弄》二卷							○
12		6 阮咸《金羽調》一卷							○

13		7 阮咸《譜》二十卷							○
14		3《晉歌章》十卷							○
15		4《晉歌詩》十八卷							○
16		5 楊泫《舞序》							○
17		11《漢魏吳晉鼓吹曲》四卷							○
18		12 謝混《歌記》							○
19		13《歌錄》十卷					○		
20				2《樂略》四卷，元懃撰					○
21				3《聲律指歸》一卷，元懃撰					○
22				7《新弄》五部，戴勃撰					○

六、春秋類著錄書目比較表

6 春秋類									
史志編號	丁本 6 春秋類 66 部	吳本 6 春秋類 66 部	文本 6 春秋類 68 部	黃本 6 春秋類 59 部	秦本 5 春秋類 76 部	存佚情形			
						存	殘	輯	佚
1	54《春秋左氏傳音》三卷，嵇康	18 嵇康《春秋左氏傳音》三卷			1《春秋左氏傳音》三卷，嵇康撰			○	
2					2《春秋盟會圖》，裴秀撰				○
3	1《春秋條例》二十卷，劉寔	9 劉寔《春秋左氏條例》二十卷	9 劉寔《春秋左氏條例》二十卷		3《春秋左氏傳條例》二十卷，劉寔等集解				○
4				37《春秋條例》十一卷，劉寔撰	4《春秋條例》十一卷，劉寔等集解				○
5	17《集解春秋序》一卷，劉寔等	10 劉寔《集解春秋序》一卷	17 劉寔等集解《春秋序》一卷	29《劉寔等集解春秋序論》一卷	5《春秋序》一卷，劉寔等集解				○

6					6《左傳例苑集解》十九卷，劉寔撰				○
7	26《春秋公羊達義》三卷，劉寔	11 劉寔《春秋公羊達義》三卷	32 劉寔《春秋公羊達義》三卷	9《春秋公羊達義》三卷，劉寔子眞撰	7《春秋公羊達義》三卷，劉寔撰				○
8					8《春秋公羊違義》三卷，劉寔撰				○
9	40《春秋穀梁傳》十四卷，孔君指訓	51 孔晁《穀梁傳指訓》五卷			9《春秋穀梁傳》十四卷，孔君指訓				○
10	11《春秋左氏經傳集解》三十卷，杜預	1 杜預《春秋左氏經傳集解》三十卷	2 杜預《春秋左氏經傳集解》三十卷	1《春秋左氏經傳集解》三十卷，杜預撰	10《春秋左氏經傳集解》三十卷，《序》一卷，杜預撰	○			
11	52《春秋左氏傳音》三卷，杜預	3 杜預《春秋左氏傳音》三卷	19 杜預《春秋左氏傳音》三卷	42《春秋左氏傳音》三卷，杜預撰	11《春秋左氏傳音》三卷，杜預撰				○
12	10《春秋釋例》十五卷，杜預	2 杜預《春秋釋例》十五卷	3 杜預《春秋釋例》十五卷	36《春秋釋例》十五卷，杜預撰	12《春秋釋例》十五卷，杜預撰			○	
13	12《春秋左氏傳評》二卷，杜預	4 杜預《春秋左氏傳評》二卷	15 杜預《春秋左氏傳評》二卷	32《春秋左氏傳評》二卷，杜預撰	13《春秋左氏傳評》二卷，杜預撰				○
14	19《春秋古今盟會地圖》一卷，杜預		5 杜預《古今書春秋名會圖別集疏》一卷		14《春秋古今盟會地圖》一卷，杜預撰				○
15					15《春秋世譜》七卷，杜預撰				○
16					16《春秋謚法》一卷，杜預撰				○
17			7 杜預《春秋長曆》		17《春秋長曆》，杜預撰	○			
18					18《春秋釋例地名譜》一卷，杜預撰	○			
19			6 杜預《春秋公子譜》		19《小公子譜》六卷，杜預撰				○
20	6《春秋釋疑》，氾毓		56 氾毓《春秋釋疑》	57《春秋釋疑》，氾毓撰	20《春秋釋疑》，氾毓撰				○

21	46《春秋公羊穀梁傳》十二卷，劉兆	14 劉兆《春秋公羊穀梁傳》十二卷	53 劉兆《春秋公羊穀梁傳》十二卷	25《春秋公羊穀梁傳》十二卷，劉兆撰	21《春秋公羊穀梁傳》十二卷，劉兆撰		○	
22		13 劉兆《春秋調人》	54 劉兆《春秋調人》		22《春秋調人》，劉兆撰			○
23		12 劉兆《春秋左氏全綜》	26 劉兆《春秋全綜》	26《春秋公羊穀梁左氏集解》十一卷，劉兆撰	23《春秋左氏解全綜》，劉兆撰		○	
24	18《春秋土地名》三卷，京相璠等撰	56 京相璠等《春秋土地名》三卷	24 裴秀客京相璠等《春秋土地名》三卷	41《春秋土地名》三卷，京相璠等撰	24《春秋土地名》三卷，京相璠等撰		○	
25	41《穀梁傳注》，郭琦	39 郭琦《穀梁傳注》	45 郭琦《穀梁傳注》	53《穀梁注》，郭琦撰	25《春秋穀梁注》，郭琦撰			○
26	8《春秋經傳注》，虞溥	64 虞溥《春秋經傳注》	63 虞溥《春秋經傳注》	51《春秋經傳注》，虞溥允源撰	26《春秋經傳注》，虞溥撰			○
27	13《春秋左氏傳義注》十八卷，孫毓	5 孫毓《春秋左氏傳義注》十八卷	1 孫毓《春秋左氏傳義注》十八卷	2《春秋左氏傳義注》十八卷，孫毓撰	27《春秋左氏傳義注》二十八卷，孫毓撰		○	
28	14《春秋左氏傳賈服異同略》五卷，孫毓	6 孫毓《春秋左氏傳賈服異同略》五卷	13 孫毓《春秋左氏傳賈服異同略》五卷	5《春秋左傳賈服異同略》五卷，孫毓撰	28《春秋左氏傳賈服異同略》五卷，孫毓撰			○
29	44《春秋三傳》十二篇，王長文	58 王長文《春秋三傳》十二篇	64 王長文《春秋三傳》十二篇	27《春秋三傳》十二篇，王長文撰	29《春秋三傳》十二篇，王長文撰			○
30	20《姓族左傳鈔》，黃容	66 黃容《左傳鈔》	27 黃容《左傳鈔》	59《姓族左傳鈔》，黃容撰	30《姓族左傳鈔》，黃容撰			○
31		57 范隆《春秋三傳》	55 范隆著《春秋三傳》	55《春秋三傳注》，范隆撰	31《春秋三傳注》，范隆撰			○
32	24《公羊春秋注》，王接	27 王接《公羊春秋注》		52《春秋公羊注》，王接祖游撰	32《公羊春秋傳注》，王接撰			○
33	16《春秋左氏函傳義》十五卷，干寶	7 干寶《春秋左氏函傳義》十五卷	14 干寶《春秋左氏函傳義》十五卷	3《春秋左氏函傳義》十五卷，干寶撰	33《春秋左氏函傳義》十五卷，干寶撰		○	
34	5《春秋序論》二卷，干寶	8 干寶《春秋序論》二卷	18 干寶《春秋序論》二卷	30《春秋序論》二卷，干寶撰	34《春秋序論》二卷，干寶撰			○

35	23《春秋公羊傳集解》十四卷，孔衍	30 孔衍《春秋公羊傳集解》十四卷	30 孔衍《春秋公羊傳集解》十四卷	8《春秋公羊傳》十四卷，孔衍集解	35《春秋公羊傳集解》十四卷，孔衍撰			○	
36	31《春秋穀梁傳》十四卷，孔衍撰	31 孔衍《春秋穀梁傳集解》十四卷	38 孔衍《春秋穀梁傳訓注》十四卷	10《春秋穀梁傳》十四卷，孔衍注	36《春秋穀梁傳集解》十四卷，孔衍撰				○
37	39《穀梁注》，聶熊	49 聶熊注《穀梁春秋》	46 聶熊注《穀梁春秋》	54《穀梁注》，聶熊撰	37《穀梁春秋注》，聶熊撰				○
38	53《春秋左氏傳音》，曹耽	19 曹耽《春秋左氏音》四卷	20 曹耽《春秋左氏傳音》四卷	45《春秋左氏傳音》四卷，曹耽、荀訥等撰	38《春秋左氏傳音》四卷，曹耽撰				○
39		20 荀訥《春秋左氏音》四卷	21 荀訥等《春秋左氏傳音》四卷		39《春秋左氏傳音》四卷，荀訥等撰				○
40	21《春秋公羊經傳注》十三卷，王愆期	28 王愆期《春秋公羊經傳注》十三卷	28 王愆期《春秋公羊經傳注》十三卷	6《春秋公羊經傳》十三卷，王愆期門子注	40《春秋公羊經傳注》十三卷，王愆期撰			○	
41					41《難答論》一卷，王愆期撰				○
42	25《春秋公羊論》二卷，庾翼問、王愆期答	29 王愆期《春秋公羊論》二卷	31《春秋公羊論》二卷，庾翼問、王愆期答	31《春秋公羊論》二卷，庾翼問、王愆期答	42《春秋公羊論》二卷，庾翼問、王愆期答				○
43	45《春秋公羊穀梁二傳評》三卷，江熙	35 江熙《春秋公羊穀梁二傳評》三卷	57 江熙《公羊穀梁二傳評》三卷	33《公穀二傳評》三卷，江熙撰	43《春秋公羊穀梁二傳評》三卷，江熙撰			○	
44	3《春秋釋難》三卷，范堅	63 范堅《春秋釋難》三卷	11 范堅《春秋釋難》三卷	40《春秋釋難》三卷，范堅子常撰	44《春秋釋難》三卷，范堅撰				○
45	58《春秋公羊音》一卷，江淳	34 江惇《春秋公羊傳音》一卷	35 江惇《春秋公羊音》一卷	47《春秋公羊音》一卷，江惇撰	45《春秋公羊音》一卷，江惇撰				○
46	55《春秋左氏傳音》三卷，李軌	15 李軌《春秋左氏傳音》三卷	22 李軌《春秋左氏傳音》三卷	43《春秋左氏傳音》三卷，李軌撰	46《春秋左氏傳音》三卷，李軌撰				○
47	57《春秋公羊音》一卷，李軌	16 李軌《春秋公羊傳音》一卷	34 李軌《春秋公羊音》一卷	46《春秋公羊音》一卷，李軌撰	47《春秋公羊傳音》一卷，李軌撰				○
48	27《穀梁傳注》十卷，張靖	40 張靖《穀梁傳注》十卷	36 張靖《穀梁傳注》十卷	17《春秋穀梁傳》十卷，張靖注	48《春秋穀梁傳注》十卷，張靖撰				○

49	38《春秋穀梁廢疾箋》三卷，張靖	41 張靖《春秋穀梁廢疾箋》三卷	50 張靖《穀梁廢疾箋》三卷	22《春秋穀梁廢疾》三卷，張靖箋	49《春秋穀梁廢疾箋》三卷，張靖撰			○
50	7《春秋墨說》，郭瑀	65 郭瑀《春秋墨說》	65 郭瑀《春秋墨說》	58《春秋墨說》，郭瑀元瑜撰	50《春秋墨說》，郭瑀撰			○
51	34《春秋穀梁傳集解》十二卷，范寧	36 范寧《春秋穀梁傳集解》十二卷	42 范寧《春秋穀梁傳集解》十二卷	14《春秋穀梁傳》十二卷，范寧集解	51《春秋穀梁傳集解》十二卷，范寧撰	○		
52					52《春秋穀梁傳義》十卷，范寧撰	○		
53	36《春秋穀梁傳例》一卷，范寧	37 范寧《春秋穀梁傳例》一卷	49 范寧《春秋穀梁傳例》一卷	38《春秋穀梁傳例》一卷，范寧撰	53《春秋穀梁傳例》一卷，范寧撰		○	
54	補遺 63《穀梁音》，范寧	38 范寧《穀梁音》一卷	51 范寧《穀梁音》一卷	48《穀梁音》一卷，范寧撰	54《春秋穀梁音》一卷，范寧撰			○
55	43《問穀梁義》四卷，薄叔元	50 薄叔元《問穀梁義》四卷	48 薄叔玄《問穀梁義》四卷	21 薄叔玄《問穀梁義》四卷	55《問穀梁義》四卷，薄叔元問、范寧答		○	
56	37《春秋穀梁傳鄭氏說》一卷，鄭嗣	55 鄭嗣《春秋穀梁傳說》		23《春秋穀梁傳說》一卷，鄭嗣撰	56《春秋穀梁傳說》，鄭嗣撰		○	
57	22《春秋公羊傳注》十二卷，高龍	32 高龍《春秋公羊傳注》十二卷	29 高龍《春秋公羊傳注》十二卷	7《春秋公羊傳》十二卷，高龍注	57《春秋公羊傳注》十二卷，高龍撰			○
58	28《春秋穀梁傳注》十三卷，徐乾	42 徐乾《春秋穀梁傳注》十三卷	37 徐乾《春秋穀梁傳注》十三卷	11《春秋穀梁傳》十三卷，徐乾文祚注	58《春秋穀梁傳注》十三卷，徐乾撰		○	
59	9《春秋釋滯》十卷，殷興	62 殷興《春秋釋滯》十卷	10 殷興《春秋左氏釋滯》十卷	39《春秋釋滯》十卷，殷興撰	59《春秋釋滯》十卷，殷興撰			○
60	4《春秋旨通》十卷，王述之	59 王述之《春秋旨通》十卷	16 王述之《春秋旨通》十卷		60《春秋旨通》十卷，王述之撰			○
61	15《春秋左氏經傳通解》四卷，王述之	60 王述之《春秋左氏經傳通解》四卷	12 王述之《春秋左氏經傳通解》四卷		61《春秋左氏經傳通解》四卷，王述之撰			○
62	56《春秋左氏傳音》三卷，徐邈	21 徐邈《春秋左氏傳音》三卷	23 徐邈《春秋左氏傳音》三卷	44《春秋左氏傳音》三卷，徐邈撰	62《春秋左氏傳音》三卷，徐邈撰		○	
63	32《春秋穀梁	22 徐邈《春	41 徐邈《春	13《春秋穀	63《春秋穀梁			○

	傳注》十二卷,徐邈	秋穀梁傳注》十二卷	秋穀梁傳注》十二卷	梁傳》十二卷,徐邈注	傳注》十二卷,徐邈撰				
64	33《春秋穀梁傳義》十卷,徐邈	23 徐邈《春秋穀梁傳義》十卷		18《春秋穀梁傳》十卷,徐邈撰	64《春秋穀梁傳義》十卷,徐邈撰			○	
65	35《答春秋穀梁義》三卷,徐邈	24 徐邈《答春秋穀梁義》三卷	47 徐邈《答春秋穀梁義》三卷	19《答春秋穀梁義》三卷,徐邈撰	65《答春秋穀梁義》三卷,徐邈撰				○
66	59《穀梁音》一卷,徐邈	25 徐邈《春秋穀梁音》一卷	52 徐邈《春秋穀梁音》一卷	49《穀梁音》一卷,徐邈撰	66《春秋穀梁音》一卷,徐邈撰			○	
67	2《春秋經例》十二卷,方範	61 方範《春秋左氏經例》十二卷	8 方範《春秋左氏經例》十二卷	35《春秋經例》十二卷,方範撰	67《春秋經例》十二卷,方範撰				○
68	附錄存疑類 64《穀梁注》十二卷,段肅				68《春秋穀梁傳注》十二卷,段肅撰			○	
69	29《春秋穀梁傳集解》十卷,胡訥	44 胡訥《春秋穀梁傳集解》十卷	40 胡訥《穀梁傳集解》十卷	12《春秋穀梁傳》十卷,胡訥集解	69《春秋穀梁集解》十卷,胡訥撰				○
70	49《春秋集三傳經解》十卷,胡訥	47 胡訥《春秋集三傳經解》十卷	62 胡訥《春秋集三傳經解》十卷	24《春秋集三傳經解》十卷,胡訥撰	70《春秋集三傳經解》十卷,胡訥撰				○
71	50《春秋三傳評》十卷,胡訥	46 胡訥《春秋三傳評》十卷	60 胡訥《春秋三傳評》十卷	34《春秋三傳評》十卷,胡訥撰	71《春秋三傳評》十卷,胡訥撰				○
72	48《春秋集三傳師難》三卷,胡訥	45 胡訥《春秋集三師難》三卷	61 胡訥《春秋集三師難》三卷	28《春秋集三傳師難》三卷,胡訥撰	72《春秋集三傳師難》三卷,胡訥撰				○
73	30《春秋穀梁傳》十六卷,程闡撰	43 程闡《春秋穀梁傳注》十六卷	39 程闡《春秋穀梁經傳集注》十六卷	15《春秋穀梁傳》十六卷,程闡注	73《春秋穀梁集解》十六卷,程闡撰				○
74	42《穀梁傳注》,劉瑤	53 劉瑤《穀梁傳注》			74《春秋穀梁傳注》,劉瑤撰				○
75	61《春秋穀梁傳》四卷,張、程、孫、劉四家集解	54 張、程、孫、劉四家《穀梁傳集解》四卷		16《春秋穀梁傳》四卷,張、程、孫、劉四家集解	75《春秋穀梁傳》四卷,張、程、孫、劉四家集解				○
76					76《春秋公羊例序》一卷,刁氏撰				○

77	47《春秋三傳集解》，氾毓	26 氾毓《春秋釋疑三傳集解》		56《三傳解注》，氾毓稚春撰		○
78	51《春秋外傳國語注》二十卷，孔晁	52 孔晁《春秋外傳國語注》二十卷	66 孔晁《春秋外傳國語注》二十卷	50《春秋外傳國語》二十卷，孔晁注	○	
79	60《春秋左氏音》四卷，胡訥等	48 胡訥《春秋左氏音》四卷				○
80	**補遺** 62《穀梁音》，李軌	17 李軌《穀梁音》				○
81	**附錄存疑類** 65《左氏牒例》二十卷，劉寔					○
82	**附錄存疑類** 66《春秋土地記》三卷，樗里璠		25 樗里璠《春秋土地記》三卷			○
83		33 盧欽《公羊序》				○
84			4《春秋杜氏服氏注春秋左傳》十卷			○
85			33 周續之注《公羊傳》			○
86			43 沈仲義《穀梁經傳集解》十卷	20《穀梁經傳集解》十卷，沈仲義撰		○
87			44 蕭邕《穀梁傳義》三卷			○
88			58 潘叔度《春秋經合三傳》十卷			○
89			59 潘叔度《春秋成奪》十卷			○
90			67《汲冢書國語》三篇			○
91			68《師春》一篇			○
92				4《左氏訓注》十三卷，孔衍撰		○

七、孝經類著錄書目比較表

	丁本7孝經類20部	吳本7孝經類23部	文本7孝經類15部	黃本7孝經類18部	秦本6孝經類21部	存佚情形			
史志編號						存	殘	輯	佚
7孝經類									
1	14《元帝孝經傳》	1 元帝《孝經傳》			1《孝經傳》，元帝撰				○
2	15《穆帝時孝經》一卷	2 穆帝時《晉孝經》一卷	11《晉孝經》一卷，穆帝時	8《晉孝經》一卷	2《孝經》一卷，穆帝時				○
3	16《孝武帝總章館孝經講義》一卷	3 孝武帝總明館《孝經講義》一卷	12《孝經講義》一卷	9《總明館孝經講義》一卷	3《孝經講義》一卷，孝武帝時送總章館				○
4					4《孝經講讚》一卷，韋昭撰			○	
5	附錄存疑類 19《集議孝經》一卷，荀昶	5 荀勖《集議孝經》一卷	1 荀勖《集議孝經》一卷	10《集議孝經》一卷，荀勖撰	5《孝經集議》一卷，荀勖撰				○
6		6 荀勖注《孝經》一卷	2 荀勖注《孝經》二卷	1《孝經》二卷，荀勖注	6《孝經注》二卷，荀勖撰				○
7	1《孝經注》，虞喜	8 虞喜《孝經注》	14 虞喜略注《孝經》	16《孝經注》，虞喜撰	7《孝經注》，虞喜撰				○
8	12《孝經注》，謝安	15 謝安《孝經注》		14《孝經注》，謝安安石撰	8《孝經注》，謝安撰				○
9	13《孝經注》，王獻之	14 王獻之《孝經注》		15《孝經注》，王獻之子敬撰	9《孝經注》王獻之撰				○
10	4《集議孝經》一卷，袁宏	12 袁宏《孝經注》一卷	4 袁敬仲《集議孝經》一卷	11《集議孝經》一卷，袁宏集	10《孝經集議》一卷，袁宏撰				○
11	2《集解孝經》一卷，謝萬	4 謝萬《集解孝經》一卷	3 謝萬《集解孝經》一卷	13《集解孝經》一卷，謝萬集	11《孝經集解》一卷，謝萬撰			○	
12	17《孝經錯緯》，郭瑀	20 郭瑀《孝經錯緯》	15 郭瑀《孝經錯緯》	18《孝經錯緯》，郭瑀撰	12《孝經錯緯》，郭瑀撰				○
13	11《孝經講義》四卷，車胤等撰	18 車胤《孝經講義》四卷		12《講孝經義》四卷，車胤等集	13《講孝經義》四卷，車胤等撰				○
14	10《孝經注》一卷，車胤	17 車胤《孝經注》一卷	9 車胤《孝經注》一卷	4《孝經》一卷，車胤武子注	14《孝經注》一卷，車胤撰				○
15	5《孝經注》一卷，楊泓	9 楊泓《孝經注》一卷	5 楊泫《孝經注》一卷	3《孝經》一卷，楊泓注	15《孝經注》一卷，楊泓撰				○

編號	丁本	吳本	文本	黃本	秦本	存	殘	輯	佚
16	6《孝經注》一卷，虞槃佐	16 虞槃佐《孝經注》一卷	6 虞槃佐《孝經注》一卷	2《孝經》一卷，虞槃佐弘猷注	16《孝經注》一卷，虞槃佐撰				○
17	8《孝經注》一卷，殷仲文	7 殷仲文《孝經注》一卷	13 殷仲文《孝經注》一卷	5《孝經》一卷，殷仲文撰	17《孝經注》一卷，殷仲文撰			○	
18	9《孝經注》一卷，殷叔道	21 殷叔道《孝經注》一卷	8 殷叔道《孝經注》一卷	6《孝經》一卷，殷道叔注	18《孝經注》一卷，殷叔道撰				○
19					19《孝經注》，徐整撰				○
20	7《孝經注》一卷，孫氏	10 孫氏《孝經注》	7 孫氏《孝經注》一卷	7《孝經》一卷，孫氏注	20《孝經注》，孫氏撰				○
21	3《孝經注》，庾氏	11 庾氏《孝經注》		17《孝經注》，庾氏撰	21《孝經注》，庾氏撰				○
22	**附錄存疑類** 18《孫氏孝經注》一卷								○
23									○
24	**附錄存疑類** 20《孝經注》二卷，荀昶	13 荀昶《孝經注》							○
25		19 孔光《孝經注》一卷	10 孔光《孝經注》一卷						○
26		22 祈嘉《二九神經》							○
27		23 謝稚《孝經圖》							○

八、論語類著錄書目比較表

	8 論語類（附：爾雅、五經總義）					存佚情形			
史志編號	丁本 8 論語類 61 部	吳本 8 論語類 44 部/10 小學類：爾雅 6 部/9 經解類 8 部	文本 8 論語類 40 部/10 小學類：爾雅 6 部/9 五經類 7 部	黃本 8 論語類 45 部/10 小學：爾雅 6 部/9 經解 7 部	秦本 8 論語類 49 部/10 小學類：爾雅 10 部/7 五經總義類 10 部	存	殘	輯	佚
1	2《論語注》十卷，譙周	**8 論語類**	**8 論語類** 1 譙周《論語注》十卷	**8 論語** 1《論語》十卷，譙周注	**8 論語類** 1《論語注》十卷，譙周撰			○	
2	1《論語注》六卷，衛瓘	12 衛瓘《論語集注》八卷	4 衛瓘集注《論語》八卷	12《集注論語》六卷，衛瓘集	2《論語集注》八卷，衛瓘撰			○	

3	3《論語集解》，鄭沖	15 鄭沖等《論語集解》		39《論語解》，鄭沖文和集 40《論語解》，荀顗景倩集	3《論語集解》，鄭沖、荀顗等撰				○
4	6《論語體略》二卷，郭象	32 郭象《論語體略》二卷	17 郭象《論語體略》二卷	31《論語體略》二卷，郭象子玄撰	4《論語體略》二卷，郭象撰			○	
5	7《論語隱》一卷，郭象	33 郭象《論語隱》一卷	18 郭象《論語隱》一卷	32《論語隱》一卷，郭象撰	5《論語隱》一卷，郭象撰				○
6	4《論語旨序》三卷，繆播	34 繆播《論語旨序》三卷	19 繆播《論語旨序》三卷	25《論語旨序》三卷，繆播宣則撰	6《論語指序》三卷，繆播撰			○	
7	5《論語繆氏說》，繆協	42 繆協《論語說》	38《論語繆協注》	26《論語說》一卷，繆協撰	7《論語說》，繆協撰			○	
8	8《論語集義》十卷，崔豹	17 崔豹《論語集義》十卷	5 崔豹《論語集義》十卷	15《論語集義》十卷，崔豹正熊集	8《論語集義》十卷，崔豹撰				○
9					9《論語大義解》十卷，崔豹撰				○
10					10《論語義例》，周生烈撰				○
11	28《論語釋疑》十卷，欒肇	21 欒肇《論語釋疑》十卷	21 欒肇《論語釋疑》十卷	24《論語釋疑》十卷，欒肇撰	11《論語釋疑》十卷，欒肇撰			○	
12	29《論語駁序》二卷，欒肇	22 欒肇《論語駁序》二卷	22 欒肇《論語駁序》二卷	27《論語駁序》二卷，欒肇撰	12《論語駁序》二卷，欒肇撰				○
13	10《論語讚》九卷，虞喜	10 虞喜《讚鄭玄注》九卷	2 虞喜《讚鄭玄論語注》九卷	11《論語》九卷，鄭玄注、虞喜讚	13《論語讚鄭注》九卷，虞喜撰			○	
14	11《新書對張論》十卷，虞喜	11 虞喜《新書對張論語》十卷	3 虞喜《新書對張論》十卷	29《新書對張論》十卷，虞喜撰	14《新書對張論》十卷，虞喜撰				○
15	17《論語注》，江淳	28 江惇《論語注》	35 江淳《論語注》	42《論語解》，江淳撰	15《論語注》，江惇撰				○
16	32《論語君子無所爭》一卷，庾亮	30 庾亮《論語君子無所爭》一卷	27 庾亮《論語君子無所爭》一卷	28《論語君子無所爭》一卷，庾亮撰	16《論語君子無所爭論》一卷，庾亮撰				○

17	34《論語釋》一卷，庾翼	25 庾翼《論語釋》一卷	28 庾翼《論語釋》一卷	22《論語釋》一卷，庾翼撰	17《論語釋》一卷，庾翼撰		○	
18	9《論語注》十卷，李充	13 李充《論語集注》十卷	6 李充《論語注》十卷 26 李充《論語注》十卷	3《論語》十卷，李充注	18《論語注》十卷，李充撰		○	
19	33《論語釋》一卷，李充	14 李充《論語釋》一卷	25 李充《論語釋》一卷	21《論語釋》一卷，李充撰	19《論語釋》一卷，李充撰			○
20	12《集解論語》十卷，孫綽	16 孫綽《論語集解》十卷	7 孫綽《集解論語》十卷	13《集解論語》十卷，孫綽興公解	20《論語集解》十卷，孫綽撰		○	
21	23《論語注》十卷，袁喬	3 袁喬《論語注》十卷	12 袁喬《論語注》十卷	5《論語》十卷，袁喬注	21《論語注》十卷，袁喬撰		○	
22	35《論語釋》一卷，王濛	38 王濛《論語義》一卷	29 王濛《論語義》一卷	16《論語義》一卷，王濛仲祖撰	22《論語義》一卷，王濛撰			○
23	31《論語釋》一卷，曹毗	23 曹毗《論語釋》一卷	24 曹毗《論語釋》一卷	23《論語釋》一卷，曹毗輔佐撰	23《論語釋》一卷，曹毗撰			○
24	39《論語注》，宋纖	8 宋纖《論語注》	32 宋纖《論語注》	37《論語注》，宋纖令艾撰	24《論語注》，宋纖撰			○
25		5 孟整《論語注》十卷	9 孟陋《論語注》十卷		25《論語注》十卷，孟陋撰			○
26	19《論語注》，蔡謨	9 蔡謨《論語注》	34 蔡謨《論語注》	2《論語》一卷，蔡謨注	26《論語注》，蔡謨撰		○	
27	20《論語注》，袁宏		33 袁宏《論語注》		27《論語注》，袁宏撰			○
28	18《論語注》，周懷	31 周懷《論語注》	36 周瓌《論語注》	41《論語解》，周瓌道夷撰	28《論語注》，周懷撰			○
29	15《論語注》，范寧	4 范寧《論語注》	31 范寧《論語注》		29《論語注》，范寧撰		○	
30	16《論語注》，王珉	24 王珉《論語注》	37 王珉《論語注》	43《論語解》，王珉季琰撰	30《論語注》，王珉撰			○
31	36《論語釋》一卷，蔡系	26 蔡系《論語釋》一卷	30 蔡系《論語釋》一卷	18《論語釋》一卷，蔡系子叔撰	31《論語釋》一卷，蔣系撰			○
32	14《集解論語》十卷，江熙	19 江熙《論語集解》十卷	10 江熙《集解論語》十卷	14《集解論語》十卷，江熙集	32《論語集解》十二卷，江熙撰		○	

33	21《論語注》十卷，梁覬	6 梁覬《論語注》十卷	11 梁覬《論語注》十卷	4《論語》十卷，梁顗注	33《論語注》十卷，梁覬撰			○	
34	25《論語注》十卷，張憑	1 張憑《論語注》十卷	14 張憑《論語注》十卷	7《論語》十卷，張憑長宗注	34《論語注》十卷，張憑撰			○	
35	27《論語釋》一卷，張憑	2 張憑《論語釋》一卷	20 張憑《論語釋》一卷	19《論語釋》一卷，張憑撰	35《論語釋》一卷，張憑撰				○
36	24《論語注》十卷，尹毅	7 尹毅《論語注》十卷	13 尹毅《論語注》十卷	6《論語》十卷，尹毅撰	36《論語注》十卷，尹毅撰				○
37	37《論語釋》一卷，張隱	27 張隱《論語釋》一卷		20《論語釋》一卷，張隱撰	37《論語釋》一卷，張隱撰				○
38	30《論語藏集解》一卷，應琛	18 應琛《論語藏集解》一卷	23 應琛《論語藏集解》一卷	30《論語藏集解》一卷，應琛撰	38《論語藏》一卷，應琛撰				○
39	38《論語通鄭》一卷，郗原	39 郗原《論語通鄭》一卷		33《通鄭》一卷，郗原撰	39《論語通鄭》一卷，郗原撰				○
40	26《論語注》十卷，楊惠明	20 楊惠明《論語注》十卷	15 楊惠明《論語注》十卷	10《論語》十卷，楊惠明注	40《論語注》十卷，楊惠明撰				○
41	22《論語注》十卷，孟釐			8《論語》十卷，孟釐注	41《論語注》十卷，孟釐撰				○
42	41《論語音》二卷，徐邈等撰	36 徐邈《論語音》二卷		36《論語音》二卷，徐邈等撰	42《論語音》二卷，徐邈撰				○
43	42《古論語義注譜》一卷，徐氏	37 徐氏《古論語義注譜》一卷			43《古論語義注譜》一卷，徐氏撰				○
44	13《論語注》十卷，盈氏 附錄存疑類 60《論語注》十卷，盈氏	41 盈氏《論語注》十卷	8 盈氏注《論語》十卷	9《論語》十卷，盈氏注	44《論語注》十卷，盈氏注				○
45		40 王氏《修鄭錯》一卷		34《鄭錯》一卷，王敬仁撰	45《論語修鄭錯》一卷，王氏撰				○
46					46《續注論語》十卷，史辟原撰				○
47				17《論語別義》十卷，范寧撰	47《論語別義》十卷，范廙撰				○

48	40《論語解》，殷仲文	43 殷仲堪《論語解》	39 殷仲堪《論語注》	38《論語注》，殷仲堪撰	48《論語解》，殷仲文撰				○
49					49《孟子注》九卷，綦毋邃撰				○
50	補遺 57《論語音》，衛瓘								○
51	補遺 58《論語音》，李充			45《論語音》，李充撰					○
52	補遺 59《論語音》，繆播	35 繆播《論語音》		44《論語音》，繆播撰					○
53		29 姜處道《論語論釋》一卷		35《論釋》一卷，姜道處撰					○
54		44 謝道韞《論語贊》	40 王凝之妻謝氏《論語贊》						○
55			16 司馬氏《論語標指》一卷						○
56		10 小學類	10 小學類	10 小學	10 小學類				
					1《辨釋名》一卷，韋昭撰			○	
57	43《爾雅注》五卷，郭璞	1 郭璞《爾雅注》五卷	1 郭璞《爾雅注》五卷	1《爾雅》五卷，郭璞注	11《爾雅注》五卷，郭璞撰	○			
58	45《爾雅圖》十卷，郭璞	2 郭璞《爾雅圖》十卷	2 郭璞《爾雅圖》十卷	2《爾雅圖》十卷，郭璞撰	12《爾雅圖》十卷，郭璞撰	○			
59	46《爾雅圖讚》二卷，郭璞	3 郭璞《爾雅圖讚》二卷	3 郭璞《爾雅圖讚》二卷	3《爾雅圖贊》二卷，郭璞撰	13《爾雅圖讚》二卷，郭璞撰			○	
60	44《爾雅音義》一卷，郭璞	4 郭璞《爾雅音》二卷	4 郭璞《爾雅音義》二卷	4《爾雅音義》一卷，郭璞撰	14《爾雅音》一卷，郭璞撰			○	
61	48《方言注》十三卷，郭璞	5 郭璞《方言注》十三卷	6 郭璞、楊雄《方言注》十三卷	6《方言》十三卷，郭璞注	15《方言注》十三卷，郭璞撰	○			
62	47《小爾雅略解》一卷，李軌	7 李軌《小爾雅略解》一卷	5 李軌《小爾雅略解》一卷	5《小爾雅》一卷，李軌略解	22《小爾雅略解》一卷，李軌撰				○
63					33《爾雅圖贊》一卷，江灌撰				○

序							
64					34《爾雅音》六卷，江灌撰		○
65	附錄存疑類 61《方言》二卷，劉昺				36《方言注》三卷，劉昺撰		○
66		9 經解類	9 五經類	9 經解	7 五經總義類		
66		7《聖證論》十二卷，魏王肅撰、晉馬昭駁、孔晁答、張融評	1《聖證論》十二卷，魏王肅撰、晉馬昭駁、孔晁答、張融評	1《聖證論》十二卷，魏王肅撰、晉馬昭駁、孔晁答、張融評	1《王肅聖證論》十二卷，馬昭駁、孔晁答、張融評	○	
67					2《古文石經》，嵇康在太學寫		○
68	50《五經然否論》五卷，譙周		1 譙周《五經然否論》五卷	5《五經然否論》五卷，譙周撰	3《五經然否論》五卷，譙周撰	○	
69	53《五經通論》，束皙	3 束皙《五經通論》	2 束皙《五經通論》	4《五經通論》一卷，束皙廣微撰	4《五經通論》，束皙撰	○	
70		4 袁準《論五經滯義》		6《五經滯義論》，袁準撰	5《五經滯義》，袁準撰		○
71					6《七經詩》，傅咸撰	○	
72	54《五經異同評》，徐苗	5 徐苗《五經同異評》	5 徐苗《五經同異評》	7《五經同異評》，徐苗叔胄撰	7《五經同異評》，徐苗撰		○
73					8《國學石經》，裴頠奏刻		○
74	51《五經鉤沉》十卷，楊方	1 楊方《五經鉤沈》十卷	4 楊方《五經鉤沈》十卷	2《五經鉤沉》十卷，楊方公回集	9《五經鉤沈》十卷，楊方撰	○	
75	52《五經大義》三卷，戴逵	2 戴逵《五經大義》三卷	3 戴逵《五經大義》三卷	3《五經大義》三卷，戴逵安道撰	10《五經大義》三卷，戴逵撰	○	
76	49《五經音》十卷，徐邈	6 徐邈《五經音》十卷	6 徐邈《五經音》十卷				○
77	56《諡法》二卷，張靖	8 張靖《諡法》二卷					○
78	55《諡法》三卷，荀顗演、劉熙注	7 荀顗《諡法》三卷					○

九、讖緯類著錄書目比較表

<table>
<tr><td colspan="8">9 讖緯類</td></tr>
<tr><td>史志
編號</td><td>丁本 9 讖緯
類 3 部</td><td>吳本</td><td>文本（11 經
緯類）</td><td>黃本</td><td>秦本</td><td colspan="4">存佚情形</td></tr>
<tr><td></td><td></td><td></td><td></td><td></td><td></td><td>存</td><td>殘</td><td>輯</td><td>佚</td></tr>
<tr><td>1</td><td>1《王子年歌》
一卷，王嘉</td><td></td><td></td><td></td><td></td><td></td><td></td><td></td><td>○</td></tr>
<tr><td>2</td><td>2《金雄記》
一卷，郭文</td><td></td><td></td><td></td><td></td><td></td><td></td><td></td><td>○</td></tr>
<tr><td>3</td><td>3《孝經錯
緯》，郭瑀</td><td></td><td></td><td></td><td></td><td></td><td></td><td></td><td>○</td></tr>
</table>

十、小學類著錄書目比較表

<table>
<tr><td colspan="10">10 小學類</td></tr>
<tr><td>史志
編號</td><td>丁本 10 小學
類 25 部</td><td>吳本 10 小學
類 26 部</td><td>文本 10 小學
類 22 部</td><td>黃本 10 小
學 23 部</td><td>秦本 10 小學
類 28 部</td><td colspan="4">存佚情形</td></tr>
<tr><td></td><td></td><td></td><td></td><td></td><td></td><td>存</td><td>殘</td><td>輯</td><td>佚</td></tr>
<tr><td>1</td><td></td><td></td><td></td><td></td><td>2《官職訓》
一卷，韋昭撰</td><td></td><td></td><td></td><td>○</td></tr>
<tr><td>2</td><td></td><td></td><td></td><td></td><td>3《異字》二
卷，朱育撰</td><td></td><td></td><td>○</td><td></td></tr>
<tr><td>3</td><td>19《續通俗
文》二卷，李
虔</td><td>20 李虔《續
通俗文》二卷</td><td></td><td>10《續通俗
文》二卷，
李虔令伯撰</td><td>4《續通俗文》
二卷，李虔撰</td><td></td><td></td><td></td><td>○</td></tr>
<tr><td>4</td><td>18《字林》七
卷，呂忱</td><td>8 呂忱《字林》
七卷</td><td>18 呂忱《字
林》七卷</td><td>21《字林》
七卷，呂忱
伯雍撰</td><td>5《字林》七
卷，呂忱撰</td><td></td><td></td><td>○</td><td></td></tr>
<tr><td>5</td><td>13《韻集》六
卷，呂靜</td><td>9 呂靜《韻集》
六卷</td><td>21 呂靜《韻
集》六卷</td><td>24《韻集》
六卷，呂靜
撰</td><td>6《韻集》六
卷，呂靜撰</td><td></td><td></td><td>○</td><td></td></tr>
<tr><td>6</td><td>2《吳章》二
卷，陸機</td><td>14 陸機《吳
章》二卷</td><td>9 陸機《吳
章》二卷</td><td>9《吳章》二
卷，陸機士
衡撰</td><td>7《吳章篇》
二卷，陸機撰</td><td></td><td></td><td></td><td>○</td></tr>
<tr><td>7</td><td></td><td></td><td></td><td></td><td>8《蟲篆詁
訓》，江瓊撰</td><td></td><td></td><td></td><td>○</td></tr>
<tr><td>8</td><td>6《發蒙記》
一卷，束皙</td><td>21 束皙《發
蒙記》一卷</td><td>13 束皙《發
蒙記》一卷</td><td>14《發蒙記》
一卷，束皙
撰</td><td>9《發蒙記》
一卷，束皙撰</td><td></td><td></td><td>○</td><td></td></tr>
<tr><td>9</td><td>17《要用字苑》
一卷，葛洪</td><td>10 葛洪《要
用字苑》一卷</td><td>20 葛洪《要
用字苑》一卷</td><td>22《要用字
苑》一卷，
葛洪撰</td><td>10《要用字苑》
一卷，葛洪撰</td><td></td><td></td><td>○</td><td></td></tr>
<tr><td>10</td><td>1《三蒼注》
三卷，郭璞</td><td>6 郭璞《三蒼
注》三卷</td><td>7 郭璞注《三
蒼》三卷</td><td>8《三蒼》三
卷，郭璞注</td><td>16《三蒼注》
三卷，郭璞撰</td><td></td><td></td><td>○</td><td></td></tr>
</table>

11	21《太上章》，慕容皝	32 慕容皝《太上章》	27 慕容皝《太上章》	29《太上章》，慕容皝撰	17《太上章》，慕容皝造			○
12	附錄存疑類 25《小學篇》一卷，王羲之			12《小學篇》一卷，王羲之逸少撰	18《小學篇》一卷，王羲之撰		○	
13	3《小學篇》一卷，王羲	18 王羲《小學篇》一卷	10 王羲《小學篇》一卷	11《小學篇》一卷，王羲撰	19《小學篇》一卷，王羲撰		○	
14	4《文字要記》三卷，王羲	19 王羲《文字要記》三卷	11 王羲《文字要記》三卷	17《文字要記》三卷，王羲撰	20《文字要記》三卷，王羲撰			○
15	5《少學》九卷，楊方	12 楊方《少學》九卷	12 楊方《小學》九卷	13《少學》九卷，楊方撰	21《少學集》九卷，楊方撰			○
16					23《三蒼注》二卷，李軌撰			○
17	9《字指》二卷，李彤	15 李彤《字指》二卷	14 李彤《字指》二卷	18《字指》二卷，李彤撰	24《字指》二卷，李彤撰		○	
18	10《單行字》四卷，李彤	16 李彤《單行字》四卷	15 李彤《單行字》四卷	19《單行字》四卷，李彤撰	25《單行字》四卷，李彤撰		○	
19	11《字偶》五卷，李彤	17 李彤《字偶》五卷	16 李彤《字偶》五卷	20《字偶》五卷，李彤撰	26《字偶》五卷，李彤撰			○
20	14《文字音》七卷，王延	24 王延《文字音》七卷	22 王延《文字音》四卷	25《文字音》七卷，王延撰	27《文字音》七卷，王延撰		○	
21			23 王延《纂文》三卷	27《纂文》三卷，王延撰	28《纂文》三卷，王延撰		○	
22	15《翻真語》一卷，王延	25 王延《翻真語》一卷	24 王延《翻真語》一卷	26《翻真語》三卷，王延撰	29《翻真語》三卷，王延撰			○
23	7《啓蒙記》三卷，顧愷之	22 顧愷之《啓蒙記》三卷		15《啓蒙記》三卷，顧愷之長康撰	30《啓蒙記》三卷，顧凱之撰		○	
24	8《啓疑記》三卷，顧愷之	23 顧愷之《啓疑記》三卷		16《啓疑記》三卷，顧愷之撰	31《啓疑記》三卷，顧凱之撰			○
25	12《常用字訓》一卷，殷仲堪	13 殷仲堪《常用字訓》一卷	19 殷仲堪《常用字訓》一卷	23《常用字訓》一卷，殷仲堪撰	32《常用字訓》一卷，殷仲堪撰		○	
26					35《幼學篇》一卷，朱嗣卿撰			○

27				37《眾文經》，博士儒生				○
28				38《古今字》二卷，河西人所著書				○
29	16《四體書勢》一卷，衛恆	27 衛恆《四體書勢》一卷		28《四體書勢》一卷，衛恆巨山撰		○		
30	20《草書狀》，索靖	29 索靖《艸書狀》					○	
31	22《隸勢》，成公綏	28 成公綏《隸勢》						○
32	23《月儀書》，索靖	30 索靖《月儀書》						○
33	24《月儀書》，王羲之	31 王羲之《筆經月儀書》						○
34		11 張諒《四聲韻林》二十八卷						○
35		26 虞溥《厲學篇》						○
36			8 曹侯彥《古今字苑》十卷					○
37			17 李彤《四部》					○
38			25 徐邈《集古文》					○
39			26《汲冢書名》三篇					○
40			28 庾儼《默演說文》一卷				○	
41				7《汲冢古文釋》十卷，續咸孝宗撰				○